HEINZ HERBERT SCHÖFFLER
Guenther Wachsmuth

HEINZ HERBERT SCHÖFFLER

Guenther Wachsmuth

EIN LEBENSBILD

Philosophisch-Anthroposophischer
Verlag am Goetheanum

PIONIERE DER ANTHROPOSOPHIE
BAND XV

Schutzumschlag von Gabriela de Carvalho
unter Verwendung eines Fotos von Guenther Wachsmuth (siehe S. 87)

Gesamtherstellung: Freiburger Graphische Betriebe
ISBN 3-7235-0735-0690-9

Inhalt

6

Vorwort

Über Guenther Wachsmuth, eine auch außerhalb der anthroposophischen Bewegung bekannte Persönlichkeit, Gründungsvorstandsmitglied der Allgemeinen Anthroposophischen Gesellschaft, deren Schatzmeister, Sektionsleiter an der Freien Hochschule für Geisteswissenschaft, ist in biographischer Hinsicht äußerst wenig bekannt. Der Autor des vorliegenden Lebensbildes von Guenther Wachsmuth mußte sich mit einer Quellenlage zufriedengeben, die sich weit von dem unterscheidet, was anderen Biographen von Pionieren der Anthroposophie zur Verfügung stand. Aufzufinden waren Dokumente des Ausbildungsganges, Teile der Privatkorrespondenz mit seiner Frau. Äußerungen Albert Steffens aus seinen unveröffentlichten Tagebüchern stellte die Albert-Steffen-Stiftung zur Verfügung. Hierfür sei Dr. Heinz Matile besonderer Dank gesagt. Frühere Mitarbeiter von Guenther Wachsmuth und vor allen sein Neffe, Dr. Michael Wachsmuth, gaben großzügig Auskunft. Auch konnte dankenswerterweise ein Freund aus der letzten Lebenszeit, Hermann Abele, noch befragt werden. Auch Rex Raab und Emil Estermann wurden gehört und, nicht zuletzt, Suso Vetter. Aus dem Tagebuch von Alice Wachsmuth, seiner seit 1924 in Dornach ansässigen Mutter, konnte manches Dienliche entnommen werden. Unermüdlich geholfen haben Elsy Ruschmann und Waldemar Kumm.

Die von ihm verfaßten wissenschaftlichen Werke, seine vier Dramen und seine Beiträge im sogenannten Nachrichtenblatt (der Mitgliederbeilage zur Wochenschrift «Das Goetheanum») blieben die Hauptquellen der zweiten Lebenshälfte. Der aktenmäßige Nachlaß der zweiten Lebenshälfte, der sich auf seine Mitarbeit im Vorstand der Anthroposophischen Gesellschaft bezog, wurde auf seine eigene Verfügung hin unmittelbar nach seinem Tode verbrannt.

Aus Notizen in seinen Nachlaßpapieren kann entnommen werden, daß er schon zu früherem Zeitpunkt eine Bildbibliographie geplant hatte, die aber nicht zur Ausführung kam. Das reichhaltige photographische Material wäre dazu geeignet gewesen. Dieses Material stand auch für das vorliegende Lebensbild zur Verfügung. Wir müssen uns anstelle einer abgerundeten Biographie mit einer reich bebilderten Schilderung von Guenther Wachsmuths äußerem Lebensgang begnügen.

1. Kapitel
Jugend, Studium, Militärzeit

1893–1900

Guenther Wachsmuth wurde am 4. Oktober 1893 als zweites Kind des praktischen Arztes Dr. med. Johannes Hermann Rudolf Wachsmuth und seiner Frau Alice geb. Harlan in Dresden, Georgsplatz 11, geboren. Der Vater Johannes stand zu dieser Zeit im achtunddreißigsten, die Mutter Alice im vierundzwanzigsten Lebensjahr. Der Erstgeborene, Wolfgang, war nicht ganz zwei Jahre älter, er war am 29. Dezember 1891 zur Welt gekommen. Zeitlebens war er der ernstere und Guenther der frohsinnig aufgeschlossene. Zur Zeit der Geburt war es zwei Uhr nachts: die Zeit, in der sich die Sonne im dritten Hause der Kommunikation findet. Es ist die Zeit des Lesens und des Schreibens, auch der körperlichen Werkzeuge, die dies bewerkstelligen, die Zeit der Arme und Hände und der Armgelenke. Als die beiden Geschwister Werner, geboren am 26. November 1894 und Ellinor, geb. 21. Dezember 1895, hinzukamen, war die Familie vollständig. Es gibt aus dem ersten Lebensjahrsiebt von Guenther viele reizende Photos, die nur in spärlicher Auswahl hier erscheinen können und die zeigen, daß sich in Haltung und Blick eine besondere Persönlichkeit ankündigt. So sehr das Offen-Heitere im Vordergrund steht, so zeigt sich doch auch deutlich das Schwere. Hier kann zum Verständnis beitragen, was Rudolf Steiner in einem anderen Zusammenhang folgendermaßen charakterisiert hat: «So kann es geschehen, daß ihm schon in der Kindheit in irgendeinem Erlebnis etwas entgegentritt, was auf sein ganzes Gemüt einen solchen Eindruck macht, daß die Kräfte, die er sich in der vorherigen Inkarnation angeeignet hat, wieder in ihm erstehen. Nehmen wir an, ein solcher Mensch habe in einer Inkarnation eine be-

Dr. med. Johannes Hermann Rudolf
Wachsmuth, *3. Dezember 1855
Dresden, †16. Januar 1901 Dresden.

Alice Wachsmuth geb. Harlan,
*8. Juni 1869 Dresden, †9. Mai 1939
Dornach.

Vater Johannes Wachsmuth mit
Wolfgang (links) und Guenther.

Von links nach rechts: Werner, Wolfgang,
Guenther.

Guenther. Es gehörte sich damals,
daß Buben großbürgerlicher Familien in solchen Verkleidungen auftraten.

Von links nach rechts: Wolfgang (28.12.1891–8.2.1953), Guenther
(4.10.1893–2.3.1963), Werner (26.11.1894–19.4.1953), Ellinor
(21.12.1895–3.4.1973).

11

stimmte Stufe der Weisheitsentwickelung erlangt. In der nächsten Inkarnation wird er wiedergeboren als ein Kind wie jedes andere. Aber mit sieben oder acht Jahren macht er irgend etwas Schweres durch. Das hat auf seine Seele die Wirkung, daß alles das wieder herauskommt, was er sich früher als Weisheit errungen hat, so daß er jetzt wieder auf der früher erreichten Stufe steht und von da zu der nächsten hinanschreiten kann. Nun nehmen wir weiter an, er bemühe sich jetzt, um einige Stufen weiter zu kommen. Er stirbt wieder. In der nächsten Inkarnation kann es wieder so gehen. Wieder kann ein äußeres Erlebnis an ihn herantreten, das ihn gleichsam auf die Probe stellt, wodurch dann wieder zutage kommt zuerst das, was er in der vorvorigen Inkarnation sich erarbeitet hat, dann das, was er in der vorigen Inkarnation erlangt hat, und dann kann er wiederum eine Stufe höher steigen… Nun wird er wiedergeboren, und da kann es sein, daß verhältnismäßig früh ein Erlebnis auftritt, wodurch das Gefühl der Freiheit und Unabhängigkeit wiedergeboren wird. Gewöhnlich geschieht es dadurch, daß der Betreffende seinen Vater oder irgendeinen, mit dem er sonst verbunden ist, verliert, oder auch, daß dieser Vater sich nicht gut gegen ihn benimmt, ihn vielleicht verstößt oder dergleichen mehr.»[1]

Guenther Wachsmuth hat immer wieder erwähnt, daß er sich an den Vater, wie auch an Erlebnisse aus dem ersten Jahrsiebt, nicht erinnern könne. Rudolf Steiner habe über diese seine Situation geäußert, er habe da so etwas wie eine «ätherische Tarnkappe» erlebt. Am 16. Januar 1901 stirbt der Vater an einer hoch fieberhaften Infektionskrankheit, möglicherweise Diphtherie. Daß er länger nächtliche Schmerzen zu erleiden hatte – wie aus dem Tagebuch seiner Frau Alice hervorgeht –, könnte auf eine Angina pectoris hindeuten.

1901–1908

In den folgenden Jahren wird nun zunächst der Großvater Otto Harlan etwas hervorgetreten sein, zumindest dadurch, daß er die vier Wachsmuth-Geschwister einlud, die Sommerferienwochen auf seinem Landsitz «Mohrenhaus» in der Umgebung Dresdens zwischen Kötzschenbroda und Weinböhla zu verbringen. Er verkörperte vom Typ her den

Otto Harlan. Konsul und Bankier,
Gutsbesitzer. *8. Juni 1840 Frankenberg,
Sachsen, †15. März 1905 Dresden

«Mohrenhaus» zwischen Kötzschenbroda und Weinböhla bei Dresden.
Feriensitz von Otto Harlan, wohin er seine Enkel einlud.

13

Ussmannsdorf in Niedersachsen, ein zweites Feriendomizil Otto Harlans,
wo er 12 Bernhardiner hielt. Das Bild stand als Buchstütze auf Guenther
Wachsmuths Schreibtisch.

Bankier der damaligen Zeit, der dazumal in der Nachkriegsphase, nach
dem deutsch-französischen Krieg, rasch zu Geld gekommen sein dürfte.
Das Mohrenhaus war eine Villa arabischer Bauweise mit einem Park von
100000 Quadratmetern, der teilweise verwildert war und alles in allem
das Bild eines regelrechten Kinderparadieses bot. Was hier angezettelt
und ausgeheckt werden konnte, wer will es erraten? Die vier ließen darüber nichts herausdringen, aber es muß in ungewöhnlichem Maße hei-
terkeitsanregend gewesen sein. Alle, die davon berichten, bedauern, daß
diese Ereignisse und Erlebnisse nicht aufgezeichnet worden sind.

Ein anderes Sommerdomizil desselben Großvaters lag in Ussmannsdorf in Schlesien etwa 25 km nördlich Görlitz, hatte 1910 sechshundert
Einwohner, dazu kamen vierzig Gutszugehörige. Der «Bach» ist wohl
der Weiße Schöps. Von dort wird berichtet:

14

«Das Schönste fast waren die zwölf Bernhardinerhunde! Der Größte und Beste war der Barry. Man konnte auf ihm reiten, ihn zotteln und zerren, er kniff einen höchstens mal freundschaftlich in den Po. Ging eins von uns zu dicht an den Bach, zog er ihn sofort am Hosenboden zurück. Wir reizten den Barry sehr gern dazu. Jagdhunde gab es auch noch, Foxterrier und Dackel, der Pudel ‹Peter› war der Leibhund, der, als einziger, mit ins Haus durfte. Dieser Peter wollte aber nicht viel von uns wissen, sicher ist er eifersüchtig gewesen. Er war Großpapas Schatten. Ganz früh am Morgen stand er auf, am liebsten mit der Sonne zugleich, wie er es von seinem Vater gelernt hatte...

Wenn die Sonne am Morgen den Himmel erröten ließ, war der Großvater mit dem Pudel Peter draußen und holte ‹... alle seine Hundchen...› aus dem Zwinger. Was für ein freudiges Kläffen und Jagen! Dann durften sie die Treppe hinauf, uns zu wecken. Da dies nicht allzu zart vor sich ging, sprangen wir Kinder alle sofort hoch, sobald wir den Lärm vernahmen. Alles lief durcheinander, die Wendeltreppe in Hemden hinunter, die Hunde wollten hinauf. Das gab ein Gelächter! Ein Gerase! Denn, wer zuerst unten ankam, bekam etwas in den Mund. Großvater stand dann auf der Brücke über dem Bach, die genau vor der Haustür angelegt war. Man mußte aber eine Böschung hinunter, wir kullerten ihm zu Füßen. Mit der Trillerpfeife kommandierte er: ‹Alle in einer Reihe angetreten!› Das bedeutete der erste Pfiff, ‹Hemden über den Kopf›, der zweite. Dann traten wir, einer nach dem anderen, zum Großvater und ließen uns schweigend und lautlos über das Brückengeländer in den Bach werfen. *Lautlos*, weil die Hunde dressiert waren, jeden Schreienden aus dem Wasser zu retten. Das wiederum gab blaue Flecken, wenn etwa Barry ein Kind am Arm an Land zog. Die Großen konnten ohnehin längst schwimmen, wir Kleinen paddelten, wie Hündchen. Es ist ja tatsächlich noch niemals ein Hund ertrunken, dem man keinen Stein um den Hals gehängt hätte. Warum ein Mensch? Nur, wenn er Angst hat und nicht paddelt!! Wer schwimmen *kann*, weiß, wie wenig Glieder man nur bewegen muß, daß das Wasser einen trägt. Wer machte nicht schon den ‹toten Mann›? Und am Ufer stand dann der Großvater mit den Handtuch und rubbelte die Kleinsten ab. Das schönste Kinderfrühstück stand schon im Freien für uns bereit!

War Besuch beim Großvater, wurden den Erstaunten die dressierten

Guenther, ca. dreijährig

Guenther, ca. vierjährig

Musterenkel vorgeführt. Und so manche Wette mag er gewonnen haben, weil sie so schweigend und geräuschlos in das Wasser flogen, auch daß schon dreijährige Peterchen schwimmen können, war ja verwunderlich.»[2] Wohl nach dem Tode von Otto Harlan (15. März 1905) erschien in einer Zeitung folgende Annonce: «Selten günstiger Verkauf! Erbteilungshalber ist eine schuldenfreie Besitzung, schon viele Jahre in einer Familie, nahe Dresden, täglich mit Eisenbahn 35mal Verbindung und 10 Minuten von der elektrischen Bahn entfernt, in vollständig staubfreier Lage und herrlicher Fernsicht auf das Elbtal und Sächsische Schweiz mit schloßartigem Landhaus nebst dazugehörigen Wirtschaftsgebäuden, Gärtner- und Kutscherhaus und einem alten Park, mit erstklassigen Spargel- und Erdbeeranlagen, Gewächshäusern, Gemüsegarten usw., alles ca. 100000 qm groß, für den außerordentlich billigen Preis von 160000 Mark zu verkaufen.»

Alice Harlan-Wachsmuth hat das Mohrenhaus in den dreißiger Jahren besichtigen können, Ellinor kurz danach.

Es war dies – 1905 – die Zeit, in der die älteren Brüder bald von Dresden nach Glarisegg und Wickersdorf übersiedelten, die Zeit der Sommerstreiche wich ernsteren Vergnügungen, worüber später berichtet werden soll. – Von 1900 bis 1903 besuchte Guenther Wachsmuth die Bürgerschule in Dresden, dann bis 1905 das Königliche Gymnasium in Dresden-Neustadt und schließlich, bis Ostern 1908, das Vitzthum-von-Eckstädt'sche Gymnasium, ebenfalls Dresden.

Guenther Wachsmuth war später stets darauf bedacht, daß man zumindest im engeren Kreis über Geschichte und Bedeutung seines Namens unterrichtet war, und so gab er wiederholt zum besten, was er aus der «Deutschen Namenskunde» von M. Gottschald entnommen hatte, nämlich daß es bei den alten Germanen in erster Linie Namen für kriegerische Eigenschaften gab, zu diesen gehört «Hwasmot». Dies war zusammengesetzt aus althochdeutsch «hwas» (mittelhochdeutsch «was» oder «wahs», das «scharf» bedeutet) und althochdeutsch «muot», was «Geist» oder «Mut» heißt. «Hwasmot» oder «Hwasmuot» wandelt sich in «Wahsmut»; «Wachsmuth» bedeutet also «scharfer Geist» oder «scharfer Mut».

Harlan, der Geburtsname von Wachsmuths Mutter, kommt von «Harland», früher «hariland», althochdeutsch hari = Heer in der Heldensage

Glarisegg, Erziehungsinstitut bei Steckborn, Kanton Thurgau am Bodensee.
Ostern 1908 bis Mitte 1909 befand Guenther sich hier als Schüler.

18

«Harlungen». Nach Simrock ist das Rheingold und das Harlungengold identisch, nach anderer Version «sollte nach der Heldensage das Harlungengold in Burlenberge (dem Berge bei Bürglen in der Umgebung von Basel) liegen. In der Nähe ist auch der Venusberg, vor welchem der getreue Eckart, der Pfleger der Breisgauer Harlungen, nach der Volkssage Wache hält.»

Was den Vornamen betrifft, gehört zu «Guenther» im Althochdeutschen «Gund», das ist Krieg. Guenther entsteht aus «Gundhart». Weiterhin ist von Interesse, daß in der Manessischen Handschrift abgebildet sind ein Wachsmuth von Künzingen und ein Wachsmuth von Mühlhusen.

1908–1915

Nun trat er in Glarisegg ein, einem, wie es den Anschein hat, ausgezeichnet geleiteten Institut in der Schweiz. Der damalige Direktor Werner Zuberbühler, der 1901 mit W. Frei das Institut gegründet hatte, hatte gute Kräfte und Charaktere in seinem Kollegium vereint. Es gehörten dazu der Neuenburger Altphilologe Charly Clerc, zu dem Carl J. Burckhardt ein persönliches Freundschaftsverhältnis aufbauen konnte. Sein Nachfolger war der hervorragende Philologe Banderet. Der Historiker Fankhauser, ferner Limbach, der früh an einem Hirntumor starb. Der Historiker Ernst Gagliardi, Hans Ganz und der Rumäne Gregory Gafencu gehörten mit dazu, sowie Otto von Greyerz, der hier mit kurzen Strichen beschrieben werden soll. Von Greyerz war geboren am 6. September 1863 als Sohn eines stadtbernischen Pfarrers; er hatte in Göttingen, Berlin und Paris studiert, hatte Bulgarien und den Balkan durchwandert, war in Kleinasien und Griechenland gereist. Nach einem dreijährigen Aufenthalt in Konstantinopel, wo er Lehrer am amerikanischen Robert-College war, hatte er auf dem Schweizerischen Lehrertag 1899 «Über die Mundart als Grundlage des Deutschunterrichtes» referiert. Er veröffentlichte später sein Hauptwerk «Deutschunterricht als Weg zur nationalen Erziehung», schrieb Dialektlustspiele, veröffentlichte 1908 eine Volksliedsammlung «Im Rösligarte» und gründete 1914 das Berner Heimatschutztheater.

19

«Otto von Greyerz war während kurzer Zeit, nur im Unterricht und durch keinen persönlichen Kontakt, derjenige unter meinen Lehrern, der sich am eingehendsten mit mir und meiner Ausbildung befaßte… Wenn Entscheidendes uns trennte, so verband doch eines uns unlöslich: die Liebe zur deutschen Sprache… Er war unerbittlich im Kampf gegen die Vortäuschung einer nicht vorhandenen Tiefe… Es gab in meiner Schulzeit auf der Schulbank kaum ein größeres Vergnügen, als einen von Greyerz korrigierten Aufsatz zu überdenken. Von jedem seiner Einwände habe ich gelernt.» Der dieses schreibt, war Carl Jacob Burckhardt, der spätere Historiker und Diplomat, der dazumal zeitweilig Zimmergenosse von Guenther Wachsmuth war. Er hat sich später beim Tode von Guenther Wachsmuth mit einem bemerkenswerten Kondolenzschreiben an Albert Steffen gewandt, worauf zurückzukommen sein wird.

Zwei Legenden gilt es da auszuräumen: Einmal die, Albert Steffen sei gleichzeitig mit Wachsmuth Schüler dieses Internats gewesen. Das ist eindeutig nicht der Fall; einmal war Steffen neun Jahre älter als Wachsmuth, zum anderen handelte es sich lediglich um den Ansatz zu einem Besuch bei Dr. Otto von Greyerz, der aber nicht zustande kam, weil Greyerz abwesend war.[3]

Die zweite Legende betrifft Gertrud Sapper, Wachsmuths spätere Frau und besagt, sie sei ebenfalls gleichzeitig mit Wachsmuth Schülerin dieses Instituts gewesen. Das kann schon deswegen nicht gewesen sein, weil Glarisegg in dieser Zeit ein Knabeninstitut war. Gertrud Sapper war aber vorübergehend in Glarisegg. Karl von Baltz schreibt dazu: «In verschiedenen vornehmen Internaten, z. B. Glarisegg, gab es einen Ball. Der junge Guenther war da, und so war die erste Begegnung eine tanzende.»[4] Gertrud war aus Guatemala, wo sie geboren war, 1905 nach Stuttgart gekommen und – wohl zusammen mit einer Gruppe – nur kurz in Glarisegg gewesen.

Im übrigen bemerkt der bereits zitierte Carl Jacob Burckhardt: «Ich nehme an, daß gut achtzig Prozent unserer Kameraden, rational und praktisch veranlagt, den großen im Gang befindlichen Ergebnissen der exakten Wissenschaften und ihrer Verwertbarkeit in Handel und Wandel entgegenlebten, und daß sie früh schon an ihre spätere Laufbahn in Wirtschaft, Technik, juristischen oder kaufmännischen Berufen dachten. Vom schwindenden Humanismus fühlten sich nur wenige angezogen;

Otto von Greyerz, *6.9.1863, †Januar 1940.
Lehrer in Glarisegg, 1916 Professor in Bern.

Guenther in Glarisegger
Institutstracht, ca. 15jährig.

Wickersdorf bei Saalfeld, freie Schulgemeinde, von Herbst 1909 bis Ostern
1912 Guenthers Aufenthaltsort.

21

dies, obwohl wir, wie ich bereits erwähnte, gerade in diesem Bereich ausgezeichnete Lehrer hatten. Ein Schulpforta war das Landerziehungsheim Glarisegg in keiner Weise. Die Humaniora blieben Nebenfächer.»[5] Auch in Wickersdorf bei Saalfeld, wo Wachsmuth sich seit Mitte des Schuljahres 1909, inzwischen in der Obersekunda, wohl wegen der zu erwartenden Abiturformalitäten befand, wird an der dortigen freien Schulgemeinde den Humaniora kein größeres Gewicht als in Glarisegg zuteil geworden sein. Eine Bescheinigung trägt den Zusatzvermerk, daß er dort «nach dem Lehrplane des preußischen Realgymnasiums unterrichtet worden» sei. Und eine amtliche Mitteilung an Guenther Wachsmuth des Kultusministeriums in Dresden lautet, daß ihm die Erlaubnis erteilt wurde, die Reifeprüfung an einem Realgymnasium des Königreichs Preußen abzulegen. Was in Wickersdorf blühte, war eine künstlerische Gestaltung des Unterrichts, Theaterspiel und Orchestermusik sowie hohe sportliche Leistungen, besonders im Wintersport: Bobsleigh-Fahren. Auch war in der Freien Schulgemeinde die Koedukation eingeführt.

Später konnte man aus dem Munde Guenther Wachsmuths hören, daß der ab 1917 international bekannte Prof. Ernst Kurth in der Kindheit sein Lehrer gewesen sei.[6] Dem liegt zugrunde, daß Ernst Kurth (1. Juni 1886– 2. August 1946) nach einer Tätigkeit als Nachfolger und im Sinne von August Halm an der Freien Schulgemeinde Wickersdorf sich 1912 an der Universität Bern, wo er bis zum Ende seines Lebens Musikwissenschaft lehrte, habilitierte. Was ihm die internationale Geltung verschaffte, war sein 1917 erschienenes Werk: «Grundlagen des linearen Kontrapunkts».

Er wurde in seinen frühen Jahren beeinflußt durch seinen Vorgänger August Halm (26. Oktober 1869–1. Februar 1929), der schwäbischer Pastorensohn aus Großaltdorf in Württemberg war. Er studierte Theologie in Tübingen, daneben Komposition beim akademischen Musikdirektor Emil Kaufmann. Von 1892–94 setzte er diese Ausbildung an der Akademie der Tonkunst in München bei J. Rheinberger fort. Er wurde ein tüchtiger Musiklehrer, Chorleiter, Komponist, Kritiker und Schriftsteller. Nach einem Anfang in Heilbronn lehrte er von 1903–1906 am Landerziehungsheim Haubinda, einer Hermann-Lietz-Schule, aus der später auch Waldorflehrer hervorgingen, 1906–1910 war er in Wickersdorf, von 1910–1913 in Ulm, von 1913–1914 wirkte er in Stuttgart als

Lange vor den Kestenbergischen Reformen in Preußen gab es Ansätze
zu einem Schulorchester, Guenther Bildmitte vorn.

Zelten mit Verpflegung im Freien, Guenther am Kessel.

23

Zeitungs-Musikkritiker, 1914–1920 war er an der Lehrerbildungsanstalt in Esslingen tätig, und ab 1920 finden wir ihn wieder in Wickersdorf. Seine Kompositionen hatten die Instrumentalmusik J. S. Bachs und Bruckners zum Vorbild. 1913 hatte er sich mit einer Schwester des Begründers von Wickersdorf, G. Wyneken, verheiratet.[7] Seine kompositorische Tätigkeit war groß, die Aufzählung seiner Werke nimmt in «Musik in Geschichte und Gegenwart» eineinhalb Spalten ein. 1913 veröffentlichte er eine Studie über die Symphonien Anton Bruckners. Gegen Ende des Krieges begegnet Albert Steffen Guenther Wachsmuth während eines Münchener Konzerts von August Halm.

Im Internat von Wickersdorf durchlief Wachsmuth die zweite Hälfte der Obersekunda, Unter- und Oberprima. Er war hier von Herbst 1909 bis Ostern 1912. Um das Abitur abzulegen, ging er dann nach Langensalza, wo er am 23. September 1912 das Zeugnis der Reife erhielt. Um speziell dieses Zeugnis würdigen zu können, sollten wir einige Überlegungen anstellen. Es kommt nämlich hin und wieder vor, daß in Zeugnissen von Prüflingen, die später im Leben in bestimmten Fachgebieten Besonderes zu leisten vermögen, eben diese Fachgebiete schlecht benotet wurden: also ein Dermatologe hatte im Staatsexamen in siebzehn von achtzehn Fächern Sehr gut, nur in einem Fach Genügend: in Dermatologie. Einem späteren Anatom erging es ähnlich, auch er trug ein Genügend in Anatomie davon, während er in den anderen Fächern besser abschnitt. Dies sind nur zwei Beispiele die zu zeigen vermögen, daß zwischen Zeugnisnote und späterer Berufsbeschäftigung Beziehungen bestehen, die auf geheimnisvolle Weise andeuten, daß da ein grundsätzlicher Schwerpunkt nachgeholt werden will und einen besonderen Kraftaufwand fordert. Es herrscht offenbar eine Beziehung zwischen dem Prüfling und «seinem» Fach, die nicht anders gesehen werden kann als eine Kompensation. Und so finden wir in Wachsmuths Langensalzaer Zeugnis unter Geschichte und Erdkunde, den beiden eigentlichen Bildungsfächern, zusammenfassend: «Seine Klassenleistungen in der Geschichte und Erdkunde waren sehr schwach. Da sein Wissen auch in der mündlichen Prüfung bedenkliche Lücken zeigte, so muß das Gesamturteil ‹nicht genügend› lauten.» In Deutsch erhielt er ein Gut, ebenso in Englisch, Physik und Chemie. In den übrigen Fächern, also Latein, Französisch, Mathematik, Naturgeschichte und Turnen kam es zu einem Ge-

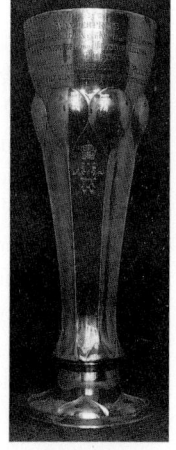

Guenther Wachsmuth 3. von links.

Von Wickersdorf
gewonnener
Pokal.

Unten: Bobsleigh-Abfahrten waren die sportliche Spezialität von
Wickersdorf. Wickersdorf 1 war deutscher Meister, hatte den
Goldpokal und den Hubertuspokal gewonnen.

nügend. Im Schlußsatz des Zeugnisses wird erwähnt, daß der Prüfling beabsichtigt, «sich der diplomatischen Laufbahn zu widmen». Dies klingt führwahr wie eine Charakteristik der tiefen Neigung, die später in seiner Laufbahn deutlich zutage tritt. Was er in den Geowissenschaften geleistet hat, liegt seit seinem Werk über die ätherischen Bildekräfte, spätestens aber seit dem Buch «Erde und Mensch» klar zutage. Auch seine historischen Fähigkeiten sind durch das Buch über die Reinkarnation als Phänomen der Metamorphose, sowie durch seine erdgeschichtlichen und menschheitsgeschichtlichen Werke dokumentiert.

Im September 1912 legt Wachsmuth das Abitur ab, schon am 6. November 1912 ist er an der Universität Berlin immatrikuliert. Belegt hat er dort Vorlesungen in Rechtsphilosophie und vergleichender Rechtswissenschaft, allgemeiner oder theoretischer Nationalökonomie, Soziologie, Psychologie und die Probleme der auswärtigen Politik der Großmächte.[8] Inwieweit er diese Vorlesungen tatsächlich gehört hat, ist unsicher, denn in allen biographischen und autobiographischen Äußerungen heißt es, daß er im Winter 1912/13 in Ägypten und im Sudan gereist ist. Der Vater hatte für alle vier Kinder für den Termin ihres Schulabschlusses je eine Reise ausgesetzt. So war Wolfgang, der älteste Sohn, im Hinblick auf seine spätere Verlegertätigkeit in China und Spanien gewesen. Guenther wählte Ägypten, ein Ziel, zu dem ihn die Mutter begleiten konnte.

Nach den – zumeist selbst geschossenen – Photos und gedruckten Postkarten läßt sich die Reiseroute gut verfolgen. In Unterägypten kam man nach Gizeh, nach Fayum; man sah die Tempel von Dendera, Edfu und Theben, den Tempel von Karnak. – Am 15. Februar 1913 stieg man in Assiut auf das Motorschiff «Ramses III» – gemeinsam mit vierundfünfzig anderen Fahrgästen, unter denen sich das Ehepaar Rudyard Kipling befand. Es gab keine Landverbindung zu den südlichen Regionen; wenn man in den Sudan wollte, mußte man das Schiff benützen. So verließ man Assiut am mittleren Nil und steuerte gen Süden. Über den Rückkehrtermin haben wir keine Aufzeichnungen.

Anschließend galt es, unmittelbar Vorbereitungen zu treffen für ein Auslandsstudium in Oxford. Der Wunsch, im Ausland zu studieren, zeigt, daß Guenther Wachsmuth den Eintrag auf seinem Abiturzeugnis, er wünsche sich der diplomatischen Laufbahn zu widmen, weiterhin

Die Ägyptenreise 1913. Links außen auf dem Kamel: Guenther Wachsmuth.

Mutter Alice Wachsmuth auf der Ägyptenreise 1913

Hathor-Tempel in Dendera von Norden

ernst nahm. Auch von amtlichen Stellen wurde ihm bestätigt, daß es im Studiengang für einen angehenden Diplomaten nichts besseres geben könne als eine Studienzeit im Ausland. So zog er im Sommersemester 1913 nach Oxford, wo er in der Woodstock Road Nr. 114 wohnte und in Corpus Christi College, All Souls College und The Schools Vorlesungen über Roman Law, English Law, International Law and Diplomacy, Jurisprudence, über Political Theory and Institutions, Political Economy und Political Science hörte. Einzige eingetragene nicht-juristische, nicht-ökonomische Vorlesung: English Literature bei Sir Raleigh. Im Februar 1919 wird ihm vom Bayrischen Staatsministerium für Unterricht und Kultur bestätigt, daß das «dem Studium der Rechtswissenschaft an der Universität Oxford gewidmete Sommersemester 1913 mit einem halben Jahr auf die behufs Zulassung zur juristischen Universitäts-Schlußprüfung nachzuweisende Studienzeit ausnahmsweise angerechnet» wird. Später – im März 1930 – unternahm er eine Vortragsreise, während derer er an acht Orten, auch Nordenglands, gesprochen hat: «Oxford – sie trampelten vor Freude, als er sagte, daß er dort studierte.»

Der Verlauf seines weiteren Studiums in München sieht wie folgt aus: Im Wintersemester 1913/14 hört er Einleitung in die Rechtswissenschaft, deutsche Rechtsgeschichte und Grundzüge des deutschen Privatrechts, Volkswirtschaftliche Übungen (Proseminar), System des römischen Privatrechts und Römische Rechtsgeschichte.

Am 10. September 1913 heiratet seine Mutter den Schriftsteller Hans Mühlestein. Zur gleichen Zeit erfolgt eine erste Begegnung mit dem Schweizer Dichter Albert Steffen, der darüber berichtet: «Meine erste Begegnung mit Guenther Wachsmuth, an die er sich selber wohl kaum mehr erinnert, fällt in die Zeit, da ich mein Drama ‹Die Manichäer› vollendet hatte. In dem gastlichen Haus seiner Mutter, das am Rand des Nymphenburger Parkes bei München gelegen war, wurde eines Nachmittags im Herbst 1913 der erste Akt davon vorgelesen. Guenther Wachsmuth war nicht anwesend. Er hatte, so hörte ich, zu dieser Stunde ein Examen im Autofahren abzulegen. Die Prüfung bestand darin, an der belebtesten Stelle der Großstadt, auf dem Marienplatz, eine Lemniskate (O Mensch, gib acht!) zu beschreiben. Als wir von der Gastgeberin, schon im Korridore stehend, dessen Wände mit Porträtzeichnungen Holbeins des Jüngeren geschmückt waren, Ab-

Student in Oxford (2. Semester, 1913).

schied nehmen wollten, hörten wir Händel spielen, und es fand eine kurze Begrüßung mit ihrem Sohne statt. Kaum waren wir draußen, fuhr er fort zu üben.»[9]

Im Sommersemester belegte und hörte er wohl folgende sieben Vorlesungen: Deutsches bürgerliches Recht, allgemeiner Teil, ferner Handelspolitik, Grundzüge des allgemeinen Staatsrechts, deutsches bürgerliches Recht: Sachen- und Urheberrecht; Volkswirtschaftliches Seminar, deutsches bürgerliches Recht: Schuldverhältnisse und schließlich Übungen im römischen Privatrecht.

Hier ist nun in Wachsmuths Studienbuch die Bemerkung eingerückt: «Vom Winterhalbjahr 1914/15 bis einschließlich zum Sommerhalbjahr 1918 war er, weil er im Heere stand, beurlaubt.» Es folgen die Eintragungen des Kriegsnothalbjahres 1919: «Bürgerliches Recht: Familienrecht; bürgerliches Recht: Erbrecht. Strafrecht, Kirchenrecht, deutsches Staatsrecht; spezielle Volkswirtschaftslehre, Übungen im bürgerlichen Recht, Handels- und Wechselrecht.» Ferner und endlich unter dem 6. Juni 1919: «Handels-, Schiffahrts- und Wechselrecht und schließlich Verwaltungsrecht.»

So haben wir den klaren Umstand, daß Guenther Wachsmuth in der zugelassenen Minimalzeit von sechs Semestern sein Studium absolviert hat, trotz der Unterbrechung durch den Krieg, trotz seines Auslandsstudiums, trotz seiner doch als schwer zu bezeichnenden Verwundung. Mit 10. Juni 1919 schied er aus der Universität München aus. Am 14. Juni 1919 legt er die Universitätsschlußprüfung für den höheren Justiz- und Verwaltungsdienst ab und geht nun nach Würzburg, wo er günstige Verhältnisse erwartet für die Anfertigung und Einreichung einer Promotionsarbeit.

Schon am 7. November 1919 erhält er die Promotionsurkunde, und auf den gleichen Tag wird er in das Fakultätszimmer der Neuen Universität eingeladen zur mündlichen Doktorprüfung; «Anzug hiezu ist Frack oder Gehrock, weiße Binde etc.»

Die Promotionsarbeit hatte den Titel «Nachrichtenwesen und Presse im Völkerrecht».

Wir kommen nun zu Gertrud Sapper, der späteren Frau Guenther Wachsmuths. Sie ist geboren auf der Finca *Chimax* bei Cobàn im Hochland von Guatemala, wo ihr Vater *Richard* Sapper (27. November 1862

Die Finca Chimax bei Cobàn im Hochland von
Guatemala. Geburtshaus von Gertrud Sapper.

Gertrud Sapper 1895 in
Ravensburg

Gertrud Sapper 1911/12

Gertrud Sapper 1911/12

Wittislingen – 27. Juni 1912 Stuttgart) Kaffeeplantagen erworben hatte. Die Mutter Charlotte Sapper, geb. Schilling (19. Februar 1869 Ellwangen – 6. September 1961 Arlesheim) war eine sehr tüchtige Persönlichkeit und gehörte zu den allerersten deutschen Frauen, welche sich in Guatemala niederließen. Sie brachte vier Kinder zur Welt: Richard, Gertrud, Carlos und Helmut. Der Bruder des Vaters, Karl Sapper, war Professor für Geographie an der Universität Würzburg. Er hat als erster Guatemala vermessen und stand deswegen bei der Bevölkerung in hohem Ansehen.

Die Tochter Gertrud, die nur wenige Wochen nach ihrem späteren Mann Guenther geboren ist, am 22. November 1893, verbrachte die ersten neun Lebensjahre in Guatemala. Dann kam sie 1905 nach Stuttgart. In einem Brief äußerte sie: «In Stuttgart gefällt es mir nicht sehr, ich möchte am liebsten wieder nach Guatemala.» Im Jahre 1909 kam sie – wohl nur kurz, besuchsweise, nach Glarisegg, wo die von Karl von Baltz hervorgehobene erste Begegnung, «die eine tanzende war», mit Guenther stattfand. Gertrud war damals im Internat in Gaienhofen. Gaienhofen liegt Steckborn-Glarisegg auf der deutschen Seite des Bodensees gegenüber. Theateraufführungen führten zu besuchsweisem Austausch zwischen beiden Instituten. Für das Theater hatte Gertrud anscheinend eine Schwäche. Denn als sie später mit Mutter und Großmutter wieder in Stuttgart (zunächst Salzmannweg 10, dann kurz Lessingstraße 13 und schließlich seit 1918 am Kanonenweg 58, heute Haußmannstraße) wohnt, geht aus Briefen ihrer Brüder folgendes hervor. Sie zeigen sich erregt, daß «Trudel» wieder «vom Spielteufel» ergriffen ist. Es wird von der Haaß-Komödie geschrieben, die Unruhe ins Haus bringe. Auch am 25. Mai 1918 schreibt der Bruder: «Ich kann mich gar nicht freuen, daß Trudel nun wieder mit Haut und Haar vom Spielteufel erfaßt wird.» Er schreibt weiter, daß die Spiele so viel Unruhe ins Haus bringen. Dieser wiederholte Hinweis klingt so, als habe die Haaß-Gruppe in der Wohnung bei Gertrud Proben abgehalten. Jedenfalls war die Gruppe Haaß-Berkow in den letzten Kriegsjahren und in den Jahren danach immer fester zusammengewachsen. Wenn man die Biographien der führenden Anthroposophen dieser Zeit durchsieht, so ist man erstaunt, eine wie große Rolle die Aufführungen dieser Gruppe bei den geistigen Entscheidungen der Zuhörer spielten. So war es nur natürlich, daß diese Gruppe Anfang September 1924 nach Dornach zum «Dramatischen Kurs» fuhr.

Gertrud Wachsmuth, geb. Sapper 1927

Gertrud und Guenther Wachsmuth
18. Jan. 1928

Mit Ausnahme von Haaß-Berkow selbst, der Familie hatte, blieben die Mitglieder der Gruppe nach dem Kurs ständig am Goetheanum, wo sie vom Goetheanum unterhalten waren. So auch Gertrud Sapper. Die ausgezahlten Summen mußten beim Schatzmeister Guenther Wachsmuth quittiert werden. Und da nahm der Schatzmeister Gelegenheit, jedesmal die damals wohl besonders unordentliche Quittungsunterschrift von Gertrud Sapper zu kritisieren. Es kam in dieser Zeit – Ostern 1927 – zur Verlobung Guenther Wachsmuths mit Gertrud Sapper. Am 27. Juli 1927 fährt Mutter Alice mit Guenther und Gertrud nach München. Tagebucheintrag: «Alle meine Kinder da!» Hier findet am Freitag, dem 29. Juli die standesamtliche Trauung statt. Danach kehrt die Gesellschaft nach Dornach zurück, wo am Sonntag, dem 31. Juli die Trauung im großen Saal der Halde nach dem Ritus der Christengemeinschaft gefeiert wird, zelebriert von Dr. Friedrich Doldinger.

Im Tagebuch von Albert Steffen findet sich unter dem 31. Juli 1927 folgender Eintrag: «Hochzeit von Dr. Wachsmuth und Frl. Sapper. Kleine Rede von mir nach dem Trauungskultus zelebriert von Doldinger: Als Mitarbeiter am Werke (nicht nur als Menschen) kennen wir die beiden. Sie sind als solche in die Öffentlichkeit getreten. Der erste als Naturwissenschaftler, der das Buch über die Ätherkräfte geschrieben hat. Die andere als Wortgestalterin.

Das Schönste in der Natur: die Rose. Sie führt uns geistig betrachtet in den Kosmos. Von dort her ertönt die Sphärenmelodie. Er sucht die Strömung, die als Spirale hinaufführt, sie das dort urständende Wort. Darin sind sie sich eins im Streben.»

Und über das nachfolgende Fest heißt es bei Albert Steffen später: «Und wiederum, wie eigentümlich war es doch, daß diese Gemahlin, Frau Dr. Wachsmuth, die schönste Rolle im ersten Mysteriendrama von Rudolf Steiner verkörpern durfte, nämlich die Theodora, die Seherin, die Verkünderin eines neuen Christentums im ätherischen Bereich – für ihn den Forscher und Erforscher der ätherischen Welt. – Es war wohl eines der schönsten Feste, das wir in Dornach hatten, als diese beiden idealen Menschen die Hochzeit feierten, und es war, als ob nicht nur zwei Persönlichkeiten sich die Hände reichten, sondern die Wissenschaft und die Sprachgestaltung. Es ist unvergeßlich gewesen.»

Nach diesem Vorblick auf das Jahr 1927 fällt es nun keineswegs

Gertrud Sapper 1917/18

Guenther Wachsmuth 1927

Gertrud Wachsmuth 1927

leicht, die folgende Lebenszeit zu beschreiben. Es geht dabei um Guenther Wachsmuths Stellung im Kriege und seine Einstellung dazu. Dabei müssen wir voraussetzen, daß die Haltung der allermeisten Leser dieser Schrift Militärischem völlig abgewandt ist – am liebsten würde man von diesem Standpunkt aus dieses Kapitel aussparen. Als Lebenspanne wird diesem Standpunkt am ehesten durch die biographischen Daten Christian Morgensterns entsprochen. Es ist ja genügsam hervorgehoben worden, daß er von 1871 bis 1914 gelebt hat, also in einer von Kriegen umrahmten Friedensepoche Deutschlands.

Oder man sucht sich einen Kontrast hierzu in dem einsatzfreudigen Franz Löffler, der bei seinem unbedingten Draufgängertum in harter Gefangenschaft in Sibirien endet.

Auch besonnenere Persönlichkeiten gibt es, wie den Philologen Erich Schwebsch, der vor Verdun als Kompaniechef operieren muß und dabei sicher Härtestes erlebt.

Wer die geistige Berührung und Bekanntschaft mit dem Kriegsproblem bisher gescheut hat, dem sei empfohlen, das 1929 erschienene Buch «Im Westen nichts Neues» von Erich Maria Remarque zu lesen. In diesem ist das Problem, ständig der Gefahr ins Auge zu schauen, des Lebens in der Gefahr und der Lebensart in Gefahr – damit sie einen nicht unterwerfe – ausführlich und lebensnah behandelt. Bekanntlich gehört zur Geistesschulung hinzu, daß man sich Gefahren aussetzt und sie besteht.

Und nun das Verhältnis Guenther Wachsmuths zu diesem ganzen Komplex. Weder war er ein prophetischer Dichter und hatte als solcher seinen biographischen Lebensplatz zwischen den Kriegen, noch war er ein Draufgänger wie Franz Löffler. Am ehesten bestand Ähnlichkeit mit der gemessen-entschiedenen Art von Erich Schwebsch.

Aber eins gilt es besonders zu berücksichtigen: bei Guenther Wachsmuth gab es eine Familientradition Harlanscher Herkunft: Oskar Harlan, ein Bruder von Mutter Alice, war Rittmeister bei den Ulanen. Und das gab eine gewisse Verpflichtung. Die Ulanen brauchten aufwendige Ausrüstung. Nicht jeder konnte da mithalten, was natürlich eine bestimmte Exklusivität schuf. Diese Familientradition überdeckte alles, was an weiteren psychologischen Reaktionsmöglichkeiten gegeben wäre.

So trat er denn am 7. August 1914 als Freiwilliger in das Stehende

Freiwilliger, Anfang August 1914

Guenther Wachsmuth zu Pferde   In Galauniform als Ulan

Heer ein und rückte im Oktober 1914 – zunächst dem mecklenburgischen Dragoner-Regiment 18 zugeteilt – ins Feld, und zwar nach Nordfrankreich, Ypern und Flandern, wo ganz in der Nähe, bei Langemark, die geistige Elite bereits verblutet war.

1915–1922

Ende 1914, Anfang 1915 wird er mit der 4. Kavallerie-Division nach Osten verladen. Es kommt recht bald zur ersten Verwundung, einem Bauchdurchschuß mit Infanteriegeschoß. Wie aus der Regimentsgeschichte deutlich wird, war dieser Schuß von einem Deutschen abgefeuert worden. Im Lazarett trat eine schnelle Heilung ein, so daß er im März 1915 – diesmal mit dem Ulanen-Regiment Nr. 7 – nochmals ins Feld kam. Nun folgt eine zweite, weitaus schwerere, Verwundung: Er war als Aufklärungs-Patrouillenführer einem berittenen Kosaken mit Säbel begegnet, dieser hieb im nachfolgenden Gefecht auf Guenther Wachsmuths linken Arm ein und traf unmittelbar am Ellbogengelenk. Das Gelenk wurde vom Säbel bis zur Hälfte durchdrungen, und die äußere Kondyle (Knorre) des Oberarmknochens getroffen und zersplittert. In der nachfolgenden Heilungszeit, die Wachsmuth im Reservelazarett Brieg in Schlesien verbrachte, kam es planmäßig zur Versteifung und Verkürzung des Armes. Elf Monate mußte er aufgrund der damaligen medizinischen Verhältnisse im Lazarett in Brieg zubringen, teilweise auch von der leiblichen Schwester Ellinor umsorgt.

Am 15. Juni 1915 erhielt er das Eiserne Kreuz II. Klasse.

Im Frühjahr 1916 kommt er zum dritten Mal ins Feld, mit dem Ulanen-Regiment Nr. 7. Am 5. April 1916 – in Polen – wird er zum Leutnant befördert.

Am 29. August 1916 wird er – natürlich wegen der Verwundung seines linken Armes – Ordonnanzoffizier im Stab der 31. Infanterie-Division. Die Funktion eines Ordonnanzoffiziers ist im allgemeinen dadurch gekennzeichnet, daß er als «Hilfsoffizier bei Truppenstäben» bezeichnet wird. Als solcher kann er in der vielfältigsten Weise eingesetzt sein, mit mehr oder mit weniger Verantwortung. Hier trat das Besondere ein, daß Guenther Wachsmuth eine Divisionsabteilung vollverantwortlich über-

Ellinor, seine Schwester,
kam zu seiner Pflege.

Ausgang mit seiner Schwester Ellinor.

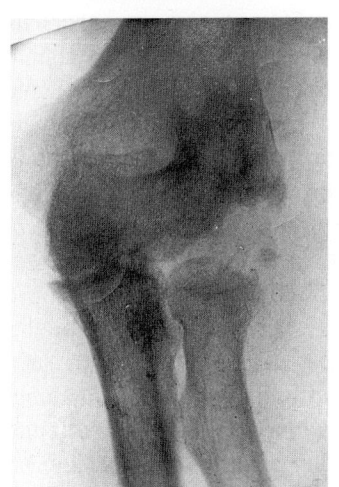

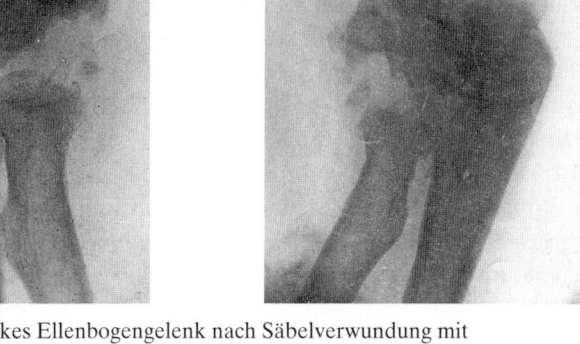

Linkes Ellenbogengelenk nach Säbelverwundung mit
seitlichem Condylenverlust. Links: von vorne.
Rechts: von der Seite.

nehmen mußte, und zwar die Abteilung I b – ein Posten, den meistens altgediente Stabsoffiziere ausfüllen. Hier übernimmt ein dreiundzwanzigjähriger Leutnant diese Stellung. Was ist die Funktion dieser Abteilung? I a ist die operative Leitung einer Division, I b ist die Quartiermeisterabteilung mit den Unterabteilungen Sicherung, Versorgungswesen, Technik und anderes. Von den übrigen organisatorischen Gliederungen einer Division wäre noch interessant die Abteilung IV b – der Divisionsarzt und alles, was ihm unterstellt ist: das gesamte Sanitätswesen. Die «Division» selbst ist ein Begriff, der sich gegen Ende des 18. Jahrhunderts ergibt aus dem Bestreben, größere Beweglichkeit im Truppenverband entstehen zu lassen. Klassisch ist die Zusammenfassung von drei Regimentern zu einer Division, was einer Divisionsstärke von 4500 Mann ohne Nachschubeinheiten entspräche.

Es existiert ein Brief aus dem Jahre 1938, in dem Guenther Wachsmuth auf seine Stellung als «I b» Bezug nimmt. Er ist an Frau Dr. Klein gerichtet, die an der Waldorfschule in Dresden tätig war und Verbindung zur Berliner Nazi-Regierung hielt. Sie hatte sich nach der «Rassereinheit» der Vorfahren Guenther Wachsmuths erkundigt und nach seiner Fronttätigkeit. Darauf Wachsmuths Antwort am 8. Dezember 1938:

«Ich bin Vollarier, alle Dokumente väterlicher- und mütterlicherseits bis zu den Großeltern und Ur-Großeltern kann ich jederzeit im Original oder Photokopie vorlegen. Ich bin Kriegsteilnehmer und habe den Krieg von 1914 bis zum letzten Tag als Frontkämpfer mitgemacht. Ich trat als Kriegsfreiwilliger bei den 18. (mecklenburgischen) Dragonern ein und wurde dann in das 7. Ulanen-Regiment übernommen, bei welchem Regiment die Brüder meiner Mutter aktive Offiziere (Rittmeister) waren. Dem 7. Ulanen-Regiment habe ich als Offizier bis Kriegsende angehört. Ein Patrouillenritt, den ich gegen Kosaken ritt und bei dem ich schwere Säbel-Verwundungen erhielt (noch heute versteifter und verkürzter Arm) wurde in der Regimentsgeschichte besonders erwähnt. Nach mehrmaliger schwerer Verwundung (Bauchschuß, Säbelverwundung, Verlust des Ellbogens) wurde ich zum Ordonnanz-Offizier befördert und leitete an der Westfront die Abt. I b der 31. Division, eine für einen jungen Offizier damals besondere, verantwortungsschwere Vertrauensstellung. Der Divisionsgeneral und die Stabsoffiziere der 31. Division werden hierüber gern Auskunft erteilen.»

Reservelazarett Brieg in Schlesien, wo er
11 Monate in stationärer Behandlung verblieb.

Aufnahme aus der Zeit beim Stab der
31. Infanterie-Division.

Am 7. Dezember 1917 erhält er das Eiserne Kreuz I. Klasse. Die 31. Infanterie-Division war eingesetzt vom 3. Oktober 1915 bis 17. September 1917 (wobei Guenther Wachsmuth am 29. August 1916 zu ihr versetzt wurde) in Stellungskämpfen zwischen Krewno-Smorgon-Narotsch-See und Teveretsch, vom 18. September 1917 bis 5. Dezember 1917 in Stellungskämpfen zwischen Njemen-Beresina-Krewno und Smorgon. Vom 6. bis 17. Dezember 1917 folgte Waffenruhe und Transport nach Westen und 18. Dezember 1917 bis 1918 wieder Stellungskämpfe in Flandern. Guenther Wachsmuth wurde am 10. Dezember 1918 aus dem Heer entlassen.

Durch die Wiederverheiratung der Mutter Alice mit dem Schriftsteller Hans Mühlestein war man von Dresden im Herbst 1913 nach München übergesiedelt. Dort hatte bereits eine Begegnung mit dem Schweizer Dichter Albert Steffen stattgefunden. Nun – nach der Entlassung aus dem Heer – kam für Wachsmuth nichts anderes in Frage, als sich wieder in der Universität München zum Studienabschluß einzufinden. Wir haben darüber bereits berichtet wie auch über die in Würzburg erfolgte Promotion.

Außer den Studien kommt nun eine Strecke, die mit Gesuchen und Gesuchswiederholungen angefüllt ist; es geht um eine Rente wegen der Armverwundung. Am 9. Januar 1919 charakterisiert er diese in ihren Auswirkungen an das Bezirkskommando in Meiningen, das ihm als zuständig erklärt worden war: «Er habe einen steifen Arm, den er in einer künstlichen Schiene tragen muß. Die anstelle des Gelenkes eingetretene Knochenwucherung verursacht bei jedem Witterungswechsel starke Schmerzen, die mich häufig zwingen zu Haus zu bleiben, in der Bewegungsfreiheit und am Arbeiten hindern.»

Nach Meiningen schreibt er wieder und wieder, so am 6. September 1919, am 20. November 1919, am 14. Januar 1920, im April 1920. Schließlich schaltet er nach zehn Monaten den Deutschen Offiziersbund, dem er inzwischen am 13. April 20 beigetreten ist, ein. In Sachen des Bundes für Dreigliederung des sozialen Organismus war er für kurze Zeit im Jahre 1920 in Stuttgart und Umgebung eingesetzt. Davon muß er Wohnung und Mobiliar beibehalten haben, auch wenn er sich in der Zwischenzeit hauptsächlich in Dornach aufgehalten hat. Aber Tatsache ist, daß er nunmehr vom Versorgungsamt Stuttgart unter dem 20. Okto-

Stab der 31. Infanterie-Division. Ganz rechts außen: Guenther Wachsmuth. Aufnahme nach dem 7. Dezember 1917.

Der Stab der 31. Infanterie-Divison. 2. von links: Guenther Wachsmuth. 6. von links, 4. von rechts: der Kommandeur.

1919 oder 1920, München

ber 1922 einen Rentenbescheid erhält. Die Minderung der Erwerbsfähigkeit beträgt zwanzig Prozent infolge einer teilweisen Versteifung des linken Ellenbogengelenkes.

Ein anderer Bezug, der charakteristisch ist für das Jahr 1919, liegt darin, daß die jungen Offiziere sich zusammenfanden in den Freiwilligen-Verbänden, welche letztendlich dem Politiker Gustav Noske unterstellt waren. Noske hatte im Januar 1919 den Spartakisten-Aufstand niedergeschlagen. Nun war er – von Februar 1919 bis März 1920 – Reichswehrminister und war als solcher dabei, die Grundlagen der Reichswehr zu schaffen. In den nachgelassenen Papieren Guenther Wachsmuths findet sich ein Ausweis, aus dem – unterschrieben vom Oberbefehlshaber der Regierungstruppen von Berlin, Noske – hervorgeht, daß er – Wachsmuth – zum Stab des Kavallerie-Schützen-Kommandos 14 gehört. «Vorzeiger dieses Ausweises gehört einem der mir unterstellen freiwilligen Verbände an… Der Vorzeiger ist berechtigt Waffen zu tragen.» Der Ausweis trägt das Datum vom 18. Januar 1919, drei Tage nach dem Mord an Rosa Luxemburg und Karl Liebknecht.

Die Freiwilligen-Verbände, die hier angesprochen werden, gehen als «die Weißen» in das historische Bewußtsein ein; sie stehen gegenüber den «Roten», welche das Rätesystem hochhalten. Die Weißen legten einen Ring um München, der Monat für Monat enger gezogen wurde, schließlich drangen sie in die Peripherie Münchens ein, um nach intensiven Straßenkämpfen irgendwann im April völlig Besitz von der Stadt zu ergreifen. Benachrichtigungen wurden verunmöglicht durch eine über München jetzt verhängte Briefsperre.

Unter solchen Verhältnissen arbeitete Wachsmuth an seinem Studienabschluß während eines Semesters, das beziehungsreich Kriegsnothalbjahr 1919 genannt wurde.

2. *Kapitel*
Dornach. Begegnung mit Rudolf Steiner.
Beginn der Sekretariatstätigkeit

Alice Wachsmuth-Mühlestein verharrte nicht in Untätigkeit, als sie jetzt sah, daß ihre zwei älteren Söhne mit der Ausbildung fertig geworden waren. Um Weihnachten 1919 schickte sie beide zu Rudolf Steiner. Wolfgang hatte nämlich in einer Buchhandlung die «Kernpunkte der sozialen Frage» entdeckt. Die erste Lektüre versetzte ihn in Begeisterung, die er bei einem gesellschaftlichen Zusammenkommen auch äußerte. Otto Graf Lerchenfeld hat das aufgegriffen und gab ihm seinerseits eine Einführung. Weihnachten, wie gesagt, fanden sich beide bei Rudolf Steiner ein. Bei diesem trafen sie auch auf Heinz Hasso von Veltheim-Ostrau, der gerade im Gespräch mit Rudolf Steiner war. In dieser Situation sagte nun Rudolf Steiner zu von Veltheim: «Ich muß Sie hier kurz verlassen, wollen Sie vielleicht den beiden jungen Herren etwas über Anthroposophie erzählen?»

Zu Graf von Lerchenfeld entwickelte sich alsbald von Guenther Wachsmuths Seite eine Freundschaft. Lerchenfeld gehörte seit 1907 zur Theosophischen Gesellschaft. Bei den ersten Aufführungen der Mysteriendramen Rudolf Steiners von 1910 bis 1913 in München hatte er selbst auf der Bühne gestanden und seitdem gehörte er zu den vier Persönlichkeiten, die einen eigenen Bau für diese Aufführungen befürworteten. So wurde er 1911 Mitbegründer des Bauvereins, dessen Vorstand er bis 1925 angehörte. «Während der Festspiele in München prangte der Zuschauerraum in einer Fülle von roten Rosen, die von den Balustraden der Logenränge herunterhingen und mit ihrem köstlichen Duft den Raum erfüllten. Sie kamen in ganzen Wagenladungen aus Köfering nahe Regensburg, dem Stammsitz des Grafen Lerchenfeld.»[10] Später sollte es zu einer intensiveren Zusammenarbeit mit Graf Ler-

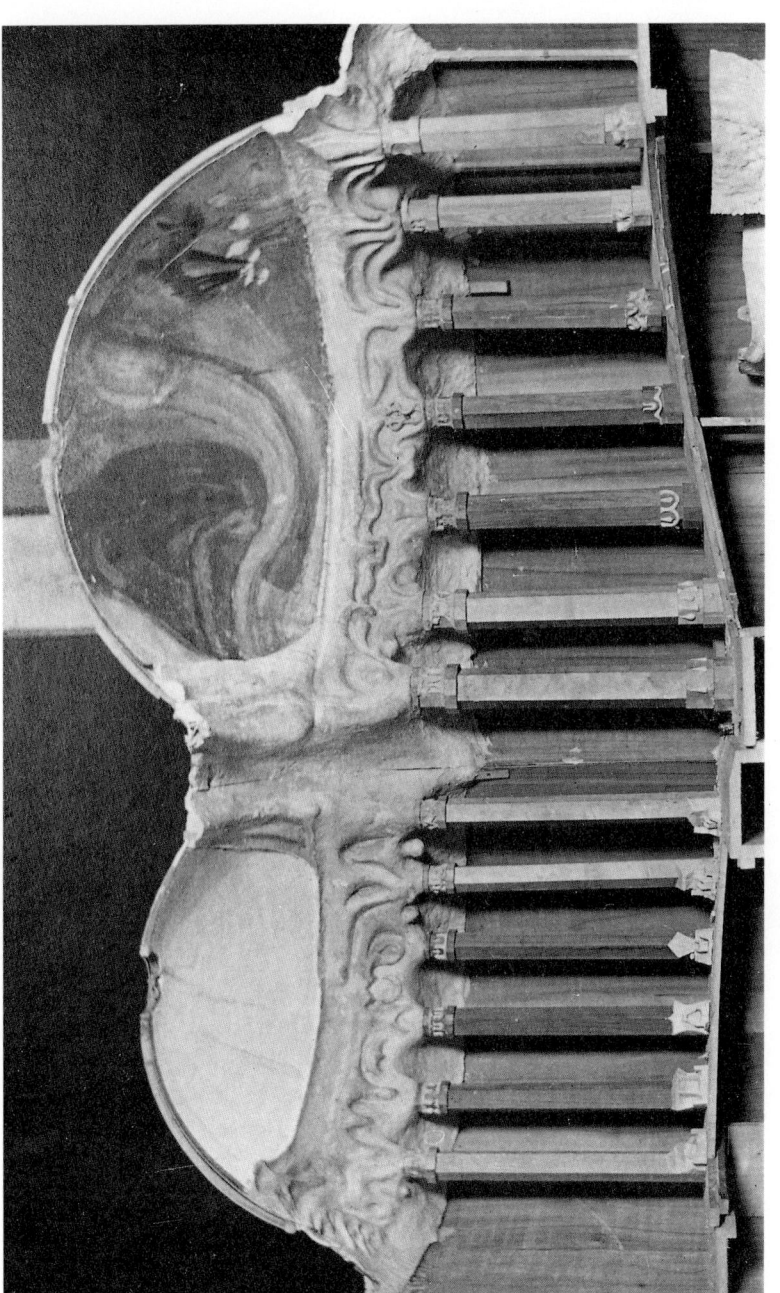

Modell des ersten Goetheanum: Großer Saal und Bühne

chenfeld kommen. Aus der Zeit der früheren Freundschaft erwähnt Karl von Baltz in unveröffentlichten Notizen folgende Begebenheit: Guenther Wachsmuth berichtet, er habe wiederholt geträumt, daß es auf dem Gut des Grafen in Köfering ein Mithräum gebe. Der Graf, dem Wachsmuth seinen Traum erzählte, verneinte dies; so etwas gebe es auf seinem Gut nicht. Eines Tages besucht Wachsmuth den Grafen auf dessen Gut, und der Graf veranstaltete eine Fahrt auf einer Zille, einem flachen, breiten Schiff. Plötzlich zieht ein Gewitter auf, und man wird energisch vor einer Weiterfahrt gewarnt. Die beiden Flußschiffer gehen an Land. Dort stehen sie völlig unvermutet vor dem Eingang einer Höhle; in diese dringen sie vor, und als sie an das tief in der Erde liegende Ende der Höhle gelangen, taucht etwas an der Höhlenwand auf, das wie ein Stier aussieht, dem ein Messer in den Hals gestoßen werden soll. Da war der Realitätsgehalt des berichteten Traumes erwiesen.

Das impulsierendste Erlebnis freilich war für Guenther Wachsmuth die Eröffnung der Hochschulkurse am Goetheanum am 26. September 1920. In Wachsmuths Anwesenheit «vollzog sich [die] erste Veranstaltung im großen Kuppelsaal des Goetheanum-Baues. Rudolf Steiner betonte zwar, daß der Bau als Ganzes noch nicht fertiggestellt sei und zu seiner Vollendung noch die Hilfe und Tatkraft vieler Menschen aufrufen werde, aber es war für uns alle doch ein ergreifendes Erlebnis in der Geschichte des Werdeganges dieser geistigen Bewegung, genau sieben Jahre seit der feierlichen Grundsteinlegung dieses Baues nun zum ersten Male in dem gewaltigen Kuppelsaale den Worten dessen zu lauschen, der all dies aus Geist-Erkenntnis und Tatenkraft geschaffen hatte.

Unvergeßlich steht nur das Bild jenes Augenblicks in der Erinnerung, als wir bei einem musikalischen Vorspiel von Orgel und Orchester dieses Geschehens harrten. Die ernste und feierliche Stimmung der etwa tausend Menschen, die zum ersten Male in diesem Raume versammelt waren, die mächtigen, künstlerisch geformten Säulen, die in organischem Aufstieg in die Sphäre der Deckengemälde des Kuppelgewölbes einmündeten, die Lichtfülle, die durch die künstlerisch gestalteten großen Fenster hereinflutete und diese plastische Formenwelt mit ihrem farbigen Glanz überstrahlte, eine erhabene Einheit, die als ein lebendiges Wesen die erwartungsvoll harrenden Menschen in sich aufnahm.»[11]

Dies war für Guenther Wachsmuth ein tiefes Erlebnis. Er entschloß sich, in Dornach zu bleiben und dort, wenn irgend möglich, in der Umgebung Rudolf Steiners. Am 8. November war Rudolf Steiner in Stuttgart; hier wurde ihm in der Champignystraße eine briefliche Anfrage aus Breslau eröffnet, ob man im Zusammenhang mit der bevorstehenden Abstimmung in Oberschlesien nicht im Sinne der Dreigliederung tätig werden könne. Rudolf Steiner bejahte diese Anfrage und gab Dr. Heyer und dem auch anwesenden Guenther Wachsmuth sofort den Auftrag, bis zum nächsten Tage einen Aufruf für eine Dreigliederungsaktion in Oberschlesien vorzubereiten. Offensichtlich ist also Guenther Wachsmuth jetzt bereits in die spätere Rolle eines Reisebegleiters für Rudolf Steiner eingetreten. Die Vorschläge, die am nächsten Tag vorgelegt wurden, erfuhren durch Rudolf Steiner eine starke Korrektur.

Ehe wir die spätere Tätigkeit Wachsmuths in Dornach schildern, müssen wir zurückblicken auf die letzte Vorkriegszeit. Da existiert eine Photographie mit «Angestellten der Harlan Werke». Etwa hundert Leute sind vor zwei Hangars postiert, aus denen vier Flugzeuge der Bauart von circa 1912 vorgezogen sind. Obwohl man das nicht erkennen kann, mußte es sich um «Harlan-Tauben» handeln, Flugzeuge also mit taubenfederartigen Strukturen und Stellungen der Flügel. Die Harlan-Taube war ein Pionierflugzeug der «ersten Stunde» des Motorfluges. Es gab auch eine Harlan-Fliegerschule. Auf dem Flugplatz in Johannisthal waren die Harlanwerke auf dem alten Startplatz und später auch auf dem neuen Startplatz mit eigenen Fliegerschuppen vertreten.

Mit der weiter-, das heißt fertig entwickelten Harlan-Taube kam Wolfgang Harlan im Jahre 1912 groß heraus, als sie beim «Rund um Berlin-Flug» im Herbst 1912 siegte. Außerdem vollbrachte er im folgenden Jahre im September einen aufsehenerregenden Überlandflug von Johannisthal bis in die Nähe von Paris über eine Strecke von 1025 Kilometern in einer Flugzeit von fünf Stunden und elf Minuten mit diesem Flugzeug. Wolfgang Harlan reiste bis nach St. Petersburg, wo er mehrere seiner Harlan-Tauben an den Zarenhof verkaufen konnte. 1914 kam er in finanzielle Bedrängnis und mußte sein Werk verkaufen. Er war nach dem Kriege führender Techniker der Lufthansa bis 1929, von da an Generalvertreter für Opelkraftwagen für ganz Sachsen. Er starb 1951.

Das ist nicht alles, was der Biographie Guenther Wachsmuths zum

Angestellte der Harlan-Werke.

Wolfgang Harlan (1882–1951), das jüngste Kind von acht Kindern Otto Harlans betrieb die Harlan-Flugzeugwerke (bis 1914).

Thema Fliegen entnommen werden kann. Rudolf Steiner gab Wachsmuth den dezidierten Rat, eine Schrift des bekannten Schriftstellers Edward Bulwer-Lytton zu übersetzen («Die letzten Tage von Pompeji», «Zanoni» etc.). Es handelt sich um den Roman «Vril oder Eine Menschheit der Zukunft». Guenther Wachsmuth äußerte nach einem ersten Kennenlernen der Schrift, daß es sich doch wohl um ein reichlich phantastisches Elaborat zu handeln scheine. Aber da wies Rudolf Steiner darauf hin, daß der Inhalt doch ganz realistisch aufzufassen sei und daß Bulwer-Lytton wohl richtig vorausgeschaut habe.

Es handelt sich bei diesem Roman um einen Bericht aus einer unter unserer Erdoberfläche gelegenen Welt, die also des natürlichen Sonnenlichtes entbehrt; man hat auch keinerlei Verbindung zu der Welt der Gestirne und «nun gibt es ja bei diesen Menschen überhaupt keine Nacht. Denn sowohl in den Straßen wie in der ganzen Landschaft bis zum Horizonte herrscht zu allen Zeiten die gleiche Helligkeit. Höchstens innerhalb ihrer Häuser dämpfen sie das allgemeine künstliche Licht während der stillen Stunden etwas herab. Aber sie haben eine merkwürdige Abneigung gegen völlige Finsternis, deshalb wird das Licht niemals gänzlich gelöscht.»

Zum Fliegen – was die eigentliche und hauptsächliche Art der Fortbewegung bei ihnen ist – besitzen sie ein Paar Flügel, die beiderseits an den Schultern befestigt sind und über Kreuz bis zur Höhe der Füße reichen. «Wer einmal seine Flügel zu benutzen versteht, kann, wenn auch nicht die Geschwindigkeiten der schnellsten Vögel, so doch mit Leichtigkeit etwa dreißig Meilen in der Stunde zurücklegen und dieses Flugtempo fünf bis sechs Stunden ununterbrochen durchhalten. Aber das zur Trägheit im späteren Alter recht hinneigende Volk der Ana liebt keine schnellen Bewegungen oder sportlichen Leistungen. Vielleicht auch, weil ihre Ärzte sie daran durch die Maßregel hindern, die bei uns ja ständig betont wird, daß man nur bei geregelter Atmung der Poren gesund sei.

Im gewöhnlichen Leben ziehen sie oft das Zufußgehen dem Fliegen vor. Jedoch zur Erholung und beim Umherschweifen fliegen sie lieber, was dann meist zu jenen prächtigen Luftspielen führt, die ich vorhin beschrieb. Auch wenn sie ihren Landsitz aufsuchen, der stets in luftigen Berghöhen liegt, oder wenn sie, besonders in der Jugend, nach entfernteren Gegenden reisen, dann benützen sie als Beförderungsmittel nur ihre Flügel.»

Nun wird der Besucher angesprochen: «Taë erzählte mir, daß Sie noch nicht gelernt haben, die Flügel zu gebrauchen. Das ist schade, wie hübsch wäre es, wenn ich ein wenig mit Ihnen spazieren fliegen könnte.»

«‹Ach›, entfuhr es mir, ‹ich werde wohl leider niemals dieses Vergnügen genießen.› Zee versicherte mir, daß der richtige Gebrauch von Flügeln eine angeborene Eigenschaft ist und daß Generationen vergehen würden, bis ein Mensch meiner Rasse wie ein Vogel in den Lüften wird fliegen können.»[12]

So und in ähnlichen Wendungen gingen die Unterhaltungen über das Fliegen und Fliegenkönnen hin und her. Welche Beziehungen zur Person von Guenther Wachsmuth liegen aber darin?

In der Familie von Karl von Baltz wird eine Geschichte tradiert, die wie folgt lautet:

Rudolf Steiner mußte, als er tagsüber sich am Goetheanum aufhielt, etwas aus der Villa Hansi, seinem Dornacher Wohnsitz, holen. Guenther Wachsmuth wurde aufgefordert, ihn auf diesem kurzen, aber doch steilen Wege zu begleiten. Der Weg von oben nach unten war denn auch völlig problemlos. Aber der Rückweg von unten nach oben gestaltete sich schwieriger. Rudolf Steiner gab Anweisungen für Guenther Wachsmuth, der ja an normalen Tagen für gewöhnlich schon sehr rasch zu gehen pflegte («Tempo, Tempo»). Auch Rudolf Steiner pflegte ja eine recht elastische rasche Gangart. Heute aber forderte er Wachsmuth geradezu auf, an Tempo zuzulegen, immer mehr und mehr. Schließlich rief er ihm zu: «Und nun bitte fangen Sie an zu fliegen.» Daß diese Bemerkung eine besondere Geschichte hat, werden wir noch erfahren können, auch werden wir einsehen lernen, daß in ihr eine Blickrichtung in die Zukunft sich verbirgt. So scheinen sich die Beziehungen Guenther Wachsmuths zu der Berufssphäre seines Onkels Wolfgang Harlan enger zu gestalten, als ursprünglich angenommen werden konnte.

Zur nachfolgenden Etappe ist als besonderes Ereignis festzuhalten, daß Dr. Roman Boos, der noch am 18. April 1921 mit Albert Steffen über eine neue Zeitschrift verhandelt hatte, Mitte Mai so schwer erkrankt, daß er Dornach auf mehrere Jahre verlassen muß. Damit wurde Platz für jemand, der seine Stärke im Koordinieren und Organisieren erblicken konnte und der die Fähigkeit hatte, aus eigener Initiative das Amt eines Reisebegleiters Rudolf Steiners zu übernehmen. Dies alles traf auf Guenther Wachsmuth zu. Leser von Karl Langs «Lebensbegegnungen» werden sich folgender Bemerkung erinnern:[13] «Unübertrefflich waren Dr. Wachsmuths Schilderungen aus seiner Zeit als Adjutant eines leutseligen Kommandeurs.»

Ebenfalls in Dornach kommt es zu einer Begegnung mit dem Musiker Wilhelm Lewerenz. Er war 1922 erstmals in die Schweiz gekommen und hatte das erste Goetheanum aufgesucht. Er wußte bald: Hier ist meine Heimat. Sein Instrument war das Cello. Bei der Betrachtung des linken Ellbogengelenks von Guenther Wachsmuth, mit dem er sich rasch angefreundet hatte, muß ihm die Idee gekommen sein, daß ein mildes Wieder-in-Bewegung-Setzen einen Heilungsprozeß bedeuten könne. So begann er Wachsmuth Cello-Anfangsunterricht zu geben. Mit den Fingereinzelbewegungen sowie den mit dem linken Unterarm ausgeführten Lagewechseln hoffte Lewerenz, heilende Impulse geben zu können. Es ist wahrscheinlich, daß Guenther Wachsmuth wegen hauptberuflicher Überbelastung diese anfänglichen Versuche wieder aufgegeben hat. Wilhelm Lewerenz studierte auch Musikwissenschaft

Ehrenfried Pfeiffer

Wilhelm Lewerenz

bei Ernst Kurth in Bern. Bei den Verabredungen zu dieser Unternehmung hatte Guenther Wachsmuth darauf hingewiesen, daß Ernst Kurth seinerzeit auch sein Lehrer gewesen sei. Wir haben bei der Beschreibung von Wachsmuths Schulzeit darauf aufmerksam gemacht. Wilhelm Lewerenz hat nicht nur im Orchester am Goetheanum mitmusiziert, er hat sich auch auf der Bühne als Eurythmist bewegt und viel Musik selbst geschrieben. So war es ein eher organischer Übergang, daß er 1949 in den Vorstand am Goetheanum berufen wurde und mit der Leitung der Sektion für redende und musizierende Künste betraut wurde. Sein Organisationstalent kam ihm dabei zugute. Sieben Jahre – bis zu seinem allzufrühen Tod – ist er in dieser Verantwortung gestanden. 1924 im Spätherbst – am 25. November – kam es zur Heirat von Wilhelm Lewerenz und der Holländerin Fräulein Brauer. Albert Steffen und Guenther Wachsmuth waren Trauzeugen. Friedrich Doldinger hielt die Trauung. Hinterher kam Marie Steiner auf Alice Wachsmuth zu und sagte zu ihr über Guenther: «Er hat in jungen Jahren viel zu tun, was ein anderer erst in viel späteren Jahren zu tun bekommt.»[14] Dies ist eine Bestätigung auch des über den Posten an der 31. Infanterie-Division Gesagten.

Eine andere Freundschaft ist die mit Ehrenfried Pfeiffer. Auch ihm war der Vater früh gestorben – als er fünf Jahre alt war. «Bald darauf ziehen Mutter und Sohn nach Nürnberg, wo die Großeltern leben» und wo Ehrenfried vom achten bis zum zehnten Jahr den Unterricht von Michael Bauer besucht. Bei Friedrich Rittelmeyer hat er Konfirmandenunterricht. «Um das 9. und 12. Jahr hat Ehrenfried das bewußte Erlebnis der Sphärenharmonie. Während er den Sternenhimmel betrachtet, verschwindet dieser plötzlich. An seiner Stelle erschließt sich ein wesenhafter Himmel, eine wundersame Musik ertönt, die sein ganzes Wesen erfaßt und der Harmonie der Sphären verbindet. Diese Harmonie bleibt eine Sehnsucht seiner Seele.»[15]

Als Ehrenfried vierzehn Jahre alt ist, heiratet seine Mutter Theodor Binder. Fortan besucht Ehrenfried seine Eltern in den Ferien in Stuttgart. Mit beginnendem Weltkrieg bietet sich Gelegenheit, statt der Schule Fabrikhilfsdienst zu leisten. Er arbeitet erst als Hilfsarbeiter, dann als Werkzeugmacher an mehreren Maschinen und studiert eingehend die sozialen Arbeiterfragen. Diese Zeit wird als Schulzeit angerechnet. Im

18. Lebensjahr legt er die Reifeprüfung ab; er meldet sich freiwillig zur technischen Pioniereinheit, denn er möchte niemanden töten müssen. Er kommt an die Westfront mitten in den Pionierbetrieb. Hier begegnet er dem «Fuhrmann», einer Gestalt, die an den «Kräutersammler» in Rudolf Steiners Lebensgang erinnert. Dieser teilt sein subtiles Naturerleben, bis in die Realität der Elementarwelt hinein.

«Mitten im Kriegseinsatz, in Lebensgefahr, vernimmt Ehrenfried Pfeiffer einen inneren Ruf: eine Stimme von oben bekundet, er bleibe am Leben, um ganz anderen Aufgaben der Menschheit zu dienen. Seither hat er das Bewußtsein, unter der Führung und dem Schutz höherer Mächte zu stehen.»

Seit Sommer 1919 besucht er möglichst alle erreichbaren Vorträge Rudolf Steiners. Auch bietet sich jetzt Gelegenheit zu einem persönlichen Gespräch. Zu Pfeiffers Verwunderung sagt Rudolf Steiner unvermittelt zu Beginn: «Wir kennen uns ja schon lange.»

1919 beauftragt Rudolf Steiner Theodor Binder, die finanzielle Organisation der Bauleitung des Goetheanum zu übernehmen. So zieht die Familie nach Dornach. Zu Weihnacht wird Ehrenfried dorthin eingeladen. Bei seiner Ankunft hat er ein Heimatgefühl wie nach langer Irrfahrt. Bei der ersten Besichtigung des Goetheanum beschäftigen ihn sofort Bühneneinrichtung, Beleuchtung und Ventilation. Er bespricht sich mit Aisenpreis, dem leitenden Architekten am Goetheanum. Dieser schlägt nach reiflicher Prüfung vor, die technischen Aufgaben Pfeiffer zu übertragen.

Pfeiffer erhält daraufhin von Rudolf Steiner die Einladung, nach Dornach zu kommen und mitzuarbeiten. Für seine Arbeit soll er SFr. 300,– monatlich erhalten, eines der höchsten Gehälter der damaligen Mitarbeiter am Goetheanum. Die folgenden Jahre 1920–1925 verbringt Pfeiffer in unmittelbarer Nähe Rudolf Steiners. Seine nächste Aufgabe ist es, eine Bühnenbeleuchtungsanlage nach Rudolf Steiners Angaben für Aufführungen auf der Bretterbühne in der Schreinerei zu konstruieren. Später gelingt es, eine entsprechende Anlage unter erheblichen technischen Mühen auch im ersten Goetheanum zu installieren. Die Anlage der Schreinerei hat sich sehr bewährt, durch Jahrzehnte war sie in Betrieb, bis sie in das bühnengeschichtliche Museum in Salzburg übernommen werden konnte.

3. Kapitel
Die ätherischen Bildekräfte
Forschung mit Ehrenfried Pfeiffer

1921/22–1928

Aus der Begegnung dieser beiden Männer – Guenther Wachsmuth und Ehrenfried Pfeiffer – ist dann 1921 das Forschungslaboratorium am Goetheanum entstanden. Man hatte Rudolf Steiner die Bitte um Überlassung von Arbeitsraum vorgetragen, und dieser äußerte sich zustimmend zum Einzug der beiden jugendlichen Forscher in das Souterrain des Glashauses, wo unter den Arbeitsräumen der Glasschleifer noch ungenutzter Platz sich befand, der vor allem Zuleitungen für Gas, Elektrizität und Wärme besaß und somit gebrauchsfähig war.

Schon die ersten Arbeitshinweise Rudolf Steiners erwiesen sich als äußerst kompliziert. Es hatte sich ein interner Besprechungsabend dienstags im Baubüro herausgebildet, zu dem jedesmal, wenn er in Dornach war, auch Rudolf Steiner erschien, um an der Diskussion teilzunehmen. Aus den dort aufgeworfenen Fragen ist manches Fruchtbare entstanden. So wurde recht bald klar, daß man zweierlei brauchte: erstens eine Systematik der Bildekräftelehre, zweitens eine praktisch belegte und beweisende Kristallisationsmethode. Pfeiffer hatte die Frage gestellt: «Wie lernt man das Wissen – und später ein Handhaben des Ätherischen?»

Rudolf Steiner gab Pfeiffer einige einfache Hinweise, um mit den Ätherkräften zu arbeiten. Organismen sollten als Reagenzien auf Einwirkungen benützt, Einflüsse von Rhythmen auf Lebensprozesse studiert werden; Formkräfte sollten sichtbar gemacht werden.

Die ersten Versuche wurden in einer Kiste unter Pfeiffers Bett ausgeführt, dann in einem Dachschuppen der Firma Weleda fortgesetzt. Ein Austausch mit Guenther Wachsmuth führte bald zu der gemeinsamen

Initiative des Forschungslaboratoriums am Goetheanum im Kellerraum des Glashauses. Bei seinem Studium war Ehrenfried Pfeiffer von Rudolf Steiner väterlich beraten worden. «Vor Beginn jedes Semesters wählt Rudolf Steiner im Vorlesungsverzeichnis einige theoretische Fächer und mehrere chemische und physikalische Praktika aus, wobei das Hauptgewicht auf dem eigenen Experimentieren liegt. Die Theorie könne man aus Büchern erlernen. Neben den Hauptfächern ist ein umfassendes Programm vorgesehen: Mineralogie, physikalische Chemie, Botanik, Pflanzengeographie und Ökologie; wie auch, zu Pfeiffers Verwunderung, Nationalökonomie, Handelswissenschaft, Soziologie, Psychologie und Massenpsychologie. Auf Pfeiffers Einwand, das sei zuviel – neben den Dornacher Arbeiten und Vorträgen –, meint Rudolf Steiner: ‹Das werden Sie schon bewältigen. Sie müssen die zeitgenössische Wissenschaft gründlich kennenlernen, um den Materialismus mit seinen eigenen Waffen widerlegen zu können.› Nach jedem Semester hat Pfeiffer über die durchgenommenen Wissensinhalte, die Persönlichkeiten der Professoren und das Besondere ihres Unterrichtes zu berichten.»[16]

Nun hatte Guenther Wachsmuth, in seinem Bestreben, eine Systematik der Ätherarten zu entwerfen und aufzubauen, ein grundlegendes Werk der Sanskrit-Anthropologie herangezogen. Der Überlieferung nach habe er dieses Buch Rudolf Steiner gezeigt mit der Frage: «Kann man daraus etwas machen?» Rudolf Steiners Antwort sei gewesen: «Versuchen Sie es!»

Der Titel dieses Buches lautete «Die feineren Naturkräfte und die Wissenschaft des Atems». Aus dem Sanskrit-Original wurde es ins Englische übersetzt durch Râma Prasâd, ins Deutsche wurde es übertragen von Heinz Widtmann.[17]

Auf das Wesentliche reduziert, enthält das Werk eine Anthropologie. Die unterste Schicht ist das Physisch-Physiologische, es folgt die Schicht der, wohlgemerkt fünf, Tattwas. «Der Körper ist aus den fünf Tattwas gemacht.» «Im Anfang war dieses alles Sat, die positive Phase Brahmâs. Aus diesem Zustande entwickeln sich nach und nach die fünf Ätherarten, Tattwas oder Mahâbîtas, wie man sie nennt.» «Der Körper – der menschliche wie auch jeder andere – ist aus den fünf Tattwas in ihrer gröberen Form entstanden. In diesem grobmateriellen Körper wirken die fünf Tattwas in ihrer feineren Form. Sie regieren ihn physiologisch, mental, psychisch und geistig. Dieses sind deshalb die vier feineren Formen der Tattwas.» Die Reduktion der fünf auf die vier Tattwasarten ist also auf diese Weise manifest. Der weitere Aufbau der anthropologischen Gesamtheit geschieht durch das Yoga, das ist das Seelische und das Geistige.

Es besteht kein Zweifel: diese Tattwas-Anthropologie ist stark naturwissenschaftlich geprägt. Wenn Guenther Wachsmuth sich diesen Inhalten näherte, so muß man berücksichtigen, daß er während seines juristisch-staatsrechtlichen Studienganges an der Universität keinerlei naturwissenschaftliche Vorlesungen oder Praktika belegt hatte. Die Studiennachweise der sechs Semester liegen lückenlos vor, es ist nicht eine naturwissenschaftliche Stunde – weder Vorlesung noch Praktikum – darin verzeichnet. Einzige nicht-juristische Vorlesung ist die erwähnte Einführung in die englische Literatur in Oxford. Wenn also Guenther Wachsmuth daran geht, naturwissenschaftliche Zusammenhänge darzustellen, so muß klar gesehen werden, daß er sich das Rüstzeug hierzu ausschließlich im Selbststudium erworben hat. Von daher kann verständlich erscheinen, daß schon für 1920 berichtet wird, er habe begonnen an einem Buch zu arbeiten. Es wird auf die Eröffnungstagung des ersten Goetheanum im September-Oktober 1920 hingewiesen und ergänzt: «Zu dieser Zeit arbeitete Wachsmuth bereits an seinem ersten Buch: ‹Die ätherischen Bildekräfte in Kosmos, Erde und Mensch›. Damit hatte er intuitiv umgriffen, was er in den nächsten einundvierzig Jahren als Schüler Rudolf Steiners Schritt für Schritt und allen Widerständen zum Trotz mit eiserner Konsequenz sich selbst und der Welt erarbeiten konnte: ein neues organisches Bild der Erde.»[18]

Als Erscheinungsjahr des Werkes «Die ätherischen Bildekräfte in Kosmos, Erde und Mensch» wird in der ersten Auflage 1924 angegeben, das ist insofern realistisch, als der Verlagsvertrag mit dem Kommenden-Tag-Verlag am 1. Juli 1923 – übrigens vom Bruder Wolfgang Wachsmuth – unterzeichnet wurde, und Rudolf Steiner, der vom Autor gebeten worden war, die Umschlagsgestaltung vorzunehmen, die dazugehörige Zeichnung während der nächtlichen Heimreise am 4. Oktober 1923 von Wien nach Basel an Wachsmuth übergab. Das war wirklich ein passendes Geburtstagsgeschenk!

Aufbauend auf Bemerkungen zu verschiedenen Formen von Äther-

lehren der gegenwärtigen Physik stellt Wachsmuth das fest, was geistes-
wissenschaftlich als Ätherlehre formuliert werden kann, und beginnt mit
dem Satz: «Tatsächlich sind es insgesamt sieben ätherische Urkräfte,
Bildekräfte, die im Kosmos wirken, von denen sich aber nur vier in den
raumzeitlichen Prozessen unserer jetzigen Erscheinungswelt offenba-
ren. Von diesen vier ätherischen Bildekräften soll deshalb im folgenden
nur die Rede sein.»[19]

Diese vier Ätherarten sind

> Wärmeäther
> Lichtäther
> Chemischer Äther (oder Klangäther)
> Lebensäther

Die weiteren drei Ätherarten werden erst in ferner Zukunft hinzuentste-
hen.

Die Gesamtentwicklung des Erdenwesens durchläuft also – wenn
man die genannten vier Ätherarten zugrundelegt – vier Stufen: Aus einem rein geistig-wesenhaften nichträumlichen Zustand geht der Wärmeätherzustand (genannt «Saturnzustand») hervor.

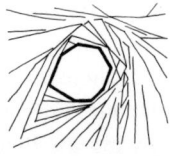

Am Ende des Durchlaufens dieser Entwicklungsstufe beginnt erneut ein
nichträumlicher Zustand. Vor Neubeginn einer weiteren Entwicklung
wiederholt sich der Wärmeätherzustand, der sodann in den Lichtäther-
zustand («Sonnenzustand») übergeht.

Nach Beendigung dieses Lichtätherzustandes abermals ein nichträumlicher Zustand; es kommt ferner zu einer Wiederholung des Wärmeäther-

zustandes und Lichtätherzustandes. Darauf folgt der Chemische Ätherzustand, genannt «Mondzustand».

Wieder folgt ein nichträumlicher Zustand. Bei Einsetzen einer neuen, weiteren Entwicklung kommt es zur Wiederholung des Wärmeätherzustandes, des Lichtätherzustandes und des chemisch-ätherischen Zustandes. Jetzt schließt sich an der Lebensätherzustand, genannt «Erdenzustand».

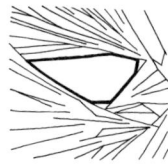

Wurden schon diese Behauptungen bald nach Erscheinen des Buches kräftig bezweifelt, so geschah dies noch intensiver bei folgenden Feststellungen, die sich daran anschlossen.

Wachsmuth weist bei der Betrachtung des Wärmeäthers darauf hin, daß dessen Formtendenz sphärisch ist, daß er überall, wo er in der Natur auftritt, sphärische Formen hervorruft.

Bei Erwähnung des Lichtäthers heißt es: «Man könnte also sagen, daß eine Erzitterung, eine Form, die durch den Lichtäther in einem substantiellen Medium hervorgerufen wird, die Figur eines Dreiecks darstellt.»

Weiter heißt es bei Wachsmuth: «Der chemische Äther ruft da, wo er in der Natur auftritt, ... halbmondartige Formen hervor.»

Ferner und abschließend über den Lebensäther: «Seine Wirkung ist viereckig, wie es ... zum Beispiel in dem sich kristallisierenden Salz zum Ausdruck kommt.»

Man hat also eine Reihe mit folgenden vier verschiedenen Formtendenzen

Die stärksten Zweifel traten auch beim Schreiber dieser Zeilen auf, als er diese Behauptungen in der Formulierung von 1924 am Beginne der Dreißiger Jahre las. Aber die Entwicklung ist ja weitergegangen. Ehrenfried Pfeiffers und Guenther Wachsmuths Zusammenwirken trat in eine neue Phase, indem Pfeiffer an Rudolf Steiner die Frage richtete nach der Manifestwerdung ätherischer Bildekräfte im physischen Material. Rudolf Steiner beantwortete die Frage mit einem Hinweis auf Zusätze von organischer Substanz zu Kristallisationsvorgängen. Die experimentelle Kristallisationsforschung begann. Zunächst mußte das chemisch günstigste Reagens gefunden werden, das «so fein auf ätherische Bildekräfte reagiert, daß je nach der Einwirkung verschiedene Formen resultieren». In dem Kupferchlorid – $CuCl_2$ – wurde alsbald dieses Reagens gefunden. Dieses erfüllte die von Rudolf Steiner geforderten Bedingungen: «Um dieses Reagens auf das Ätherische zu finden, sollte man versuchen, Kristallisationsvorgänge zu betrachten unter Zusatz von Pflanzenstoffen und Blut und die Veränderungen dieser Kristallisationsvorgänge studieren. ‹Was Sie dabei entdecken werden, kann ich selber noch nicht sagen: Sie werden überrascht sein, wie viel Sie finden werden!› Das ist alles, was Rudolf Steiner zu diesem Thema sagte. Damit hatte man also anzufangen. Wenn ich versuchte, ihn nach der Versuchsanordnung zu fragen, hat er immer wieder gesagt: ‹Die Versuchsanordnung müssen Sie selber finden›.»[20]

Seither ist eine lange Entwicklung geschehen, eine umfangreiche $CuCl_2$-Bibliographie könnte geschrieben werden; Forschungsinstitute sind begründet und gebaut worden, Ehrendoktortitel vergeben worden, sowie Tausende und Abertausende von Einzeluntersuchungen angestellt worden.

Da erscheint 1987 in der Reihe «Pioniere der Anthroposophie» eine biographische Würdigung des 1961 verstorbenen Prof. Dr. h.c. Ehrenfried Pfeiffer durch die Ärztin Alla Selawry. In diesem Bändchen findet sich auf Seite 78 eine schlichte Abbildung von vier Kristallbildern – $CuCl_2$ – auf menschlichem Blut mit vier charakteristischen Formen und den Untertiteln Herzform, Nierenform, Leberform, Lungenform. Die Herzform – das Herz ist das Wärmeorgan – ist sphärisch; die Nierenform – die Niere gehört zum Lichtäther – besteht aus Dreiecksbildungen; die Leberformen – Organebene des chemischen Äthers – sind weichgeprägte Halbmondformen, und die Lunge – Organ des Lebensäthers – bildet parallel-symmetrische Aufrisse von Bergkristallen.

Der Kreis hat sich geschlossen; die von Wachsmuth ausgesprochenen Zuordnungen von Formgebungen zu den vier Stufen des Ätherischen: Sphärische, dreieckige, Halbmond- und polygonale Ecken-Form sind bestätigt worden. Der Autor der Methode, Ehrenfried Pfeiffer, der genau an diesem Punkt resigniert hatte – schon Ende der Dreißiger Jahre –, ist selber überzeugt worden und äußert nunmehr im Februar 1955: «Nun verstehe ich Ihre Organformen und werde sie auch vertreten.» Angesichts von Alla Selawrys Buchmanuskript «Die Kupferchlorid-Kristallisation in Naturwissenschaft und Medizin» meint er: «Da haben Sie also das Werk geschaffen, das ich hätte schaffen sollen.»[21]

So haben sich theoretische Behauptung von 1924 und praktische Ableitung von 1955 nach Tausenden Beobachtungsfällen aus über fünfzehn Jahren in hervorragender Weise ergänzt und eine Betrachtungsebene einheitlicher Art geschaffen, die zu großen Zukunftsperspektiven führen kann.

Wir haben bewußt dies grundlegende Beispiel: «Formgebung auf den Ebenen der vier Ätherarten» herausgegriffen und einer eingehenden Betrachtung unterzogen, gerade weil hier die Parallele zwischen Theorie und Praxis nahelag und viel zu versprechen schien. Mit Sicherheit sind noch mehr Beispiele von ähnlich beweisender Kraft in Guenther Wachsmuths Buch aufzufinden. Nur würde eine genauere Untersuchung in jedem Falle den Rahmen einer rein biographischen Betrachtung, wie wir sie uns hier vorgenommen haben, überschreiten.

Nur ein Paradigma erscheint noch wesentlich, weil daran gezeigt werden kann, wie tief diese Zusammenhänge verankert sind und wie lange sie infolgedessen weiterwirken, bis sie – in Form gebracht – nach außen darstellbar werden. Guenther Wachsmuth stellt da fest (S. 102), «daß das logische und nicht feige Denken zu dem unumstößlichen Schluß komme, *daß die von Sonne, Mond und Planeten nachweislich beeinflußte Kräftekonstellation an einem Punkte des Erdorganismus auch bei dem Entstehen des Menschenwesens eine wichtige Rolle spielt,* desgleichen in der Entwicklung der übrigen Organismen. Es ist eine der bedenklichsten Inkonsequenzen, die wir in der Forschung begehen können, wenn wir den Einfluß der Kräftesphären der Planeten usw. nur in bezug auf die *tote Substanz* der Magnetnadel erforschen. Es ist nicht nur logisch konsequent, sondern eine genau feststellbare Tatsache, daß die ‹*lebende Substanz*› *der Organismen in noch viel empfindlicherer Weise auf das sie umgebende Kräftefeld stark reagiert.* Dieses Kräftefeld ist aber in seinem Wandel, wie wir zum Beispiel an den Variationen der Magnetnadel deutlich sehen, durch die makrokosmischen Bewegungen der Planeten in meßbarer Stärke ständig beeinflußt. Dieses Kräftefeld ist ein völlig anderes bei der Kulmination eines Planeten, bei Opposition oder Konjunktion zweier Planeten usw. ... Eine Organismusforschung, die zu exakten Erkenntnissen der Ursachen vieler wesentlichster Phänomene kommen will, wird jedenfalls in Zukunft *die Wirksamkeit der planetarischen ätherischen Sphären auf das Kräftefeld des Erdorganismus und somit auch auf die verschiedenen Organismen von Pflanze, Tier und Mensch* im Konkreten ergründen müssen, um die spezifische Differenziertheit in der Entwicklung der Naturreiche Arten und Individuen wirklichkeitsgemäß verstehen zu können.»[22]

Diese Sätze – 1924 veröffentlicht – sind nichts anderes als die exakt umrissene Grundlegung einer modernen Astrologie. In seinem Erinnerungsaufsatz 1963 zum Ableben Guenther Wachsmuths kann Gisbert Husemann sagen: «Wohl kaum ein anderes anthroposophisches Werk ist so enthusiastisch begrüßt worden und hat so nachhaltig gewirkt wie der erste Band der ‹Bildekräfte› (1923/24), der einen ‹Weg zu ihrer Erforschung› zeigen wollte...

Priester, Lehrer, Ärzte und allen voran die Landwirte sowie die Künstler fanden Anregungen. Die Atmung der Erde wurde als Grundlage für ätherische Klimazonen skizziert und anhand der rätselhaften doppelten Luftdruckschwankung erläutert. Es war eine ingeniöse Erfindung. Rudolf Steiner sprach davon in einem Vortrag: ‹Ein Fisch hätte das, was Dr. Wachsmuth über die Atmung der Erde gesagt hat, aus eigener Anschauung sagen können.›»[23]

Eine ganze Äthergeographie läßt sich aufbauen auf die Befunderhebungen Wachsmuths. Tibet als Hochland wurde dem Jordangraben als tiefstem Einbruch in der Erdrinde gegenübergestellt. Wachsmuth knüpfte daran Betrachtungen, die beispielsweise für Emil Bocks Palästinareisen und Forschungen von der größten Bedeutung geworden sind.

4. Kapitel
«Une famille religieuse»
Reisen mit Rudolf Steiner. Persönliches

W ir haben uns nun kurz mit den rein äußeren Gegebenheiten von Wachsmuths Dasein in Dornach zu befassen. Dieses beginnt nach eigener Darstellung Guenther Wachsmuths am 21. April 1921. Er bekommt als Wohnung ein hölzernes Gartenhaus auf dem Grundstück des Hauses von Harriet von Vacano. Karl Lang hat in den bereits erwähnten Lebenserinnerungen darüber berichtet. «Schweigend gingen wir zur Villa Vacano, in deren Gartengelände Dr. Wachsmuth ein kleines Holzhaus bewohnte, in dem wir von ihm freundlichst empfangen wurden. Es bedurfte keiner großen Vorstellung, weil ich durch meinen Freund Strohschein bereits angemeldet war. Weil es gerade an der Zeit war, wurden wir zum Frühstück eingeladen. Wir saßen in einem Raum, dessen Wände bis oben zur Decke mit Bücherregalen verstellt waren. Bald duftete es herrlich nach Kaffee. Dr. Wachsmuth kochte und kam mit vielsagender Miene mit dem Frühstück angeschleppt. Bald war ein intensives Gespräch in vollem Gange. Zuerst mußte ich Fronterlebnisse erzählen. Dann trug Dr. Wachsmuth Episoden aus seiner Ulanenzeit vor. Köstlich und humorvoll waren alle seine Schilderungen.»

Oft wird über die Reiseaktivität Wachsmuths berichtet und Wachsmuth direkt als «Reisemarschall» Rudolf Steiners hingestellt. Wenn man dies untersucht, so kommt folgendes zutage: Man muß unterscheiden zwischen «kleinen» und «größeren» Reisen. Zu den kleineren Reisen gehörten unbedingt die von Dornach nach Stuttgart. Diese waren ungemein häufig: In der in Frage kommenden Zeit von 21. Mai 1921 bis 4. September 1924 ist Rudolf Steiner einundfünfzigmal von Dornach nach Stuttgart und zurück gereist, wobei zu bedenken ist, daß eine Autofahrt von dieser Länge zu jener Zeit noch sieben bis acht Stunden dauerte. Es ist nirgends verzeichnet, wer jeweils am Steuer saß, und noch viel weniger, wer als Begleitung mitfuhr. Nun muß man wissen, daß Rudolf Steiner die Gunst mitzufahren geteilt hat zwischen Wachsmuth, Ehrenfried Pfeiffer und anderen, einfach um der Gespräche willen, die damit jeweils möglich wurden.

Die Reisen, bei denen eine Begleitung durch Wachsmuth gesichert ist, sind folgende.

1. Vom 31. Mai 1922 bis 15. Juni 1922 begleitete Wachsmuth Rudolf Steiner zu einem Höhepunkt seines expansiven Wirkens, nämlich zum Ost-West-Kongreß. Hier war er im Wiener Hotel Imperial regelrecht zu Ordnungsdienst bei der nach den Veranstaltungen noch wartenden Zuhörerschar, die Rudolf Steiner zu sprechen wünschte, eingesetzt. Er teilte sich in diese Aufgabe mit Andreas Grunelius.

2. Anläßlich eines öffentlichen und zweier Mitgliedervorträge in St. Gallen besucht Steiner am 12. April 1923 zusammen mit Wachsmuth die Klosterbibliothek St. Gallen.

3. Am 3. August 1923 fährt Rudolf Steiner über Hoek van Holland nach Ilkley und wird von Guenther Wachsmuth dabei begleitet. Hier hält Steiner den pädagogischen Kurs «Gegenwärtiges Geistesleben und Erziehung». Mitwirkende sind noch H. v. Baravalle, C. v. Heydebrand, Julie Lämmert, K. Schubert und E. Schwebsch.

Am 18. August 1923 reist R. Steiner von Ilkley nach Penmaenmawr, wo die – von D. N. Dunlop getragene – Summer School beginnt, deren Thema lautet: «Spiritual and Physical Evolution of the World and Humanity – Past, Present and Future from the Viewpoint of Anthroposophy.»

Während der Tage in Penmaenmawr steigt Rudolf Steiner zusammen mit Guenther Wachsmuth zu den auf den Anhöhen oberhalb des Dorfes gelegenen Steinkreisen hinauf. «In diesen köstlichen Tagen von Wales machten wir auch interessante Exkursionen zu den anderen in dieser Gegend gelegenen alten Druidenstätten, so auch auf der Insel Angelsey, die den Blick nach Irland öffnet, nach Caernarvon, zu den alten Burgen, Grab- und Kultstätten aus der Frühzeit. Und auch hier wurde uns das eigenartige Erlebnis, wie Rudolf Steiner aus der hellsichtigen Schau über die realen Geschehnisse lang vergangener Zeiten so konkret und anschaulich sprach, daß die Menschen jener Zeit, ihre Gedanken, Gebräuche und Taten vor uns als gegenwärtig erstanden.»[24]

4. Nach der Rückfahrt nach Stuttgart und Dornach bricht Rudolf Steiner sogleich auf nach Wien, um auch dort die Gesellschaft neu zu begründen. Wachsmuth wird wiederum beordert mitzufahren. Während des Wiener Aufenthaltes wird Wachsmuth aufgefordert, Rudolf Steiner auf einem privaten Besuch zu begleiten. Es geht – überraschend für Wachsmuth – zu Rosa Mayreder, mit der Steiner während des Entstehens der «Philosophie der Freiheit» so manche fruchtbare Diskussion geführt hatte. «Es war ein eindrucksvolles Erlebnis, der Begegnung dieser beiden Persönlichkeiten lauschen zu dürfen, deren Schicksalswege nun zu einer so völlig andersartigen Lebenssituation geführt hatten.»

Auf der gemeinsamen Rückreise nach Dornach am 4. Oktober 1923 veranstaltete Rudolf Steiner während der langen Fahrt in dem Schlafwagencoupé des Arlberg-Expreß eine kleine Feier für Wachsmuths gerade auf diesen Tag fallenden dreißigsten Geburtstag: «In dem engen Coupé saßen wir an jenem Tag stundenlang um einen kleinen Gabentisch zusammen, und er ging nun in lebendigem Wechselgespräch bald auf heitere Erinnerungen seines eigenen Lebens ein, um dann wieder tiefste Fragen des esoterischen Lebens, wie sie heute vor dem einzelnen und vor der Gemeinschaft stehen, zu beantworten und aus großen Zusammenhängen zu deuten. – Diese seltsame kleine Gruppe von so verschiedenartigen Menschen in jenem Arlberg-Expreßzug muß auch die Mitreisenden irgendwie beschäftigt haben. Rudolf Steiners markante Gestalt, in den schwarzen Gehrock gekleidet, daneben die anderen mit ihrem oft recht ausgelassenen und weltlichen Habitus, der zwischen Heiterkeit und langen ernsten Gesprächen wechselte. So hörte einer unserer Freunde am Morgen vor der Ankunft des Zuges im Basler Bahnhof einen Mitreisenden an den Schlafwagenschaffner die Frage stellen, was das wohl für Leute seien. Der Schaffner dachte einen Moment nach und gab dann dem Fremden die Antwort: ‹C'est une famille religieuse.›

Ferner hatte sich Rudolf Steiner in jener Zeit vielfach mit Ansporn und Rat in gütiger Weise meines damals entstehenden Buches über ‹Die ätherischen Bildekräfte› angenommen und mir sogar eine eigene Handzeichnung für das Titelblatt zugesagt. Durch die viele sonstige Arbeit hatte sich dies etwas verzögert, und ich wagte nicht, nochmals danach zu fragen. Da klopfte es bei einer solchen Eisenbahnfahrt einmal des Nachts plötzlich an mein Schlafwagencoupé, ich war gerade beim Einschlafen, da schaute Rudolf Steiner zur Türe herein und überreichte mir ein Blatt mit der vollendet ausgeführten farbigen Handzeichnung für mein Titelblatt. In den kommenden Monaten hatte er sogar noch die Güte, die Inhalte des Buches durchzulesen, eingehend mit mir durchzusprechen, zu korrigieren und zu ergänzen. Mit solcher geistigen Anleitung und Hilfe war es eine Freude, ein Buch zu schreiben.»

5. Am 27. März 1924 ging es nach Prag. Zu Beginn hielt Rudolf Steiner einen öffentlichen Vortrag über die «Erforschung der geistigen Welt aus Anthroposophie», dem vier weitere öffentliche Vorträge über die Wissenschaft der Gegenwart, die Pädagogik und «Die sittliche Lebensgestaltung durch Anthroposophie» folgten. Auch dieser Prag-Aufenthalt war mit Besuchen der alten Kulturstätten Prags und mit einem Streifzug durch die so viele seltene Schätze bergenden Antiquariate verknüpft.

6. Nach der am 5. April 1924 erfolgenden Rückkehr nach Dornach kam am 22. Mai eine Reise nach Paris, die darin kulminierte, daß er mit Ita Wegman mehrmals das Museum des Louvre besuchte, «wo er der Freundin beim Betrachten der Kunstwerke manches über geschichtliche und Schicksalszusammenhänge früherer Epochen mitteilte. Er verweilte insbesondere in der assyrischen Abteilung (Gilgamesch-Statue), bei den griechischen Statuen (Alexander) und dem Gemälde von Benozzo Gozzoli der ‹Triumph des Hl. Thomas› sowie in der Sainte Chapelle».

7. Die folgende Reise galt einem besonderen Zweck: Nachdem bereits in den Jahren 1921–1923 die ersten Hinweise zum Thema erfolgt waren und durch Versuche auf dem Gebiete der Pflanzenzucht, durch Erforschung der Einflüsse kosmischer Rhythmen auf die Lebensvorgänge, durch Herstellung der ersten Präparate für die biologisch-dynamische Landwirtschaft die experimentellen Grundlagen zu schaffen versucht wurde, da wandten sich auch zwei Landwirte, J. Vögele und Dr. E. Bartsch, an Rudolf Steiner mit der Bitte um Abhaltung eines landwirtschaftlichen Kursus. Aber erst als im Frühjahr 1924 Carl Graf Keyserlingk seinen Neffen mit dem Angebot an Rudolf Steiner sandte, sein Schloß und den zugehörigen großen Gutsbetrieb für die Abhaltung eines solchen Kursus zur Verfügung zu stellen, willigte Rudolf Steiner gern ein, für einen weiteren Kreis von Landwirten eine solche Vortragsreihe vom 7.–16. Juni 1924 in Koberwitz bei Breslau abzuhalten.

Es ist ganz unmöglich, im Rahmen dieser Biographie eine Wiedergabe der Fülle von wissenschaftlichen Erkenntnissen und praktischen Richtlinien zu vermitteln, die Rudolf Steiner in diesen acht Vorträgen und zahlreichen Aussprachen den Landwirten für ihre Einsicht und Berufspraxis gab. Vom Wesen des Erdorganismus, den Rhythmen der kosmischen und irdischen Kräfte und Elemente, den Wesensbildern der wichtigsten Substanzen im Landbau und in der Ernährung des Menschen ging er systematisch über zur Darstellung der sinnlichen und übersinnlichen Struktur von Pflanze, Tier und Mensch, ohne deren genaue Kenntnis der Landwirt keine planvolle Arbeit tun kann. Er entwickelte die konkreten Maßnahmen, die zum Aufbau eines Landwirtschaftsbetriebes als eines in sich selbst begründeten und geschlossenen Organismus, als einer lebendigen Einheit und Ganzheit führen können. Er stellte die Grundlagen einer gesunden Bodenpflege, Pflanzen- und Tierzucht dar; die Bedeutung der Fruchtfolge, der Kompost- und Düngerpflege, die Gefahren falscher Denkmethoden und Praktiken auf diesem Gebiet; eine gesunde Methodik der Schädlingsbekämpfung und der Vermeidung oder Überwindung von Tier- und Pflanzenkrankheiten, die Förderung der Lebens- und Wachstumsprozesse in allen Zweigen des Ackerbaues, der Wiesenpflege, des Obstbaues, der Waldkultur und so weiter. Und er schilderte die Möglichkeiten der Anreicherung von Kräften und lebenfördernden Substanzen durch die Anwendung der bereits in Dornach erprobten Präparate, die er nun durch weitere Angaben ergänzte.

Aus all diesen Richtlinien ist heute nicht nur eine weltweite Praxis, sondern auch bereits eine so reichhaltige Literatur entstanden, daß hier auf deren Studium verwiesen werden kann.

Noch während dieser ersten Landwirtschaftlichen Tagung 1924 wird unter Anleitung Rudolf Steiners ein «Versuchsring» begründet, der die Wissenschaftler und Praktiker zusammenschloß, die nun als erste an die Verwirklichung der neuen Landwirtschaft gingen. In den letzten Worten seiner zusammenfassenden Ansprache beim Landwirtschaftlichen Kursus gab Rudolf Steiner seine Richtlinien für die künftige Arbeit: «Wollen wir in dieser Weise zusammenwirken, das wird ein echt konservatives, aber auch ein äußerst radikal fortschrittliches Beginnen sein. Es wird mir dies immer eine sehr schöne Erinnerung bleiben, wenn gerade dieser Kursus zum Ausgangspunkt wird, daß hier wirklich *echtes, weises Bauerntum* in die – ich möchte sagen – totgewordene Methodik der Wissen-

70

schaft hineingetragen wird, und Dr. Wachsmuth hat ja auch abgewiesen diese Wissenschaft, die eigentlich tot geworden ist, und hat die *lebendige Wissenschaft*, die erst durch die Bauernweisheit befruchtet werden soll, gewünscht. Wollen wir in dieser Weise wie siamesische Zwillinge, Dornach und der Ring, zusammenwachsen. Von Zwillingen sagt man, sie haben eigentlich ein gleiches Fühlen, ein gleiches Denken und haben wir dieses gleiche Fühlen und dieses gleiche Denken, *dann werden wir auf unserem Gebiete auch am besten vorwärtskommen.*»

«Dann konnte ich am Dienstag herüberfahren nach Jena-Lauenstein, wo eine Anzahl unserer jüngeren Freunde mit Fräulein Dr. Ilse Knauer zusammen eine Heil- und Erziehungsstätte begründen für – nicht schwach begabte, sondern wirklich kranke, konstitutionell kranke Kinder, die erzogen werden sollten und die soweit gebracht werden sollten in der Krankheit, als es eben geht. Dieses Institut ist eben in Gründung begriffen. Ich konnte die Sache etwas inaugurieren und konnte die ersten aufgenommenen Kinder sehen.

Von Jena fuhren wir nach Weimar hinüber und hier war es, wo Rudolf Steiner, wie an früherer Stelle erwähnt, in einem Rundgang all die Stätten aufsuchte, die für ihn selbst so reich an Erinnerungen aus der entscheidenden Weimarer Epoche seines Lebens waren.

Von diesem stimmungs- und ereignisreichen Besuch in Weimar ging die Reise nach Stuttgart, wo noch spät am Abend gleich nach der Ankunft eine Sitzung Rudolf Steiners mit dem Lehrerkollegium der Waldorfschule stattfand. Als sein Begleiter sollte ich auch an dieser Besprechung teilnehmen, und es ist mir diese Nachtsitzung deshalb besonders stark im Gedächtnis haften geblieben, weil sich nach all den Anstrengungen der letzten Wochen, Tagungen, Reisen, ununterbrochenen Besprechungen, Besuch der Institute und Städte, bei mir eine natürliche Müdigkeit geltend machte, die erstaunlicherweise bei ihm, der ja so unendlich viel mehr geleistet hatte und im 63. Lebensjahr stand, nicht zu spüren war.»

8. Nach einem kurzen (Stuttgarter) Zwischenaufenthalt reiste Rudolf Steiner nach Holland, wo vom 17. bis 24. Juli eine Sommertagung in Arnheim stattfand, bei der er einen Kursus von neun Vorträgen gab: «Der pädagogische Wert der Menschenerkenntnis und der Kulturwert der Pädagogik».

Amalfi

Weiss-blauer Wolkenreiter, halt an!
Will mit Dir fliehn, bin Rittersmann.

Der Reiter spricht: Zu schwer Dein Gewand,
Zu hart die Knochen, die Flügel verbrannt.
Bleibst doch ein Mensch, dem die Erde genügt,
Hast Rot im Herzen. Dein Gelb, es lügt.
Vereinst Du die Farben zur Kraft des Herrn,
Dann weitet zur Welt sich Dein eigener Stern.

Der Mensch erbittet: mir ist nicht bang,
Will Sonnen hören und Sphärenklang.
Da löst ihm der Ritter das irdische Band,
Er führt den Sucher ins Geisterland:
Weit welle die Woge zum Ende der Welt!
Lichtfunken Alles zusammenhält.

Und ruft Dich im Innern die Erde zurück,
Schau Golgatha mit dem Sternenblick,
Eratme die Seele Dir in der Brust,
Im Welten-Leben leugne die Lust,
Dem Sphärenton verschliess Dein Ohr,
Sei Leuchtewesen am Himmelstor.

Am Vesuv

Was hauchst Du, Erde, schweflig' Atem aus,
Unrein genug ist schon Dein Gotteshaus.
In Angst eratmet sich der Mensch die Luft,
Verschliesse, Erde, Deine Glutengruft.

Ich will Euch sagen, sprich sie, Euren Sinn:
Aus Feuer ward geboren der Ich-bin.
Doch inn're Gluten habt Ihr bös genutzt,
Als Flammenhüter habt Ihr Gott getrutzt.

Dass Euer böses Spiegelbild Ihr wisst,
Zeig ich den Drachen Euch anstatt des Christ,
Dein Feuer-Selbst, oh Mensch, biet' ich Dir dar,
Verwandle mich, so wird Dein Antlitz wahr.

Urlaub in Amalfi (erste Nachkriegszeit)

Auch die medizinische Arbeit erhielt eine Unterstützung durch drei öffentliche Vorträge «Was kann die Heilkunst durch eine geisteswissenschaftliche Betrachtung gewinnen?» Am 25. Juli fand in Den Haag eine Besprechung mit den Lehrern der Vrije School statt. Auf der Rückfahrt nach Dornach trennten sich die Wege: Frau Marie Steiner fuhr direkt nach Dornach, Herr Doktor hatte noch Verpflichtungen im Zusammenhang mit dem «Kommenden Tag» in Stuttgart. Erst am 28. Juli konnte auch er nach Dornach zurückkehren.

9. 10. August 1924. Rudolf Steiner reist in Begleitung von Marie Steiner, Ita Wegman, Elisabeth Vreede und Guenther Wachsmuth über Paris und Boulogne nach Torquay, wo er einen Zyklus von elf Vorträgen zu dem Thema hielt: «Die wahren und die falschen Wege geistiger Forschung». Gleichzeitig fand für die an der künftigen Waldorfschule Tätigen «eine Art Seminarkurs» statt.

Am 17. August unternimmt Rudolf Steiner mit den anwesenden Vorstandsmitgliedern einen Ausflug nach Tintagel.

Am 23. August reist man von Torquay nach London, hier werden Mitgliedervorträge gegeben, eine Eurythmieaufführung findet statt, zwei medizinische Vorträge und ein öffentlicher Vortrag über Pädagogik werden gehalten.

Am 30. August erfolgt die Rückreise nach Dornach über Paris.

Noch in der Nacht vom 1. auf den 2. September geht es wieder nach Stuttgart. In der Nacht vom 3./4. September kommt es zur Rückreise nach Dornach, das er nun nicht mehr verläßt.

Was Guenther Wachsmuth den Titel eines Reisemarschalls eingebracht haben dürfte, werden auch die jeweils mit den Reisen verbundenen Nebengeschäfte gewesen sein – das Amt des Quartiermachens war ihm aus Kriegszeiten noch bestens geläufig, nun gab es – namentlich bei längeren Reisen – die Aufgabe, mit dem Sekretariat des Goetheanum Verbindung zu halten. Ein weiterer wichtiger Posten waren die Eltern von Neugeborenen, die Rudolf Steiner um einen Namen für ihr Kind gebeten hatten. Da galt es, den Telegraphen einzuschalten!

In Dornach gab es so manche Aktivität. Guenther Wachsmuth berichtet: «Ich hatte mit den Mitarbeitern zur Ergänzung dieser praktischen Arbeit auch einen naturwissenschaftlichen Ausspracheabend eingerichtet, der allwöchentlich in kleinerem Kreise im sogenannten ‹alten

Baubüro› abgehalten wurde, an dem meist auch Rudolf Steiner persönlich teilnahm und uns durch Fragebeantwortung weiterhalf. Man saß im Halbkreis um eine Wandtafel herum, brachte seine Probleme, Schwierigkeiten, Erfahrungen und Gedanken vor und erhielt nun in dieser offenen und zwanglosen Aussprache von ihm Korrektur und Impuls zur Weiterarbeit. In diesem kleinen primitiven Holzraum sind an diesen Abenden von ihm viele wichtige Resultate geistiger Forschung im lebendigen Wechselgespräch dargebracht worden. Hier wurden die Elemente einer Bildekräftelehre, Versuchsanordnungen chemischer, physikalischer, geologischer und pflanzenkundlicher Art, aber auch allgemeine Erkenntnisfragen der Kosmogonie besprochen und erklärt. So kam man, um ein konkretes Beispiel zu geben, einmal auf die erste Entstehung der Bewegungsformen im Kosmos zu sprechen, und ich fragte in diesem Zusammenhange Rudolf Steiner, wie wohl die erste Entstehung der von ihm oft angeführten Lemniskaten-Bewegung zu erklären sei. Er ging dann in anschaulicher Art auf die Uranfänge des Kosmos, den sogenannten ‹Saturn-Zustand›, ein und schilderte, wie die erste Bewegung im Kosmos durch den rotierenden Ausgleich von gewaltigen Kälte- und Wärmekörpern entstand, wie dann das ganze kosmische System sich noch um eine andere Achse zu bewegen begann und durch die Kombination solcher Bewegungen des Systems um verschiedene Achsen und im Innern die lemniskatische Bewegung sich herausbildete.»

Nun gab es da noch das weite Gebiet der inneren – wahrhaft esoterischen – Schulung, die er in vielen Fällen in Gang brachte, wobei «die unbedingte Freiheit des Schülers stets als die wichtigste Voraussetzung gewahrt [wurde], und jeden Schritt und jede Stufe mußte dieser aus eigenem Entschluß herbeiführen. Wer aber dieses übende Erkraften des geistig-seelischen Organismus je selbst begonnen und erprobt hat, weiß, welch höchster Lebenswert, welche gesundende innere Erstarkung, welche ungeahnte Förderung in der Beherrschung des Lebenslaufes, aber auch in jeder wissenschaftlichen, künstlerischen oder sonstigen Arbeitssphäre dem Übenden hierdurch zuwächst. Es muß darum auch ausgesprochen werden, daß diese *esoterische geistige Schulung*, die Rudolf Steiner in jenen Jahrzehnten so vielen Menschen angedeihen ließ, als eine seiner großen, menschlich schönsten Taten vollbracht wurde und in die geistige Sphäre, aus der sich die kommende Zeit entwickeln soll, als stetig fortwirkender Impuls hineinstrahlt.

Von entscheidender Bedeutung wurde Rudolf Steiners Rat und Hilfe im Laufe dieses Schulungsprozesses besonders in dem Augenblick, wo die ersten konkreten übersinnlichen Wahrnehmungen bei dem Schüler auftraten. Denn in dieser Situation treten Erlebnisse auf, für die alle bisherige Erfahrung keine Stütze gibt, – die vorangegangene geisteswissenschaftliche Schulung erleichtert zwar das Verständnis, aber es ist eben doch etwas völlig anderes, wenn man sich mit diesen geistigen Vorgängen denkerisch befaßt, oder wenn man sie plötzlich konkret wahrnimmt. Da ist so manches ganz anders, als man es sich vorher gedacht hat, und drängt zur Frage des Schülers an den Lehrer. Es darf vielleicht auch ein weniges vom Rat Rudolf Steiners in solchem Augenblick gesagt werden. Die erste übersinnliche Wahrnehmung trat mir völlig unerwartet und plötzlich auf einem abendlichen Spaziergang im Freien entgegen. Es geschah dies, ohne daß ich mich in Gedanken in jenem Moment mit diesen Fragen beschäftigt hätte. Die äußeren Sinne waren wach und aufmerksam auf die umgebende Natur gerichtet, als sich jene übersinnliche Lichterscheinung ins Sehfeld schob, die seither nie mehr geschwunden ist. Ein solches Lichtgebilde ist heller als das Tageslicht, in seiner Gestalt, seinen Formen und Konturen genau so klar und deutlich wahrnehmbar wie jeder sinnliche Gegenstand. Es ist eine vom Zentrum nach oben und nach beiden Seiten züngelnde, sehr hell leuchtende Flammenbildung, die in sich selbst eine ständige, rasche Vibration und Bewegung hat. Dieser Wahrnehmungsinhalt ist kein vorübergehender, sondern ein dauernder, der, wenn einmal aufgetreten, durch Jahre und Jahrzehnte immer im Gesichtsfeld bleibt, deshalb jenseits jeder Täuschung in allen Lebenslagen beobachtet werden kann. Nun haben aber diese Wahrnehmungsinhalte eine seltsame Eigenschaft, von der man zwar vorher aus der Geisteswissenschaft gehört hat, die aber eben doch verblüffend ist, wenn sie konkret eintritt. Ein solcher Vorgang im übersinnlichen, ätherischen Licht wird anders in den Raumdimensionen erlebt als ein physischer Vorgang. Es ist in seinem Drinnenstehen im Raume zwar sofort seine Höhe und Breite, sein Oben und Unten, Rechts und Links eindeutig feststellbar aber eigenartigerweise zunächst nicht seine Nähe oder Ferne. Deshalb schien es mir auf jenem Spaziergang zuerst, als ob jenes geschilderte Lichtgebilde draußen in der Natur aufträte, und ich suchte seinen Ort zu bestimmen, merkte aber dann, daß, wenn man die Augen schließt, es weiterhin in gleicher Helle und Deutlichkeit da ist. Öffnet man die Augen wieder, so scheint es jeweils wie auf die Gegenstände projiziert, beim Blick nach oben auf das Himmelsgewölbe, beim Blick auf einen nahen Gegenstand, eine Wand, ein Buch, das Gesicht eines Menschen, mit dem man spricht, erscheint es dort. Dieses scheinbare Fehlen der Tiefendimension ist zunächst verwirrend. Ich versuchte nun ganz methodisch und exakt, durch allerhand Veränderungen der Körperstellung, herauszufinden, wo es eigentlich lokalisiert ist. Es zeigte sich dann, daß es auch nachts im dunklen Zimmer gleich hell und deutlich wahrnehmbar bleibt inmitten der umgebenden Finsternis. Da es bei Tag und Nacht, bei offenen und geschlossenen Augen in jeder Situation sichtbar bleibt, war nun klar, daß sich der Vorgang innerhalb des Menschen selbst abspielt. Ja, es zeigte sich eindeutig, daß dieses Lichtgebilde im Haupte des Menschen leuchtet, genau in Höhe der Stirnmitte, zwischen den Augenbrauen, aber innen, es ist ein Teil der eigenen übersinnlichen Struktur. Erst als ich dies genau und längere Zeit beobachtet und in seinen konkreten Eigenschaften und seinem Verhalten bestimmt hatte, ging ich zu Rudolf Steiner mit der Bitte um Auskunft und Rat, wie man sich dazu verhalten solle.

Ich schilderte ihm genau die Inhalte der Wahrnehmung, die ja auch in diesem Augenblick deutlich sichtbar war, berichtete ihm von meinen Experimenten zur Ortsbestimmung, die ihm ein verständnisvolles Lächeln entlockten, erwähnte das Seltsame der anfänglichen Schwierigkeit in der Bestimmung von Nähe und Ferne sowie alle weiteren Einzelheiten des Phänomens. Nachdem dieser Bericht beendet war, saß er eine Zeitlang schweigend, die Augen wie in innerer Versenkung schließend, dann sagte er, dies sei alles genau und richtig geschildert, und nach einigen weiteren Fragen und Antworten gab er abschließend den mich verblüffenden Rat: ‹Aber denken Sie zunächst nicht darüber nach.› Ich habe bald eingesehen, wie wichtig dieser Rat war. Denn es ist ja nur natürlich, daß sich das Denken nun ständig damit beschäftigen will; aber der Intellekt ist ein Unruhestifter, er trägt seine Vorstellungen an die Dinge heran und beeinträchtigt damit das reine Anschauen der Phänomene. Schaltet man ihn aus und gibt sich dem reinen Anschauen hin, dann stehen die

Vorgänge in ihrem Wesen, ihrer Artung, ihren Wandlungen unbeeinträchtigt vor der Beobachtung, und man merkt sehr bald, daß man sie weder mit Gedanken noch mit dem Willen verändern kann, sondern sie eben so nehmen muß, wie sie sind, und warten, beobachten und warten. Rudolf Steiner hatte einmal in seinen Vorträgen gesagt, in der Naturwissenschaft stehe die Beobachtung am Anfang, das Denken folgere dann daraus; beim Herantreten des Menschen an die übersinnlichen Vorgänge aber müsse man sich schon vorher denkerisch damit vertraut machen, um so dem Neuartigen innerlich vorbereitet entgegenzutreten und sich nicht verwirren zu lassen; wenn es aber da ist, soll das Denken zurücktreten und dem reinen Beobachten Platz machen. Der Inhalt jenes Vortrages, der früher von mir rein theoretisch aufgenommen war, wurde nun zusammen mit dem jetzt gegebenen Rat in seiner konkreten Bedeutung erlebbar. Es ist gar nicht so leicht, ihn zu befolgen, denn das Denken ist ein hartnäckiger Bedränger, doch man merkt bald, daß eben hier nur das Beobachten und Warten helfen kann.»

Es ist das gleiche Bild wie auf anderen Gebieten auch: auf militärischem, auf allgemein-organisatorischem, ja schließlich wie auf dem Gebiete des juristischen Studiums: Wachsmuth bekommt in jungen Jahren «viel zu tun», wo andere warten müssen, oft vor langjährigen Hindernissen, ganz so wie es Marie Steiner zu Alice Wachsmuth formuliert hatte. So wie Rudolf Steiner gefunden hatte, «daß er alles schnell und leicht machen konnte» – weshalb er ihn mit einer wichtigen Aufgabe betrauen wollte, wie er zu Ita Wegman geäußert hat.

1922 war das Jahr, in dem entscheidende Hinweise zur biologisch-dynamischen Landwirtschaft gegeben wurden: Rudolf Steiner gab Guenther Wachsmuth und Ehrenfried Pfeiffer «zum ersten Male die Anregung, Präparate aus der Tier- und Pflanzenwelt zu gewinnen. Diese sollten in einer bestimmten Weise den Rhythmen der kosmischen und irdischen Kräfte im Sommer und Winter derart ausgesetzt werden, daß darin lebensfördernde Kräfte angereichert würden, die dann in sehr feiner Verteilung, aber mit hoher dynamischer Wirkung in der landwirtschaftlichen Praxis gesundend angewandt werden können. Derartige Maßnahmen sind ja seither so weitgehend und mit eindeutigem Erfolg erprobt worden, daß hier nur auf Einzelheiten hingedeutet zu werden braucht. So erinnere ich mich noch lebhaft jener starken ersten Verblüffung, als uns Rudolf

Steiner den Rat gab, z. B. Kuhhörner zu beschaffen, diese mit bestimmten Substanzen zu füllen, sie dann irgendwo in der Nähe in die Erde einzugraben und dort unter dem Erdboden überwintern zu lassen.» Natürlich stellten die beiden jungen Freunde gleich zahlreiche praktische Fragen, ob zum Beispiel die einzugrabenden Hörner oben abzudichten seien, mit Leinen oder Wachs und so weiter, wie lang die Überwinterungsperiode dauern solle, wie tief einzugraben sei und so fort. «Alle diese Fragen wurden sofort von ihm konkret beantwortet und genau beschrieben, was zu tun und lassen sei. ... Wir gingen nun sofort ans Werk, die seltsamen neuen Präparate herzustellen und unweit des Goetheanum in die Erde zu versenken.» Da die beiden Freunde beim Eingraben in einer Wiese im ersten Eifer vergaßen, die Stelle genau zu markieren, so konnten sie diese im nächsten Frühjahr, als Rudolf Steiner persönlich zum Wiederausgraben erschien, zunächst nicht finden. Freundlich lächelnd sah er dem Graben und Suchen in Angst und Schweiß zu. Als sie schon ein großes Stück verzweifelt umgegraben hatten und er bereits wieder das Auto besteigen wollte, stieß der Spaten glücklich auf die vergrabenen Hörner, die nun ans Tageslicht geholt und durch ihn genau untersucht wurden. Dann ordnete er an, Eimer mit Wasser bringen zu lassen, in die er die überwinterten Substanzen hineinschüttete und in Wirbelbewegungen kräftig im Wasser zu verrühren begann. «Landwirte in allen Ländern haben seither diesen recht anstrengenden Rührprozeß alljährlich durchgeführt, doch war es ein ganz besonderes Erlebnis, als hier der über einundsechzigjährige Schöpfer dieser Methode zum ersten Male mit kräftiger Hand und unermüdlich den Rührstecken in der Flüssigkeit rhythmisch hin- und herbewegte und dadurch das erste Präparat der biologisch-dynamischen Landwirtschaftsmethode eigenhändig herstellte.» Guenther Wachsmuth betont, daß im gleichen Jahr 1922 Ernst Stegemann – alter landwirtschaftlicher Pionier in Marienstein bei Göttingen – die Richtlinien für die ersten Anbauversuche ohne die Verwendung künstlicher Düngemittel von Rudolf Steiner erhalten habe. «Aus diesen ersten Versuchen und Präparaten in Dornach und den systematischen Anbauversuchen in Marienstein ist die biologisch-dynamische Landwirtschaftsmethode herangewachsen.» So weit zur Präparateherstellung.

Die im folgenden berichteten Ereignisse und Fakten gehören zu dem, was in Biographien mitunter diskret behandelt zu werden pflegt. Hier sollen sie schon deswegen Erwähnung finden, weil allzu deutlich die Entwicklungen der beteiligten Persönlichkeiten mit diesen Ereignissen verbunden sind. Wir hatten zu einem früheren Zeitpunkt berichtet, daß Alice Wachsmuth – seit Januar 1901 verwitwet – am 10. September 1913 sich wieder verehelicht hatte mit dem Schriftsteller Hans Mühlestein. Der Stiefvater stieß bei Alices Kindern ziemlich bald auf Ablehnung; jedenfalls ist bekanntgeworden, daß insbesondere Guenther Wachsmuth in beharrlicher Abwehr verblieben ist.

Wir sind in der glücklichen Lage, Alice Wachsmuths Tagebücher der Jahre 1924 bis 1938 – also bis kurz vor ihrem Ableben – zu besitzen. Diese sind in einer seltenen Akribie geschrieben, so daß wir sie noch öfter werden nützen können. Namentlich über das Lektüre-Programm erhalten wir genaue Auskunft. Dabei begegnen wir einer intensiven Art des Studiums, die immer wieder überraschen muß. Zum Beispiel war sie im April 1924 in Stuttgart auf Einladung ihres Sohnes Wolfgang bei der pädagogischen Tagung. In der Schule und im Siegle-Haus fanden die Vorträge statt. E. Schwebsch, W. J. Stein, C. von Heydebrand, E. Kolisko K. Schubert, H. von Baravalle, sie alle sprachen, gruppiert um Dr. Rudolf Steiner, der hier zum letzten Male auf einer pädagogischen öffentlichen Tagung auftrat. Am 8. April hatte Guenther Wachsmuth ihn mit dem Auto aus Dornach hergefahren. Unmittelbar nach der Rückreise nach München («Wolfgang verwöhnt mich mit 2. Klasse») liest Alice Wachsmuth «Notwendigkeit und Freiheit», dann folgt um den 21. April «Die Evolution vom Gesichtspunkte des Wahrhaftigen». Weiterhin folgt «Inneres Wesen des Menschen und Leben zwischen Tod und neuer Geburt». Die Lektüre von «Die Bhagavad-Gita und die Paulusbriefe» dauert etwas länger, zumal «Der menschliche und der kosmische Gedanke» eingeschoben wird. «Wolfgang ist schwer angestrengt. Der Liebe hat mir die Tagung *so* schön gemacht, so liebevoll geschenkt!» Dagegen, worauf sie offensichtlich gewartet hatte: *«Nichts, nichts von Hans –.»* «Bleibe mit meinem dicken schmerzenden Bein liegen», das klingt – zumal deswegen schon während der pädagogischen Tagung eine Konsultation bei Dr. Noll erfolgte – doch sehr nach einer Thrombophlebitis.

Und unter dem 18. April: «Bein nur wenig besser. Brief von Hans und Anita (die neue Partnerin von Mühlestein). Der erste von Anita. Bilder, Vorfrühlingslied von Hans.»

Alice Wachsmuth, geb. Harlan

Alice Wachsmuth

Alice Wachsmuth, Hans Mühlestein, 1913–1923
mit Alice Wachsmuth verheiratet, Anita, seine
zweite Frau.

Alice Wachsmuth

81

Unter Donnerstag, dem 8. Mai 1924: «Ich bekomme aus Zürich – *offen* – den *Scheidungstermin* auf den 2. Juni zugestellt – – – mein Herz ist wie aus Glas und wie nicht da.

Es möchte lächeln in Güte, und gequält verstehen auch Deine Qual – aber es weint.»

Und unter dem 2. Juni lesen wir: «Nun ist der Richterspruch dort unten in Zürich gefallen: Das Beil, das ihn öffentlich vor der Welt von mir trennt – wir sind ‹geschieden›.»

Am 10. Juni. – zwei Tage nach ihrem Geburtstag – Tagebucheintrag: «Etwas kommt stark auf mich zu.»

Montag, den 23. Juni: «Zum 1. Male nach Dornach. Wolfgang und Guenther holen mich. Was wird kommen? Bei Harriet von Vacano im Wendhof. Wohne ganz in der Nähe – weiter Blick über den Jura.

1. Rede Dr. Steiners. – Der ganze Ort blüht, steht in Rosen und Kirschen.

Vortrag vom Dr. über das Karma. Ungeheures wird neu in mir wach. Steht auf. Klopft an. Betet. Wo ist mein Weg in der abermaligen schmerzvollen – *Freiheit*, die mich beugt?

Dienstag 1. Juli 1924. Ich arbeite jeden Vormittag Stunden lang für mich. In Stille. Es ist eine Gnade, daß ich es durch Guenthers u. Wolfgangs Liebe *kann*.

Mittwoch 2. Juli

Neues Leben kommt. Kommt! Ich werde leichter irgendwie. Innerlich.»

Unter dem Sonntag, den 6. Juli:

«Ungeheures Erleben. Jeden Montag u. Freitag Rede des Dr. in der Schreinerei.

Montag 28. Juli

Hinterher (nach einem Vortrag von R. Steiner) sprach ich das erste Mal mit ihm. Guenther stellte mich vor in der Schreinerei.

Montag, 4. August

Wolfgang und Guenther laden mich für den ganzen Winter ein!!»

5. Kapitel
Der Brand. Weihnachtstagung und Folgezeit.
Goetheanum-Neubau

Der Übergang des Jahres 1922 zum Jahre 1923 ist zutiefst markiert durch den Brand des Goetheanum. Hier war Guenther Wachsmuth nicht der nächste Begleiter Rudolf Steiners, der natürlich an Ort und Stelle erschienen war und in aller Besonnenheit den technischen Status des Baues erhob. So stellte er bekanntlich unter Zeugen fest, daß der Brand nicht durch Kurzschluß entstanden sein konnte; eine Feststellung, die angesichts einer Entscheidung über auszubezahlende Versicherungssummen von grundlegender Wichtigkeit war. Auch hielt sich die Temperatur des in das Heizhaus zurücklaufenden Heizwassers beim Normalwert von 35 Grad. Also lag hier keine Störung vor. Aber: «Mit einer Leiter wird der Ort gefunden, wo aus der Wand ein Loch herausgebrochen worden war. Dort finden sich Stroh, Werg und Spuren von Petroleum.» Wenn es denn Brandstiftung war, «so deutet die keineswegs laienhafte Art der Brandstiftung darauf hin, daß der Brandstifter möglicherweise mit Einzelheiten des Baus bekannt war.»

Guenther Wachsmuth schreibt: «Jetzt aber galt es, nicht nur der Natur und den Elementen, sondern menschlicher Leidenschaft zu wehren, die entzündet war, und es mußte der Schutz des noch Bestehenden gewährleistet werden, um es in ruhigere Zeiten hinüberzuretten. Darum schlug ich Rudolf Steiner in diesen Tagen die Schaffung einer ‹Wache› vor, die ich nach Zusage seines Einverständnisses nun umgehend organisierte. Sie bestand zunächst aus etwa 30 jüngeren Menschen, welche Tag und Nacht die noch bestehenden Gebäude und Werte bewachten.»[25] Das hatte bereits Tradition, denn auf Grund der Warnungen Rudolf Steiners in den vergangenen Jahren vor dem Brande hatten sich damals bereits einige Menschen zusammengetan, um den Bau des Nachts zu bewachen.

«An jedem Wochentag hatte einer von uns die Nacht hindurch im Bau ständig die Runde gemacht, um warnen zu können, wenn Gefahr drohte. Dies hatte sich in der Brandnacht bewährt, denn sofort war der Brandherd entdeckt, die Feuerwehr alarmiert, alles Menschenmögliche getan.» So hatte in der Brandnacht auf der Südseite des Baues Alexander Michailowitsch Pozzo, Rechtsanwalt aus Moskau, Wache.

So sehen wir also Guenther Wachsmuth, den ehemaligen Zugehörigen zum engeren Arbeitsausschuß am Goetheanum, zunächst als Koordinator und Organisator am Goetheanum, der aber dabei ist, sich für noch höhere Aufgaben zu qualifizieren. Daß er schon um diese Zeit den Posten des Sekretärs ausfüllte, geht ganz beiläufig hervor aus der Hinweispassage: «Das Sekretariat, das die Organisation des Betriebes und die Korrespondenz zu betreuen hatte, war damals noch im ‹Haus Friedwart›, wo ich diese Arbeit viele Jahre gemeinsam mit Frau M. Metzener durchführen konnte, bis wir dann in den neuen Goetheanum-Bau übersiedelten, wo Rudolf Steiner hierfür besondere Räume vorgesehen hatte.»[26] Der Umzug des Sekretariats in den neuen Bau konnte am 27. Januar 1928 stattfinden.

Die im vorangegangenen Abschnitt genannten und weiter beschriebenen Reisen hatten außer dem der Vorträge noch einen anderen Zweck; zumindest sechs von ihnen dienten einer Neukonstituierung von Landesgesellschaften, so in Oslo, London, Wien, Den Haag, Prag und Paris. Da war die Wahl eines Generalsekretärs mit allen Personal- und Sachdiskussionen zu erleben – oft so, daß Rudolf Steiner selbst nicht in die Diskussion eingriff. *Vor* Beginn dieser holländischen Begründungstagung war er in beispielloser Art depressiv und auf dem toten Punkt angekommen. *Nach* Beendigung der Tagung, als es im Hotel ein Essen gab, erzählte er zwei Stunden lang ununterbrochen Witze.

Nach Rückkehr von dieser holländischen Reise sprach er es in seinem Dornacher Bericht aus, daß nun die Landesgesellschaften zustandegekommen seien und man nun darangehen könne «dasjenige zu begründen, weswegen ja die Landesgesellschaften da sind: die internationale anthroposophische Gesellschaft, die in Dornach eben ihren Mittelpunkt haben müßte.»

So finden von Ende Oktober, im November und Dezember «in einem Zimmer in der Wohnung Rudolf Steiners zunächst im engsten Kreise die Vorbesprechungen statt, bei denen Plan und Gestaltung der bei der kommenden Weihnachtstagung zu vollziehenden Neugründung der Bewegung, der Gesellschaft, der Hochschule, ihre esoterischen Aufgaben, Sinn und Ziel des nun zu schaffenden Geistorganismus von ihm dargelegt wurden. Diese Vorbesprechungen und Beschlüsse vollzog Rudolf Steiner in diesen Monaten gemeinsam mit Marie Steiner, Albert Steffen, Dr. Ita Wegman und Dr. Guenther Wachsmuth. Im späteren Verlauf dieser Besprechungen wurde auch noch Dr. Elisabeth Vreede hinzugezogen.»

Am 16. Dezember findet im Wohnhaus Rudolf Steiners, der Villa Hansi, eine Besprechung über die bevorstehende Gründung der Allgemeinen Anthroposophischen Gesellschaft statt. In Albert Steffens Tagebuch findet sich darüber notiert: «Dr. Steiner liest die Statuten vor und sagt dann, wie er sich den Vorstand denke. Er: Praesident; Frau Dr. Steiner und ich Vicepraesident. Frau Wegman Protokollführerin. Wachsmuth Kassier (Wachsmuth schlägt vor Schatzmeister, wozu Dr. Steiner lachend sagt: Der Name tut nichts zur Sache). Dann Vorsteher der einzelnen Fächer: Dr. Steiner der ganzen Hochschule. Ich belles lettres. Wachsmuth Nationaloekonomie. Er möchte lieber Naturwissenschaften. Aber Dr. Steiner sagt, es sei schade, daß er kein Mathematiker wäre.»

Zuvor war noch die «Grundstruktur der zu begründenden Anthroposophischen Gesellschaft und die Einteilung und Aufgaben der zu konstituierenden Sektionen der Hochschule besprochen worden: die Begründung einer allgemeinen anthroposophischen Sektion, einer Sektion für redende und musikalische Künste, einer Sektion für Schöne Wissenschaften, einer medizinischen Sektion, einer naturwissenschaftlichen Sektion, einer mathematisch-astronomischen Sektion und einer Sektion für bildende Kunst. Was er vorgesehen hatte, wurde mitgeteilt und im Gespräch geklärt. Als er mir (Wachsmuth) neben der Naturwissenschaftlichen Sektion auch eine Sozialwissenschaftliche Sektion zuteilen wollte und ich die Frage äußerte, ob nicht zwei Sektionen neben allem anderen zu viel sein würden, ging er verständnisvoll darauf ein. Er besprach mit uns die Aufgaben für jedes Arbeitsgebiet. In jenen Mitteilungen und Aussprachen durften wir die wunderbare Vorgeburtszeit dieser Schöpfung erleben.»

Ehe wir nun dazu kommen, Guenther Wachsmuths Darinnenstehen im ganzen übrigen Aufgabenbereich zu betrachten und seine persönliche

Reaktionsweise hierauf in uns aufzunehmen, sollten wir eine grundsätzliche Wahrnehmung nicht übergehen. Wenn man nämlich Wachsmuths Art zu reagieren aufnehmen will, so kommt man dahin zu bemerken, daß er sich einem insgesamt entziehen möchte: Wenn man mit seiner Persönlichkeit umgeht, erscheint es einem so, als sei er «nicht da», «nicht vorhanden» wie einer, der im hinteren Glied versucht, sich durch den Vordermann bedeckt zu halten. Ich teilte diese in der Arbeit gewonnene Erkenntnis einem Mitarbeiter am Goetheanum mit, der Guenther Wachsmuth gekannt hat und der auch mit der Arbeit des Goetheanums vertraut genug war, um gerecht zu urteilen, Kurt Franz David. Seine Antwort kam nach längerem Nachdenken. Er äußerte: «Daran bitte können Sie beurteilen, in welchem Grad von Selbstlosigkeit Wachsmuth in der hiesigen Arbeit am Goetheanum gestanden ist.»

Derartige Beobachtungen gehören in der Mitteilung genau an diese Stelle, wo die Zusammenhänge beginnen, einen ernsteren Charakter anzunehmen. Wir sind nämlich an dem Punkt angelangt, wo die Vorbereitungen zur Neubegründung der Anthroposophischen Gesellschaft enden und die Realität der Neubegründung einsetzt, wo also der Punkt erreicht ist, den man mit dem Begriff «Weihnachtstagung 1923» bezeichnet. Wir wissen, daß das Urteil der Mitgliedschaft über diese Tagung heute äußerst kontrovers ist, daß unter Umständen das, was dem einen das Tiefsteingreifende anthroposophischen Lebens bedeutet, für den anderen ein nichtiger Hauch sein kann. Aber das hat uns weder am jetzigen Betrachtungspunkt noch für den ganzen weiteren Verlauf irgendwie zu bekümmern. Uns muß, da wir die Zusammenhänge allein vom biographischen Standpunkt aus zu beurteilen haben, wichtig und wirklich sein allein das, was Guenther Wachsmuth in den Zusammenhängen gedacht, erlebt und erstrebt hat. Allein, was seine Gedankenformen, seine Erlebnis-Realitäten, seine Strebensrichtungen waren, ist hier zu betrachten.

Nun war Guenther Wachsmuth in der personellen Zusammensetzung des von Rudolf Steiner aufgestellten Vorstands der Allgemeinen Anthroposophischen Gesellschaft der Jüngste, gerade eben dreißig Jahre alt. Auch an Mitgliedschaftsjahren war durch die Kriegsjahre nicht viel zusammenzuzählen. Man kam als Eintrittsjahr höchstens bis 1919 zurück. Kein Vergleich zu Marie Steiner (1902), Ita Wegman (1902), Elisabeth Vreede (um 1902) und Albert Steffen (1910). Nun findet man ihn im

Guether Wachsmuth. Foto zur Weihnachtstagung 1923.

Ablauf der Weihnachtstagung achtzehnmal erwähnt, und fünfzehnmal muß er auf Aufforderung Rudolf Steiners den Text der Statuten verlesen. Er steht in diesen Gesellschaftszusammenhängen an zentraler Stelle, und man hat den Eindruck, daß Rudolf Steiner alles im Ablauf dieser Tagung Mögliche tut, um ihn weithin bekanntwerden zu lassen. Wachsmuth, der noch in keiner Mitgliederveranstaltung das Wort ergriffen hatte, mußte am 27. Dezember, 10 Uhr einen Vortrag halten. Wachsmuths Vortrag hatte den Titel «Erdenantlitz und Menschheitsschicksal».

Der Vortrag setzt ein mit einem aufrufartigen Hinweis auf Rudolf Steiners Worte aus «Die Geistige Führung des Menschen und der Menschheit»: «Künftig werden Chemiker, Physiker usw. kommen, welche Chemie und Physik nicht so lehren, wie man sie heute lehrt unter dem Einfluß der zurückgebliebenen ägyptisch-chaldäischen Geister, sondern welche lehren werden: ‹Die Materie ist aufgebaut in dem Sinne, wie der Christus sie nach und nach angeordnet hat!› Man wird den Christus bis in die Gesetze der Chemie und Physik hinein finden…»

Von diesen Worten ausgehend wird der umfassende Schrumpfungsprozeß der Erde betrachtet, als dessen Folge die Gebirge und Unebenheiten der Erdoberfläche entstehen. Zwei mächtige ätherische Kräftekreuze bilden sich, eines im Westen (von Süden nach Norden strebend, was an der Gestalt der Alpen bemerkt werden kann) und eines im Osten (von Nord nach Süd ziehend, was am Himalaya studiert werden kann).

Mit gewisser Gesetzmäßigkeit strebt der Salzgehalt des Meerwassers von Ost nach West (sowohl in der Ostsee wie im Mittelmeer). Sieht man ein, daß die menschlichen Bewußtseinszustände mit der Äthergeographie variieren, so ergibt sich, daß im Osten lebende beziehungsweise nach Osten tendierende Völker mehr zum Mondhaften (Wässrigen) hin sich entwickeln, westlich lebende mehr zum Sonnenhaften (Erdhaftfesten) hin tendieren. Im Menschen sind die salzbildenden Kräfte dem Denken zugeordnet, im Willen hingegen wirken die aufbauenden Kräfte, die mit dem Feuer verwandt sind.

Auf dem Felde des Vulkanismus ergibt sich, daß, wenn ein neuer Vulkan in unmittelbarer Nähe eines älteren Vulkans entsteht, er sich stets im Osten des älteren bemerkbar macht. So ergibt sich eine Wanderungstendenz von West nach Ost auf dem Gebiet der Feuerkräfte.

Schließlich wird noch eine Parallele zwischen der vertikalen Erdgliederung und dem roten Blutkörperchen aufgezeigt. «So werden wir mehr und mehr erleben, wie zusammenhängt der Leib der Erde mit dem Schicksal der Menschheit.»[27]

Rudolf Steiner führte Guenther Wachsmuth ein – als letztes der neuen Vorstandsmitglieder – mit den Worten: «Und nun brauchen wir im anthroposophischen Vorstand noch eine Persönlichkeit, welche uns viele Sorgen abnehmen wird, die wir nicht selber alle aufnehmen können, weil ja die Initiativen getrennt sein müssen; aber einer, der denken muß für alle. Das muß auch dann sein, wenn die andern – es soll auch keine Selbstbespiegelung sein – sich schon auch bemühen werden, ein bißchen erleuchtete Köpfe zu haben in anthroposophischen Angelegenheiten; aber man braucht einen, der sozusagen die Köpfe nicht zusammenschlägt, aber zusammenhält. Das wird eine Persönlichkeit sein, die ja in vieler Beziehung erst zu erproben sein wird für viele andere, aber von der ich glaube, daß sie jede Probe aushalten wird. Das wird unser lieber Dr. Guenther Wachsmuth sein, der ja wirklich in allem, was er hier für uns zu leisten hat, eine ganze Summe von Proben schon gezeigt hat und gezeigt hat, daß er in der harmonischsten Weise zusammenwirken kann. Mit ihm wird man also nach und nach mit der Zeit recht zufrieden sein. Ich bitte, auch mit *Dr. Guenther Wachsmuth* – Kassierer will er nicht sein, aber der als Sekretär und Schatzmeister bei uns funktionieren soll – einverstanden zu sein (Beifall).»[28]

Soweit zum Vorstandsposten; und nun Rudolf Steiners Einführungsworte zur Sektionsleiterfunktion: «Es wird sich dann handeln darum, eine Abteilung hier, eine Sektion für rein Naturwissenschaftliches zu schaffen. Sie wissen ja, mit Naturwissenschaftlichem stehen wir so, daß wir in der Naturwissenschaft etwas außerordentlich Tiefes suchen, daß wir aber gerade die Behandlung, welche die Naturwissenschaft in der Gegenwart erfährt, gar sehr in eine andere Metamorphose überführen müssen. Nun werden Sie ja sehen durch eine literarische Arbeit, die fast schon ausgedruckt ist, daß mit allem Eifer sich dieser Metamorphosierung der Naturwissenschaft unser lieber Freund, Dr. Guenther Wachsmuth, gewidmet hat. Und wir werden daher die rein naturwissenschaftliche Abteilung Herrn *Dr. Guenther Wachsmuth* in der fruchtbarsten Weise übertragen können (Beifallklatschen).»[29]

Anläßlich des Vortrags von Guenther Wachsmuth «Erdenantlitz und

Menschheitsschicksal» schildert Friedrich Hiebel: «Guenther Wachsmuth war ein Redner, der in seiner Art ganz aus der Reihe der anderen herausragte. Wir hörten den Silberklang seiner hohen Stimme schon beim Verlesen der Statuten, ehe er dann seinen Vortrag ‹Erdenantlitz und Menschheitsschicksal› gehalten hatte. Er war erst vor kurzem dreißig Jahre alt geworden, wirkte aber durch die Gewandtheit des Sanguinikers noch jünger. Er trug zumeist einen hellbraunen Rock mit Breeches, die der damaligen Mode entsprechend oben weit und unten an den Knien eng anliegend geschneidert waren. Um den Hals hing eine Silberkette mit einem Schreibstift, der ihm dadurch dauernd zur Hand war. Mit elastischem Schritt ging er durch die Reihen, meist mit einem Aktenbündel unter dem Arm, wobei man ihn zungenfertig bald englisch, bald französisch sprechen hörte, weltgewandt lächelnd, aber dabei in unverbindlicher Eile, worin sich nie ein überflüssiges Wort verlor. Seine Vortragsdarstellung, die sich auf Geographisches bezog, brachte er mit einer sprühenden Leichtigkeit vor, die allgemein durch das jugendliche Temperament faszinierte. Überall ging es von Mund zu Mund, daß er demnächst ein Buch über die ätherischen Bildekräfte herausgeben werde, was unter den Naturwissenschaftlern schon deshalb mit verständlichem Staunen aufgenommen wurde, weil Wachsmuth seinem Studiengang nach Jurist war.»[30]

Es blieb nicht bei den Tätigkeiten, die aus den beiden Ämtern hervorgingen: Sektionsleitung der naturwissenschaftlichen Sektion und Schatzmeister. Die Notwendigkeit kam auf Wachsmuth zu, sich mit Hochdruck auf den Fortgang des Baues zu konzentrieren, obwohl es da Kräfte in der Anthroposophischen Gesellschaft gab, die sich dem entgegenstellen wollten. Völlig unbeirrbar und zielgerade arbeitete Wachsmuth dahin, in einem Minimalaufwand von Zeit den größten Nutzen zu erbringen. Der erste Bau hatte einen Rauminhalt von 66 000 m³ gehabt, der neue sollte rund 106 000 m³ Rauminhalt umfassen. Erst im Jahr 1924 wurde das Modell für den Neubau eigenhändig von Rudolf Steiner geschaffen. Vom 20. bis 23. Juli 1923 gab es zunächst einen Kongreß von Mitgliedern und Delegierten aus allen Ländern. «Dr. G. Wachsmuth gab einen Überblick über die bisherigen und bevorstehenden Schritte und Maßnahmen zur erfolgreichen Durchführung und die von den einzelnen Ländern bereits beigetragenen bzw. gezeichneten großzügigen Spenden für dieses Werk.»[31]

«So ging aus dieser denkwürdigen Zusammenkunft das große Werk des zweiten Goetheanum-Baues als Beschluß und verantwortliche Tat aller Angehörigen dieser geistigen Bewegung hervor.»[32]

Die Modellgestaltung selber geschah im März 1924 (um den 13. März). Ita Wegman berichtet darüber: «Als der Zeitpunkt gekommen war, zog er seinen weißen Arbeitskittel an, bestellte den praeparierten Ton (Harbutts Plasticine, ein aus England bezogenes braun-rotes Material) und fing an, das Modell des neuen Goetheanums zu modellieren.» (Im Maßstab 1:100) «Fieberhaft arbeitete er, ohne wesentliche Ruhepausen. Ich durfte mitanwesend sein, durfte mit Erstaunen, mit heiliger Scheu miterleben, wie das Modell zustande kam. In drei Tagen war es fertig und stand dann da, eigenartig in seinen strengen, mächtigen und doch so schönen Formen.»[33] Und in einem Erinnerungsbuch von Albert Steffen heißt es unter dem 17. März 1924: «Am gleichen Tage hatte ich in Rudolf Steiners Atelier das Modell zum neuen Goetheanum gesehen. Wie ein Choral wirkte das aus rötlichem Ton von ihm verfertigte Gebilde in mir nach.»[34]

Monate später schrieb Rudolf Steiner unter dem 30. Dezember 1924 vom Krankenbett aus die Worte: «Ein Jahr lang trug ich in meinem Kopfe den Baugedanken des neuen Goetheanums mit mir herum. Die Umsetzung dieses Gedankens aus dem Holz, aus dem das erste Goetheanum gebaut war, in das künstlerisch spröde Betonmaterial war nicht leicht. Da ging ich zu Beginn dieses Jahres an die Ausarbeitung des Modells... Ich habe seit vielen Jahren in meinen anthroposophischen Schriften und Vorträgen zur Geltung gebracht, daß Anthroposophie nicht nur theoretische Weltanschauung ist, sondern daß aus ihrem Wesen, sich ein besonderer Kunststil ergibt. Und weil das so ist, muß ein Bau für die Anthroposophie ganz aus dieser selbst herauswachsen... Ich bitte Sie, mir zu glauben, daß dies aus einer eisernen Notwendigkeit geschieht.»[35]

Seit dem 28. September war Rudolf Steiner bettlägerig; am 1. Oktober verabschiedete er sich von den Bewohnern des Hauses Hansi und begab sich zur Pflege in das Atelier am Goetheanum. Mitteilung an Marie Steiner vom 2. Oktober 1924: «Es wäre mir natürlich lieber gewesen, im Haus Hansi die Sache einzurichten. Wir haben, als wir sahen, daß Hin- und Herfahren unmöglich ist, darüber beraten. Aber man kann in Haus Hansi *nicht* die ganz notwendige Bade-Einrichtung machen, die wir hier haben.»[36]

Auf die im Brief von Marie Steiner gestellte Frage, wen Steiner sehe außer den Personen, die ihn pflegen, zählt er am 11. Oktober auf: Olga Zibell, Hausangestellte im Haus Hansi, Mieta Pyle-Waller schaut täglich herein, Steffen, Aisenpreis (Architekt am Goetheanum) und, wenn nötig, Binder (Verwalter in der Administration des Goetheanum). «Selbst Dr. Wachsmuth habe ich bisher nicht hereingelassen; er muß die Dinge bringen und durch Dr. Wegman werden sie dann ihm wiedergegeben.»[37]

Aber bereits am 21. Oktober schreibt Steiner: «Ich habe in den letzten Tagen unter denen, die ich zu mir hereinlasse, auch Dr. Wachsmuth haben müssen; es geht nicht anders. Aber er muß sich eben auch gewöhnen zu gehen, wenn ich ihm bemerklich mache, daß ich nicht weiter kann.»[38]

Guenther Wachsmuth schreibt: «Fast täglich verlangte er in dieser Zeit von mir zur altgewohnten 11-Uhr-Stunde die Vorlage der Korrespondenz, ließ sich die eingetroffenen Briefe vorlesen, diktierte die Antworten oder gab Richtlinien, Stichworte und Rat für Briefe, die in alle Welt gingen. Denn der Strom des Fragens und Ratholens der Umwelt riß nie ab. Und wenn ich versuchte, ihm zur Schonung so wenig wie möglich vorzulegen, so zogen seine Fragen das Vorenthaltene doch in die Diskussion, denn er lebte auch in der scheinbaren äußeren Trennung das Leben der Gesellschaft, der Freunde und Schüler aufs intensivste mit.»[39] Und Wachsmuth schildert weiter: «Neben diesen schöpferischen Arbeiten [gemeint sind die Briefe ‹An die Mitglieder› im Nachrichtenblatt], die er Tag für Tag vom Krankenlager aus vollbrachte, hat Rudolf Steiner in diesen Monaten, wie von jeher, außerordentlich viel gelesen und sich ständig über die neu herauskommende Literatur auf wissenschaftlichen, künstlerischen, historischen und allen sonstigen Arbeitsgebieten orientiert. Da er nun nicht mehr die Buchhandlungen und schätzereichen Antiquariate selbst aufsuchen konnte, ward mir die schwierige Aufgabe zugeteilt, ihm ständig die etwa für seine Interessen in Betracht kommenden Bücher auszuwählen und zu beschaffen. Dies war eine spannende, erlebnisreiche Arbeit, denn es war ja schwer zu erahnen, was er bereits kannte, was ihn etwa interessieren würde oder nicht, was ihm wesentlich oder unwesentlich war. So suchte ich alle paar Tage die Buchhandlungen in Basel, manches Mal aber auch die in anderen Städten ab nach den Büchern, die eventuell für seine Lektüre in Betracht kommen könnten. Wenn ich nun jeweils mit einem großen Stapel auf Ansicht ausgewählter

Bücher an sein Krankenbett trat, dann war es immer ein spannender Augenblick, wenn er bedächtig Buch für Buch entgegennahm, Titel und Autor betrachtete, einige Seiten aufschlug und seine Auswahl traf. Die Bücher, die er behalten und lesen wollte, stapelte er jeweils auf dem rechten, die nicht interessierenden auf dem linken Bettrand auf. Ich war natürlich stolz, wenn möglichst viele Bücher auf die rechte Seite zu liegen kamen, weil dies das Zeichen war, daß die Auswahl mehrheitlich richtig war, und mußte gleich wieder auf die Suche gehen, wenn der linke Stapel den rechten überwog. Und es war auch sehr lehrreich, dabei zu erleben, was er in der Sturzflut von Neuerscheinungen der Weltliteratur für interessant und wesentlich hielt oder nicht, wobei er oft durch einige Worte Autor und Thema der Bücher charakterisierte und in größere Zusammenhänge einordnete. Wann er den mächtigen Stapel von Büchern, die am rechten Bettrand liegen blieben, dann neben all der übrigen Arbeit und trotz der Krankheit studiert hat, ist rätselhaft, aber aus gelegentlichen Bemerkungen beim nächsten Bücherrapport ging doch hervor, daß er sich seither mit den Inhalten gründlich befaßt hatte.»[40]

Im Januar 1925 stand noch eine wichtige Neuregelung an, zu deren Zweck Guenther Wachsmuth die vierte außerordentliche Generalversammlung des Vereins des Goetheanum vorzubereiten hatte. Diese findet statt am 8. Februar 1925, um 10.30 Uhr unter dem Vorsitz von Dr. Emil Grosheintz. Verhandlungsgegenstand ist eine Statutenänderung; der neue § 1 der Statuten lautet jetzt «Unter dem Namen Allgemeine Anthroposophische Gesellschaft besteht als Rechtsnachfolgerin des Vereins des Goetheanum, der Freien Hochschule für Geisteswissenschaft, ein Verein im Sinne des Art. 60 ff. des Schweiz. Z. G. B. Sitz des Vereins ist Dornach.»[41] Der Interpretation Christoph Lindenbergs folgend ist demnach seit diesem Zeitpunkt die bisher nicht im Schweizerischen Handelsregister eingetragene Allgemeine Anthroposophische Gesellschaft Rechtsnachfolgerin des Vereins des Goetheanum. Die Funktionen des bisherigen Vereins übernimmt nach den neuen Statuten die dritte der vier Unterabteilungen der Allgemeinen Anthroposophischen Gesellschaft, nämlich die Administration des Goetheanum-Baues. Der Vorstand der Allgemeinen Anthroposophischen Gesellschaft ist der auf der Weihnachtstagung gebildete Vorstand. Die Gesellschaft selber erhält vereinsrechtliche Satzungen. Allen Mitgliedern des Vereins steht nach den neuen Statuten das volle Stimmrecht zu. Albert Steffen notiert im Tagebuch unter dem 9. Februar: «Am 8. Februar war die Eintragung ins Handelsregister. Jedes Mitglied hat jetzt Stimmrecht. Die Gesellschaft kann sagen: Kein Bau! Keine Klinik. Ein anderer Vorstand etc.»[42]

Am 23. Oktober 1924 war Guenther Wachsmuth nach Berlin zu einer anthroposophischen Jugendtagung gefahren, und am 24. Februar 1925 hatte er – zusammen mit Marie Steiner – als Vertreter Rudolf Steiners an der Einsetzung Friedrich Rittelmeyers in Berlin teilgenommen.

Das von den meisten stets verdrängte, aber doch im letzten Ernst zu erwartende allerschmerzlichste Ereignis trat dann ein am 30. März 1925, gegen 10 Uhr vormittags: Rudolf Steiner legte die irdische Hülle ab. «Als der letzte Atemzug kam, schloß er selbst die Augen, aber dies erfüllte den Raum nicht mit dem Erlebnis eines Endes, sondern eines höchsten geistigen Tuns.»[43] Guenther Wachsmuth kniete am Totenbette Rudolf Steiners.

Die Situation nach Rudolf Steiners Tod in Hinblick auf das Baugeschehen war, daß mit den Aufräumungsarbeiten der ruinenhaften Reste des ersten Goetheanum fortgefahren wurde, womit schon 1924 begonnen worden war. Im Jahre 1925 war Baubeginn, nachdem man das von Rudolf Steiner selbst gefertigte Entwurfsmodell 1:100 durch ein größeres im Maßstabe 1:20 – als Ausführungsmodell – ergänzt hatte. Von der Gebäudebrandversicherungsanstalt war eine Summe von 3 183 000,– SFr. zu erwarten, wie aus einer Mitteilung der Staatskasse des Kantons Solothurn vom 11. Juni 1923 hervorgeht. Man beabsichtigte nun zur Erstellung des gesamten Rohbaus 1,5 Millionen SFr. als Schenkungsgeld zu sammeln, damit dieser in Angriff genommen werden könne, so weit, daß der Neubau, wenn auch im provisorischen Zustand, als Arbeitsstätte beziehbar würde. Guenther Wachsmuth «empfand in dieser Situation eine Herausforderung, in den Bemühungen um die Deckung der notwendigen Summen nicht zu erlahmen. In seinen Ohren klangen jetzt und auch später, bis zu seinem Tode 1963, die Worte Rudolf Steiners nach, daß es eine ‹eiserne Notwendigkeit› sei, das neue Goetheanum zu erstellen.» «Der Chronist der Baugeschichte, der Einblick in Wachsmuths vielseitiges Wirken gewinnt, muß aber eine echte Bewunderung für die Art empfinden, wie dieser unermüdliche Diener der Sache, neben der Erledigung seiner anderen Pflichten, von sich einen so großen Ein-

Bauzustand des Goetheanum 1927. In diesem Zustand wäre der Bau verblieben, wenn Guenther Wachsmuth nicht eingegriffen hätte.

Richtfest des zweiten Goetheanum, Michaeli 1926. V.l.n.r.: H. v. Baravalle, M. Röschl, N. Grosheintz, E. Vreede, I. Wegman, E. Aisenpreis, G. Wachsmuth, A. Steffen.

satz für den Bau abverlangte. Dank ihm – es ist nicht zu viel gesagt – ist das Goetheanum kein Torso ohne Westfront geblieben.»[44]

«Er faßte das Wesentliche ins Auge. Weltinteresse, Wissen, Begeisterungsfähigkeit, Treue – und die ihm charakteristische Schnellfüßigkeit –, neben der Lebendigkeit seiner Darstellungskunst, wurden auf die Verwirklichung des Zieles konzentriert. Nicht gleich flossen die Mittel entsprechend dem Baufortschritt. Das Tempo an der Baustelle mußte verlangsamt werden.» In den Jahren 1926 und 1927 wurden weniger Bauarbeiter eingestellt, «die Austritte nahmen überhand und der Bestand sank. Das war für den Schatzmeister das Signal, seinen Einsatz zu intensivieren und alle aktiven Helfer anzufeuern. Guenther Wachsmuth reiste. Der vielseitige, holländische Künstler Jan Stuten, der bei der Inneneinrichtung des Neubaues ... beteiligt war, begleitete ihn. Sie hielten Lichtbildervorträge über den Goetheanum-Bauimpuls, wie er im ersten Bau in umfassender Art verwirklicht worden und wie er im neuen Bau wieder im Erstehen begriffen war, in vielen Städten Mittel-, Nord-, Ost- und West-Europas.» Am 22. Mai reisten sie ab, zunächst nach Hamburg, Oslo und Stockholm, dann folgten in der kurzen Zeitspanne zwischen dem 29. Juni und dem 10. Juli Breslau, Berlin, Danzig, Köln, Karlsruhe, Pforzheim, Mannheim und Stuttgart; danach Wien, Prag, London und Den Haag bis zur Rückkehr am 9. November. «Zunächst ließ man Kunstleistungen für sich sprechen. Dann wurde die finanzielle Lage auseinandergesetzt. ‹Der lebendige Ton von Herrn Dr. Wachsmuths Vortrag›, heißt es in einem damaligen Bericht, ‹machte es von Anfang bis zum Ende möglich, der Fülle des Gebotenen innerlich beteiligt zu folgen, sich einzuleben in das Konstruktive des neuen Baus, den man in seinen verschiedenen Stadien erblickte bis zum Entfernen der Schalungen für den Beton, dem Fallen der Gerüste und schließlich dem Dastehen dieser gewaltigen Architektur inmitten des Landschaftsbildes›.»[45]

«Ein Jahr nach dem bereits angeführten Appell vom Juli 1925 ging im Juli 1926 ein neuer bebilderter Brief vom Dornacher Vorstand aus. Noch vor Michaeli 1926, im Hinblick auf das bevorstehende Richtfest, berichtete Steffen von dem Besuch des schweizerischen Bundespräsidenten im werdenden Rohbau und rief dann aus: Ohne den Bau bleibt die Anthroposophische Gesellschaft heimatlos! Zu Ostern 1927 ging ein neuer Appell in die Welt, denn von dem gesteckten Ziel von fast 2 Millionen

Goetheanum- Westtrakt (25.2.1928).
Der Westtrakt wurde 1927/28 durch das
Eingreifen G. Wachsmuths ergänzt, so daß
der Bau nunmehr vollständig nach dem
Modell Rudolf Steiners ausgestaltet ist.

Der vollendete Bau, von Süd-Westen gesehen.

Franken war kaum die Hälfte eingegangen. Dies war der nähere Umstand, der das persönliche Werben vom Schatzmeister auslöste. Damals hoffte man noch, den Bau bereits im Frühjahr 1928 seiner Bestimmung übergeben zu können.

Da das Richtfest aber erst zu Michaeli 1926 stattfand und zu Michaeli 1927 dann die Holzstatue in den Ostteil des unfertigen Neubaues überführt wurde, währte es noch bis Michaeli 1928, bis schließlich die Eröffnung vorgenommen werden konnte. Dieser Termin wurde schon am 27. Mai 1928 bekannt gegeben. Es fehlten, um das gesteckte Ziel zu erreichen, nur noch 89 000 Franken... Die Kampagne war gelungen. Die Reisen des Schatzmeisters hatten ihren Teil geleistet. Der Bau hatte ein ‹Gesicht› und schaute nach Westen in die Welt hinein.»

Auf einer Besichtigung durch den Ingenieur- und Architektenverein von Solothurn wurde von den Herren Aisenpreis und Ing. Ebbell, von der Ingenieurfirma Leuprecht und Ebbell aus Basel, die für den Eisenbeton verantwortlich zeichnete, bekanntgegeben, daß insgesamt 15 000 Kubikmeter Eisenbeton verarbeitet wurden, wozu nicht weniger als 1700 Eisenbahnwagenladungen Sand und Kies und etwa 450 Waggons Zement nötig waren.

Bis Ende 1929 fielen für die Kosten des Betonbaues mit seinem partiellen Ausbau SFr. 4 765 491,90 an. Das entspricht bei hundertzehntausend Kubikmetern umbauten Raumes einem vorläufigen Kubikmeterpreis von SFr. 43,–. Bis 31. Dezember 1934 hatten die Baukosten SFr. 5 188 437,48 erreicht.

Sehen wir zu, wie die ganze Unternehmung dieses Baues in die Signatur der Jahrzehnte wirtschaftlich sich einpaßt, so erblicken wir den Brand des ersten Baues ungefähr gleichzeitig mit dem Höhepunkt der deutschen Inflation. Die Aufräumungsarbeiten und der Wiederbeginn des Baues fallen in das Erholungsjahr 1924/25. Es folgen die guten Jahre 1925 und danach, die dem eigentlichen Aufbau zugute kamen. Als die wirtschaftlichen Depressionsjahre über Mitteleuropa zogen, war die Hauptaufbauleistung fast vollbracht. Aber dann kam der verhängnisvolle 30. Januar 1933 mit seinen schrecklichen Folgen auch für diesen Bau! Der Ausbau mußte beinahe zwanzig Jahre auf seine Fortsetzung warten. Erst im Jahre 1952 folgte der Grundsteinsaal und 1956 der große Saal.

6. Kapitel
Eröffnungstagung. Reiseaphorismen

1928–1935

Die Eröffnungstagung, die zu Michaeli 1928 stattfand, war sicherlich die nach der Teilnehmerzahl größte Tagung, die dieser Bau erlebt hat. 2600 Teilnehmer wurden gezählt, 26 Redner. Die Hotels bis hinein nach Basel waren belegt. Vom Bahnhof SBB in Basel verkehrten frühmorgens und abends je ein Sonderzug, der im Nachrichtenblatt, der Beilage zur Wochenschrift «Das Goetheanum», angekündigt war; die Verbindung vom Bahnhof Dornach zum Goetheanum war mit Bussen eingerichtet. Die Veranstaltung selbst fand teils im großen Saal, teils in der Schreinerei statt. Viele Vorträge konnten so zweimal gehalten werden. Eine Wiederholung der Tagung indes – die man überlegt und bereits geplant hatte – wurde nicht nötig, da hierfür nicht genügend Anmeldungen vorlagen.

Albert Steffen schrieb nach der Tagung im Nachrichtenblatt: «Die gehegten Erwartungen haben sich erfüllt. Das Goetheanum als Träger geistiger Impulse hat sich bewährt. Überall ist unermüdliche Tatkraft und gewissenhafter Fleiß, oft zu schöpferischen Leistungen imposanter Art gesteigert, zutage getreten… Teilnehmer der Tagung, die weit in der Welt herumgekommen sind, sagten mit Recht: Wo bekommt man sonst dergleichen zu sehen und zu hören? Wo setzen sich die Menschen derart mit ihrem ganzen Wesen ein? Wo gibt es solche Möglichkeiten?»

Sehen wir – ehe wir die Reisen von Guenther Wachsmuth schildern – nach seiner eigenen Wohnsituation in Dornach. Daß er ein holzgebautes Gartenhaus auf dem Grundstück von Harriet von Vacano erhalten hatte, haben wir bereits erwähnt. Aber nun soll geheiratet werden – es ist mittlerweile Ende Juli 1927 –, und wenn auch die Bewirtung zweier Perso-

Eröffnungs-Tagung des Goetheanum

Dornach, Michaeli, 29. September bis 7. Oktober 1928.

Samstag, 29. Sept.		Sonntag, 30. Sept.		Montag, 1. Okt.		Dienstag, 2. Okt.		Mittwoch,
A	**B**	**A**	**B**	**A**	**B**	**A**	**B**	**A**
Goetheanum	Goetheanum	Goetheanum	Schreinerei	Schreinerei	Goetheanum	Goetheanum	Schreinerei	Schreinerei
Grundstein-legung eurythmisch dargestellt. Eröffnung durch *Albert Steffen* „Das Goetheanum als geistige Heimat" Ansprachen der General-Sekretäre		„*Pforte der Einweihung*" Bild 1—7	*Günther Schubert* Die Auferweckung des Lazarus	*Dr. R. Schubert* Das Lukas-Evangelium und der Arzt	„*Pforte der Einweihung*" Bild 1—7	*Dr. E. Vreede* Der Weihnachts- und der Michaels-Impuls	*Dr. H. E. Lauer* Anthroposophie als Neugestaltung des menschl. Erkenntniswesens	*Dr. H. Poppelbaum* Der Sündenfall u. seine Überwindung im Spiegel der Tierwelt
			Dr. Friedrich Rittelmeyer Der Tempel zu Jerusalem, der Gralstempel und die Anthroposophie	*Prof. A. Haba* Die 4 aether. Bildekräfte in der Musik und in der Musikentwicklung		*Frau Marie Steiner* Das Wesen der Künste (Vorlesung)	*Dr. R. Schubert* Das Lukas-evangelium u. der Arzt	*Dr. H. von Baravalle* Die Lage des Goetheanum auf der Erde und im Sternenhimmel
	Grundstein-legung eurythmisch dargestellt Eröffnung durch *Albert Steffen* „Das Goetheanum als geistige Heimat" Ansprachen der *General-Sekretäre*	4 Uhr „*Pforte der Einweihung*" Bild 8—11	*Dr. H. Hahn* Über den Geist der deutschen Sprache und die Seele der russischen Sprache	*Dr. Zeylmans v. Emmichoven* Über das Erleben der Hierarchien im menschlichen Organismus	4 Uhr „*Pforte der Einweihung*" Bild 8—11	*Dr. G. Wachsmuth* *E. Pfeiffer* *P. E. Schiller* Das Wort offenbart sich in der Natur	*Dr. Maria Röschl* Wortkraft u. Schicksalsweg (eine historische Skizze)	*C. Englert* Zur Geschichte des Wortes
Chöre	5.30 Schreinerei *Dr. Fr. Doldinger* Beitrag zur Dramaturgie an Hand von Ibsens und R. Steiners Dramen-Technik		*Dr. H. Poppelbaum* Der Sündenfall und seine Überwindung im Spiegel der Tierwelt	*Dr. Fr. Doldinger* Beitrag zur Dramaturgie an Hand von Ibsens und R. Steiners Dramen-Technik		*Dr. J. Wegman* Ein Stück griechischer Mysteriengeschichte vor Plato und Aristoteles	*E. Hohlenberg* Die Runenweisheit Odins und ihre Wiedergeburt in unserer Zeit	*Graf Ludwig Polzer-Hoditz:* Mysterien, exoterisches u. esoterisches Christentum
Schreinerei	Goetheanum	Schreinerei	Goetheanum	Goetheanum	Schreinerei		Goetheanum	Goetheanum
Dr. C. Unger Esoterik	*Chöre*	Vorlesung eines Vortrags von Rudolf Steiner	*Eurythmie*	*Eurythmie*	Vorlesung eines Vortrags von Rudolf Steiner		*Eurythmie*	*Eurythmie*

3. Okt.	Donnerstag, 4. Okt.		Freitag, 5. Okt.		Samstag, 6. Okt.		Sonntag, 7. Okt.	
B	A	B	A	B	A	B	A	B
Goetheanum	Goetheanum	Schreinerei	Schreinerei	Goetheanum	Goetheanum	Schreinerei	Schreinerei	Goetheanum
Dr. Roman Boos Das Prosawort im Goetheanum		Prof. A. Hahn Die 4 aether. Bildekräfte in der Musik und in der Musik-Entwicklung	Dr. Roman Boos Das Prosawort im Goetheanum		Prof. H. Beckh Das Bild des Menschheits-Repräsentanten im Goetheanum, im Johannes-Evangelium und in den Sternen	Dr. Zeylmans v. Emmichoven Ueber das Erleben der Hierarchien im menschlichen Organismus	Dr. H. E. Lauer Anthroposophie als Neugestaltung des menschlichen Erkenntnis-wesens	Dipl. Ing. A. Strakosch Arbeit, Geistes-verbundenheit, Technik
Frau Marie Steiner Das Wesen der Künste (Vorlesung)	„Prüfung der Seele" Bild 1—5	Frau L. Kolisko Kosmische Feste und deren Spiegelung in irdischen Substanzen	Dipl. Ing. A. Strakosch Arbeit, Geistes-verbundenheit, Technik	„Prüfung der Seele" Bild 1—5	Frau L. Kolisko Kosmische Feste und deren Spiegelung in irdischen Substanzen	Dr. G. Wachsmuth E. Pfeiffer P. E. Schiller Das Wort offenbart sich in der Natur	E. Hohlenberg Die Runenweisheit Odins und ihre Wiedergeburt in unserer Zeit	Dr. Eugen Kolisko Die Lehre von den motorischen Nerven und ihre Überwindung durch die Dreigliederung des menschlichen Organismus
Dr. Carl Unger Esoterik	3 Uhr „Prüfung der Seele" Bild 6—13	Dr. C. v. Heydebrand Vom inneren Leben im Unterricht der freien Waldorfschule seit dem Hingang Rudolf Steiners	Dr. Eugen Kolisko Die Lehre von den motorischen Nerven und ihre Überwindung durch die Dreigliederung des menschlichen Organismus	3 Uhr „Prüfung der Seele" Bild 6—13	Dr. Maria Röschl Wortkraft und Schicksalsweg (eine historische Skizze)	Dr. E. Vreede Der Weihnachts- und der Michaels-Impuls	Dr. C. v. Heydebrand Vom inneren Leben im Unterricht der freien Waldorfschule seit dem Hingang Rudolf Steiners	Graf Ludwig Polzer-Hoditz Mysterien, exoterisches und esoterisches Christentum
Dr. Fr. Rittelmeyer Der Tempel zu Jerusalem, der Gralstempel und die Anthroposophie		Oscar Franz Wienert Szenen aus dem Drama: Napoleon	Dr. H. Hahn Über den Geist der deutschen Sprache und die Seele der russischen Sprache		Günther Schubert Die Auferweckung des Lazarus	Dr. I. Wegman Ein Stück griechischer Mysterien-geschichte vor Plato und Aristoteles	Oscar Franz Wienert Szenen aus dem Drama: Napoleon	Dr. H. von Baravalle Die Lage des Goetheanum auf der Erde und im Sternenhimmel
Schreinerei		Goetheanum	Goetheanum	Schreinerei	Schreinerei	Goetheanum	Goetheanum	Schreinerei
Prof. H. Beckh Das Bild des Menschheits-Repräsentanten im Goetheanum, im Johannes-Evangelium und in den Sternen		Chöre	Chöre	C. Englert Zur Geschichte des Wortes	Albert Steffen Vortrag oder Vorlesung	Eurythmie	Eurythmie	Albert Steffen Vortrag oder Vorlesung

101

nen mit einem Kaffeefrühstück problemlos ist, so wird das dauernde Zusammenwohnen zu zweit doch zum Problem, zumal wenn Gäste oder gar Dauergäste zu erwarten wären. Man holt also Angebote ein und findet in der unmittelbaren Nachbarschaft – im Hause des Fürsprechs von Arx – eine passende Situation: Darüber schreibt Guenther Wachsmuth unter dem 20. Mai 1927 unmittelbar vor Abreise nach Hamburg und Norwegen: «Es wäre tatsächlich ab Juli zu vermieten, weil die Leute ausziehen und ist dadurch sehr angenehm, daß es ganz neu ist, sauber und leidlich praktisch, ein bißchen viel Zimmer und teilweise komische Tagseiten, herrliche Lage mit schöner Aussicht allerdings. Sie sagte mir, ihr Mann wolle jährlich 4000 frs Miete vorschlagen, was natürlich viel zu viel verlangt ist und wovon er wohl auch noch heruntergehen würde. Sonst ist es aber recht sympathisch und wäre wohl leidlich für eine Übergangszeit.» In einem Brief aus Oslo vom 26. Mai 1927 heißt es: «Ich lege jetzt hier den Plan des von-Arx-Hauses bei, den ich in Dornach in der Eile der Abreise vergessen hatte, ins Kouvert zu tun. Es sind ein bißchen viel Zimmer, aber die Lage ist sehr vorteilhaft, der hohe Preis nachteilig, die völlige saubere Neuheit des Hauses wieder angenehm …»[46]

In dem Brief vom 20. Mai 1927 ist ein weiterer Passus interessant: «Lewerenz… hat mit Kurth verhandelt wegen der Orgel; Kurth wollte erst 1500, ging dann aber auf 1200 herunter, das ist wirklich sehr billig, da schon ein einfaches Harmonium mehr kostet. Kurth bat aber, daß man sich möglichst bald entscheide… Die beiden Lewerenze haben sich nach unserer Abreise noch alte Meister darauf vorspielen lassen und waren ganz hin vor Begeisterung.» Jedenfalls scheint die Entscheidung wirklich rasch gefallen zu sein – positiv, denn in Albert Steffens Tagebuch heißt es unter dem 31. Juli 27: «Ich schenke ihm eine selbstbemalte Vase… Mit Lewerenz trag ich sie dorthin samt einem türkischen Kaffeegeschirr. Prächtige Einrichtung. Orgel. Statuetten. Bücher. Ein Gemüsegarten vor dem Hause.»[47] Demnach ist der Umzug in das von-Arxsche Haus eine glücklich vollzogene Sache geworden.

Nun beginnt mit der Heirat, auf die wir bereits im 1. Kapitel eingingen, offenbar die «Übergangszeit», denn aus den Tagebüchern von Mutter Alice Wachsmuth entnehmen wir, daß ein Hausmodell angefertigt wurde vermutlich von Guenther Wachsmuths eigener Hand. Als Kom-

Die von Prof. Ernst Kurth erworbene
Portativorgel

Vor dem Eingang des von Arxschen
Hauses

Haus Verapaz, Dorneckstraße, 1928, im
Bau, mit Gertrud Wachsmuth und Hund.

Haus Verapaz, Dorneckstraße

mentar der Mutter steht dabei: «(Erlebnis)». Dies alles unter dem 23. Oktober 1927. Und nun geht es auf dem Grundstück an der oberen Dorneckstraße rasch voran. Nach einer kurzen Erwähnung, daß man den Bau besucht habe, folgt schon am 20. März 1928, daß auf Guenther Wachsmuths Bau ein Richtfest-Baum zu sehen ist. Am 5. Juni besucht man den Bau noch einmal, und unter dem 21. Juli 1928 heißt es: «Das Häuseli von Guenther geht seiner Vollendung entgegen. Abends sprengen sie den Garten, abwechselnd». Aber keinerlei Hinweis auf ein Einzugsdatum. Die Mutter Sapper, welche nachmals ausgiebig das Haus mitbewohnt hat, hat aus ihren Mitteln kräftig bei der Finanzierung mitgeholfen. Vermutlich wird man noch vor Beginn der Eröffnung des Goetheanum in das neue Haus eingezogen sein.

Nun beginnt eine Zeit des Reisens, die wir anhand privater Briefe und Veröffentlichungen im Nachrichtenblatt gut verfolgen können. Aus Stockholm kommt ein Hotelbrief vom 31. Mai 1927 an seine Verlobte: «Die Mitglieder in Oslo und Stockholm sind reizend zu uns (Marie Steiner reiste mit Wachsmuth zusammen, d. Verf.). Wir werden überschüttet mit Einladungen zu Auto- und Motorboottouren etc.» Zuvor hatte es am 26. Mai geheißen: «Wir gehen... über Pfingsten nach Norrköping (wo Dr. Steiner seine wundervollen Vorträge hielt), dann nach Kopenhagen. Überall Klassenstunden, Vorträge, Generalversammlungen, Besprechungen etc. pp. Frau Dr. ist sehr aufgeräumt und frisch.»

3. Juli 1927: Aus Danzig, wo Wachsmuth mit Jan Stuten zusammen Werbe-Vorträge für Bauspenden hielt, heißt es: «Heute früh hielten wir unsere Vorträge im Konvent eines ehemaligen Franziskanerklosters. Les extrèmes se touchent. Gestern entdeckten wir im polnischen Korridor auf einer durch Drahtgitter eng abgesperrten Station im Coupéfenster des gegenüberstehenden Zuges Frau Dr. und Frl. Clason. Unsere Unterhaltung und Begrüßung wurde aber durch einen polnischen Soldaten unterbrochen: Die Unterhaltung sei verboten! Es lebe das Selbstbestimmungsrecht der Völker, das diesen ‹Korridor› geboren hat.»

2. Nov. 1927: Aus dem Quartier bei Mr. Collison in London: «Ich komme eben von meinem 1. Vortrag, der scheinbar recht gut ging, alles machte shakehands und compliments... Übrigens ruhen die Blicke aller alten englischen Damen mit noch mehr rundlicher Zufriedenheit auf meiner Wenigkeit, seit ich verheiratet bin.»[48]

Bibliotheks-Interieu

Hunde-Idyll am Hauseingang

Der Hausherr von Haus Verapaz

Am 7. Januar 1929 ist Guenther Wachsmuth in Stuttgart zu Dr. Carl Ungers Beisetzung; dieser war kurz zuvor – am 4. Januar 1929 – in Nürnberg vor Beginn seines öffentlichen Vortrags «Was ist Anthroposophie?» von einem Geisteskranken erschossen worden.

Vom 21. bis 27. Januar fand dann in Dornach die Landwirtschaftliche Tagung statt, die Wachsmuth mit einem verehrungsvollen Gedenken an den in den letzten Dezembertagen 1928 verstorbenen Grafen Carl Wilhelm von Keyserlingk eröffnete.

Unter dem 30. Mai 1929 ist eine Postkarte mit Abbildung von den Externsteinen erhalten. «Wir [Wachsmuth und Ehrenfried Pfeiffer] haben heute hierher in den Teutoburger Wald einen Abstecher gemacht. Es ist genau der Punkt, von dem der Doktor im Zyklus als der ältesten germanischen Einweihungsstätte spricht. Über dem Einweihungs-Sarkophag, der hier abgebildet ist, sind hoch oben auf Felsen noch altgermanische Opferaltäre und eigenartige Räume, in die Sonne und Mond nur zu bestimmten Jahreszeiten hineinschienen.»

5. Juni 1929: «Kaffee Worpswede»: «In diesem höchst drolligen Hause wohne ich augenblicklich. Die Tagung in Marienstein war höchst erfreulich und interessant. Jetzt geht es hier in Worpswede weiter. Meine Vorträge gingen gut. Die Häuser hier aber sind alle in ultramodernem Stil gebaut. Seltsame Wandmalereien im Schlafzimmer, mexikanisch-worpswedische Stühle, Kleiderständer, Lampen etc. Das netteste ist ein Teich vor meinem Fenster mit einer Menge blühender und wuchernder Röschen.»

19. Juni 1929: «Am Bahnhof in London wurde mir noch Dein kolossal leckeres Paketchen überreicht, das Pfeiffer und ich auf dem Dampfer köstlich verzehrt haben und Dir extremst dafür danken. Heute geht es mit dem Auto bis Köln, morgen bis Jena, ich hoffe, daß wir am Dienstag abend zurück sind.»

Am 12. November 1929 kehrte Wachsmuth von drei Vortragsveranstaltungen nach Dornach zurück und berichtet darüber im Nachrichtenblatt.[49] In Amsterdam war es die erste öffentliche anthroposophische Tagung überhaupt: eine naturwissenschaftliche Tagung, bei der es darauf ankam, ein «Publikum, das größtenteils noch nichts von Anthroposophie wußte, gleichzeitig in diese und in ein besonderes Fachgebiet einzuführen». Den Eröffnungsvortrag hielt Dr. Zeylmans van Emmichoven, er

Erste Naturwissenschaftliche Tagung, Amsterdam. 1. Reihe (v.l.n.r.): W. Zeylmans, I. Wegman, G. Wachsmuth, E. Vreede, L. Kolisko. 2. Reihe: L. F. C. Mees, H. Zagwijn, P. de Haan, H. Poppelbaum, M. Bockholt, R. Hauschka. Hinter Poppelbaum: H. Grelinger. Hinter Bockholt: P. Kloppers. Hinterste Reihe (v.r.n.l.): M. Stibbe, I. Krediet, drei Personen nicht identifiziert.

löste diese Doppelaufgabe meisterhaft. «In meinem Vortrage am nächsten Tage versuchte ich zu zeigen, wie die anthroposophische Bildekräfte-Lehre die langgesuchte Brücke zwischen religiöser und naturwissenschaftlicher Weltanschauung tatsächlich bildet. Wie man aus ihr die Hierarchienlehre etwa eines Dionysius Areopagita ebenso wie die seelischen und physikalisch-chemischen Prozesse verstehen kann. Diskussionen – ausgelöst durch die Vorträge, setzten sich sogar noch abends im Hotel bis in die Nacht lebhaft fort, wo eine Anzahl Studenten... noch mit den Vortragenden beim Kaffee zusammensaßen und weiter debattierten...

In Warschau war die ebenfalls öffentliche Tagung ein erster, sicherer und schöner Erfolg. Die pädagogischen Vorträge von Herrn Englert-Faye waren eine meisterliche Einführung zugleich in Anthroposophie und Pädagogik. Am nächsten Abend zeigte ich unseren Freunden und Gästen die Lichtbilder des neuen Goetheanum, die ja für sich selbst sprechen.»

Am 9. Dezember 1929 beschließt ein Stimmungsbericht von der landwirtschaftlichen Tagung in Bad Saarow den Jahreskreis. «Die Landwirte haben eben noch einen gewissen realischen Fonds, den die Städter heute einfach nicht mehr aufbringen. Jetzt soll noch eine Vereinigung zur Förderung dieser Methoden unter dem ehemaligen Reichskanzler Michaelis – Schwiegervater von Martin Schmidt – gegründet werden.»[50]

Am 12. März 1930 heißt es in einem Brief an seine Frau aus Bray-on-Thames: «Auch Hope und Ilkeston sind sehr gut gegangen, das letztere ist Miss Lewis' Gruppe, überall sehr herzlicher und netter Empfang. Wir sind auf diese Weise ein tüchtiges Stück in Nord- und Mittelengland herumgereist. In Sheffield traf ich auch Mr. Collison, der Dich herzlich grüßen läßt. Es waren erstaunlicherweise überhaupt einige Mitglieder von London nach Sheffield extra hingekommen und man fährt doch immerhin 4–5 Stunden mit Schnellzügen. An sich sind die Gruppen hier natürlich noch sehr klein, aber es kann etwas draus werden. Jetzt bin ich wieder eine Nacht in Bray, morgen früh gehts dann nach Oxford, das wird wohl das Schwierigste werden» – was so nicht eintraf, wie im ersten Kapitel erwähnt.

Am 14. Juni 1930 hieß es aus Danzig: «Es ist ein eigenartiges Verhängnis mit unserem Fliegen. Die Flugkarten waren gelöst, das Auto der

Lufthansa hatte uns [Wachsmuth und Stuten] auf den Flugplatz hinaus gefahren, die Koffer standen parat, da kommt der Manager etwas blaß zu uns und erklärt, er müsse uns etwas Peinliches eröffnen, unser Flugzeug sei in den Sümpfen von Smolensk notgelandet, wir könnten nicht fahren. Jetzt war guter Rat teuer. Die Schlafwagen Berlin–Köln waren gelöst, aber jeder Eisenbahnanschluß nach Berlin natürlich verpaßt. Nach mehreren Ferngesprächen wurde schließlich beschlossen, daß wir heute nacht nach Berlin fahren und morgen früh dort das Flugzeug nach Köln nehmen, so daß wir kurz vor dem Vortrag dort ankommen, was natürlich etwas anstrengend wird.» Und nun kommt die Schilderung von zwei imaginativen Erlebnissen, die beide – jeder für sich – hatten: «Das Eigenartige ist dabei, daß ja in Kopenhagen, bevor das Fliegen partout nicht klappte, Stuten so ein rotes Pferd sah... Als ich nun heute unmittelbar vor der Abfahrt zum Flugplatz, wo wir also noch nichts ahnten, im Korridor des katholischen Hospizes bin, sah ich mich auf einmal von lauter hellen Lichtgebilden umgeben, so intensiv, wie ich es lange nicht erlebt habe.»[51]

Am 8. Dezember heißt es aus Bad Saarow: «Hier ist es bannig kalt aber die [landwirtschaftliche] Tagung sehr interessant, lebhaft und schön.»

Am 18. Januar 1931 eine so seltene Postkarte aus Engelberg/Schweiz, die von Erholungserlebnissen berichtet. «Früh war ein Schlittschuh-Wettlauf über 5000 m, der sehr interessant war, ich bin heute selber Schuh gelaufen, damit die Knochen nicht ausrosten... Morgen wird nun wohl der Meister [Lewerenz] kommen.»

Ein bemerkenswerter Brief vom 3. Juni 1931 berichtet aus Marienstein: «Wir hatten eine *sehr* interessante Fahrt von Paris hierher, immer den einstigen Schlachtfeldern entlang, teilweise alles neu aufgebaut, teilweise noch Drahtverhaue, Tanks, Schützengräben, kilometerlange Flächen von Granatlöchern. Wir waren im Unterstand des Kronprinzen mitten im Argonnerwald, in der Kathedrale von Reims, Soissons etc. Das Allerschauerlichste waren aber die unterirdischen Katakomben vom Fort Douaumont, wohl der Ort, wo die meisten Toten des Krieges waren. Schmutzignasse Korridore tief unter der Erde, die im Nahkampf ständig den Besitzer wechselten, ein einziger Raum, in dem durch Explosion 1300 Menschen umkamen, man hat nicht viel geändert, da zu gefährlich wegen nicht-explodierten Granaten, die meisten liegen also noch unter den Erdhaufen, auf denen man jetzt bei Lampenlicht herumklettert. Schauerliche Atmosphäre. Dann kilometerlange Fahrt an Riesenfriedhöfen entlang, Zehntausende von weißen Kreuzen, natürlich auch scheußliche Denkmäler. Das Ganze wie ein Märchen von einem anderen Planeten. Ich möchte nicht in dieser Gegend wohnen müssen. Trotzdem baut man fast alle Ortschaften wieder auf.»[52]

Anfang Juni Ansichtspostkarte aus Chartres. «Heute waren wir in der zauberhaften Kathedrale von Chartres. Wenn auch vieles durch elektrische Lichtanlagen etc. schon sehr verdorben ist, so ist doch die ganze Atmosphäre des Orts noch sehr stark.»[53]

Vor der Mariensteiner Tagung war Wachsmuth in Hamburg und Paris. In Hamburg hat er Gelegenheit, die Organisation von Dr. Poppelbaum zu loben; für Paris gilt das gleiche für Madame Rihouet-Coroze. Für Paris heißt es weiter im gedruckten Bericht im Nachrichtenblatt: «An den öffentlichen Lichtbildervortrag von Herrn Pfeiffer am ersten Abend vor vollbesetztem Saal schloß sich eine sehr lebhafte Diskussion an, an der sich auch Vertreter der Presse, der Landwirtschaft etc. beteiligten… Durch das organisatorische Geschick von Madame Rihouet-Coroze war es Herrn Pfeiffer und mir auch möglich, in dem berühmten wissenschaftlichen Institut Pasteur und Institut Curie mit denjenigen Persönlichkeiten zu sprechen, welche auf dem Gebiete der sogenannten Strahlung der lebenden Organismen die neuesten Versuche anstellen, und die Ergebnisse und Arbeitsweise in diesen Laboratorien kennen zu lernen.»[54]

Die anschließende Mariensteiner Tagung Anfang Juni lag genau sieben Jahre nach dem Koberwitzer Landwirtschaftlichen Kurs. Im gedruckten Bericht heißt es: «Die anthroposophische Landwirtschaft hat jetzt schon einen Kreis von Freunden, aber auch von Gegnern, der ihr Ehre macht.» Und: «Die bisher selbstsichersten und hochmütig gleichgültigsten Gegner fangen an, zwischen Wut und Achtung zu wählen.» Ferner: «Der unbefangene Außenstehende erkennt es an, der beruflich gebundene Gegner schweigt meist verlegen oder lenkt vom Thema ab, der Anthroposoph freut sich und schon viele außenstehende, praktische Landwirte mit ihm.»[55]

Auf einer Postkarte aus Bad Saarow vom 9. Dezember 1931 liest man: «Am Freitag wird uns Geheimrat Bier, der berühmte Arzt selbst seine Wälder und Forsten zeigen.»

Aus dem Jahre 1932 sind einige Erholungsurlaubskarten aus Arosa erhalten, die vom Bad im warmen Wasser (Ende August) und Höhentour berichten. Aber die Ruhe währt nur einige wenige Tage. Das eigentliche Reiseereignis des Jahres lag im Frühling und Frühsommer, über das im Nachrichtenblatt[56] berichtet wird. Es begann mit Hamburg, wo es «im Wie der Arbeit besonders erfreulich ist zu erleben, wie dort eine sehr vielgestaltige, gegliederte Arbeit doch als etwas Einheitliches dasteht, sich gesund und organisch entwickelt und nach allen Richtungen ausbaut.» In Prag erlebte man, wie «durch die rechte Anwendung anthroposophischen Geistes sich verschiedenartige völkische und sprachliche Elemente in schöner Weise in der Arbeit treffen und gegenseitig befruchten». In Wien fand die Veranstaltung im gleichen Raum statt wie seinerzeit der Ost-West-Kongreß. In Budapest nahm Herr Steffen teil; er war als Ehrengast zum dortigen Weltkongreß des Pen-Klubs eingeladen. In Paris gab es einen sehr gut besuchten Lichtbildervortrag von Ehrenfried Pfeiffer über wissenschaftliche Forschungsergebnisse, woran sich Wachsmuths Darstellung anschloß. «Von dort reisten wir zur landwirtschaftlichen Tagung in Domburg bei Vlissingen in Holland. Dort hat Herr Pfeiffer in vorbildlicher Weise eine Reihe verschiedenartigster Landwirtschaftsbetriebe auf die biologisch-dynamische Wirtschaftsweise umgestellt, und alle Teilnehmer waren stark beeindruckt durch das, was dort in praktischer, beweiskräftiger Anwendung … geleistet wird.» Erstmals war Wachsmuth in Edinburgh, wo die Freunde innerlich intensiv mit dem Goetheanum und seiner Arbeit verbunden sind. Die nächste Reisesaison – 1933 – begann mit Vorträgen in Danzig und Königsberg; es folgte eine Besichtigung des Landgutes von Freiherrn von Buddenbrock. Hervorgehoben wird die «dort besonders notwendige und zweckmäßige Gestaltung der von Rudolf Steiner angegebenen Hecken- und Randpflanzung, … die in einer für viele unserer Landwirte vorbildlichen Weise durchgeführt ist.» Es folgt Riga und dann «in einer ganztägigen Fahrt durch die ungeheuren Waldungen dieser Gebiete», Reval. Nach öffentlichem und internem Vortrag gab es ausführliche Gespräche mit Herrn Valentin Tomberg. In Helsingfors fand der Vortrag im großen Saale des bisherigen Reichstagsgebäudes statt, der zum Erstaunen und zur Befriedigung der dortigen Freunde so gut besucht war, daß die Sitzplätze des großen Saales nicht einmal ausreichten. Auch fand der Vortrag eine

111

gute Presse. In Stockholm gab es wiederum einen öffentlichen und internen Vortrag. Unter der Leitung von Frau Wager-Gunnarsson «lebt hier eine mit dem Goetheanum verbundene anthroposophische Stimmung, die es Rudolf Steiner ermöglichte, in Schweden einige seiner schönsten Zyklen zu halten.»

Nach Besuch von Oslo und Lillehammer fand der Abschluß der Reise mit einem Vortrag in Kopenhagen statt.[57]

1934 findet sich im Tagebuch von Wachsmuths Mutter unter dem 15. Juli ein Eintrag: «Guenther und Gertrud wollen sich in der Schweiz einbürgern lassen. Sie waren in Bern.» Die Einbürgerung wurde am 27. Februar 1935 vollzogen. Prompt erhält Wachsmuth ein Aufgebot des Heeres-Divisionskreises 2: «Der nachgenannte Stellungspflichtige erhält den Befehl, sich den 8. Mai 1935, um 8 Uhr beim Schulhaus Dornach zur Rekrutenaushebung zu stellen. Kreiskommando Solothurn. Das Dienstbüchlein ist mitzubringen.»[58]

Wenn man – wie Guenther Wachsmuth es tat – die Rhythmen in der Biographie verfolgt und im Bewußtsein hält, so ist nach 1922, das ja ein hervorgehobenes Jahr für Wachsmuth war – volle Auswirkung der Übersiedelung nach Dornach – jetzt im Jupiterzyklus von Zwölf Jahren für 1934 etwas Besonderes, etwas Hervorgehobenes zu erwarten. Es bereitete sich so vor, daß im Frühjahr in den Leitungsgremien der amerikanischen Landesgesellschaft eine Vortragstournee einer Rednergruppe vorgeschlagen wurde. Man glaubte nicht so recht daran, daß sie zustande kommen werde, aber sie ist trotzdem verwirklicht worden, und «wir dürfen getrost glauben, daß es eine epochemachende Gelegenheit für Anthroposophie in Amerika war.»

Als Redner fanden sich Guenther Wachsmuth, der nachmalige Ehrendoktor und Professor Ehrenfried Pfeiffer und Dr. Hermann von Baravalle, Waldorflehrer an der Stuttgarter Schule und Zweigleiter des Stuttgarter Zweiges I der Anthroposophischen Gesellschaft. 1898 in Wien geboren, wurde er noch vor dem einundzwanzigsten Lebensjahr Mitglied der Anthroposophischen Gesellschaft. Er studierte Mathematik und Physik und promovierte in Wien über die Didaktik von Mathematik und Physik. Rudolf Steiner, der ihn an die Stuttgarter Schule berief, riet ihm weit vorausschauend, seine Englischkenntnisse zu aktivieren und auch an der Schule Englischunterricht zu geben. Er ging noch vor der

Die «New York» der Hamburg-Amerika Linie, 21 500 BRT, 28 000 PS.

H. v. Baravalle (links) und E. Pfeiffer
an Bord.

G. Wachsmuth im Tea Room

Schließung der Schule nach Amerika, wo er nach einigen Jahren Professor für Mathematik wurde. Eine 1937 in Stuttgart veranstaltete Ausstellung von Schülerarbeiten atmete Schönheitsglanz. – Wachsmuth gab in dieser Rednergruppe die allgemein-anthroposophischen Grundlagen, Pfeiffer stellte die Entwicklung und Ausarbeitung dieser Fundamente in der Biologie, Landwirtschaft und Medizin dar auf Grundlage seiner Experimente und Erfahrungen, während von Baravalle als Pädagoge, Mathematiker und Physiker die Ausarbeitung der anthroposophischen Grundsätze im Leben der Kinder darstellte. «Schwerlich kann man eine Gruppe von Persönlichkeiten finden, die sich gegenseitig so gut ergänzen und so gut zusammenarbeiten und doch ganz unabhängig und frei [sind] als schöpferische Individualitäten.»

Die Berichtsquellen zu dieser Reise sind ziemlich lückenlos, es gibt einen kurzen Bericht aus der Feder von Henry B. Monges, dem damaligen Generalsekretär der amerikanischen Landesgesellschaft, abgedruckt im Nachrichtenblatt, es gibt ferner einen Bericht ausführlicher Art «Erfahrungen einer Amerikareise» von Guenther Wachsmuth selber, ebenfalls im Nachrichtenblatt[59], und es gibt die auf dieser Reise geschriebenen Briefe an seine Frau, fünfzehn an der Zahl, dazu zwei Postkarten. Ferner sind vorhanden ein Album mit selbstgeschossenen Photos und ein Album mit gedruckten Ansichtspostkarten. Die eigenen Photos waren die Grundlage jenes Lichtbildervortrages mit einhundertzwanzig Bildern, den Wachsmuth nach der Rückkunft in Dornach gehalten hat. Wir können hier leider nur einige wenige davon bringen.

Am 4. Oktober 1934 war die Abfahrt mit dem Hapag-Dampfer «New York» von Bremerhaven. Besetzt ist er mit einhundertfünfzig Passagieren der I. Klasse und etwa vierhundert der II. Klasse. Baravalle, der abends der erste Tänzer war und überhaupt in Lebensfreude schwamm, stand morgens um sieben Uhr auf; Wachsmuth erhob sich um neun Uhr, Pfeiffer um halb zehn. So kam man in ein volles Ausgeschlafensein hinein. 9. Oktober: Bei rollender See merkte Wachsmuth, daß er wirklich nicht seekrank wurde. Der Steward begrüßte ihn morgens im Frühstückssaal als den «einzig Überlebenden». Das Schiff nahm einen nördlichen Kurs auf 53° und bleibt folglich allein, lediglich Sturmvögel (Möwen ähnlich) tauchen auf; sie kommen von den Azoren, sind daher tausend Meilen im Flug unterwegs. Man war jetzt sechs Tage an Bord, noch drei Tage lagen voraus. Beim Kapitän hatte man Interesse für die Besichtigung der Kommandobrücke angemeldet «weil wir Naturwissenschaftler sind.» Sie bekamen den Kreiselkompaß gezeigt. Außerdem wurde vorgeführt, wie durch einen Hebel im Falle des Eindringens von Wasser in einer Minute alle Schotten geschlossen werden können: «lauter Lämpchen leuchten auf und nach einer Minute ist das Schiff durch Eisentüren in lauter vertikale Abteilungen getrennt.» Die Länge des Schiffs ist zweihundertzwölf Meter. Am 13. Oktober 1934 schrieb Wachsmuth an seine Frau: «Gestern abend 1/2 9 Uhr kamen wir hier an, die Einfahrt in den Newyorker Hafen und den Hudson herauf bis zu den Piers von Manhattan war gerade bei Nacht einfach märchenhaft. Das Lichtermeer von den Wolkenkratzern, wenn man gerade aus der Finsternis des Atlantik herauskommt, hat etwas Unwirklich-Phantastisches… Ich bin sehr nett untergebracht in einem ganz modernen riesigen ‹Appartementhotel› (32. Stockwerke), wo Monges' jetzt dauernd eine Wohnung haben.»[60] Abends fand ein erster öffentlicher Vortrag statt im mittleren Saal der Carnegie Hall vor fünfhundert Leuten: «Geistige Schulung als Aufgabe unserer Zeit». Es war die erste öffentliche Veranstaltung dieser Art hier am Ort. Die Anthroposophen waren sehr zufrieden.

Am 16. Oktober teilt er «in Ergänzung meines Briefes nur noch schnell die Nachricht mit, daß ich hier noch eine Einladung nach *Californien* erhielt, gehe also von Chicago noch nach San Francisco und Los Angeles an die Pazifische Küste. Ist das nicht großartig!»[61] Die Vortragsreise der drei Redner war von einem Organisationskomitee der Amerikanischen Landesgesellschaft veranstaltet und, dank der Hilfsbereitschaft aller Zweige, aufs beste vorbereitet. Dem Komitee in New York gehörten unter anderem an: Der Generalsekretär Mr. Monges, ferner ein Mr. Courtney, der die Organisation so glänzend führte, daß Wachsmuth sich als Kenner der Materie glaubte besonders bedanken zu müssen. Unter den übrigen ist Mr. Hale besonders erwähnenswert, weil er aus seinen eigenen Mitteln die ganze Unternehmung finanzierte. «Es war ja keine leichte Aufgabe, über 120 Vorträge in über den ganzen Kontinent verstreuten Städten zu veranstalten.» Die folgenden Vorträge von Guenther Wachsmuth fanden statt in Pittsburgh/Pennsylvania, in Cincinnati/Ohio, in Indianapolis/Indiana und als nächste Etappe folgte Chicago, wo es eine aufmerksame Zuhörerschaft von etwa dreihundert Teilnehmern gab. Nördlich von Chicago liegt am Michigan See Milwaukee, das sich durch seinen hohen Anteil deutschstämmiger Bevölkerung hervorhebt. Dort fanden die dann folgenden Vorträge statt, und zwar neben den öffentlichen auch Mitgliedervorträge. In Chicago trafen die drei Redner noch einmal zusammen und besuchten die Weltausstellung, wo vor allem von Baravalle von der physikalischen Abteilung im Wissenschaftsgebäude begeistert war. Außer den Vorträgen spielten in Amerika die Ansprachen an kleinere, besonders geladene Gruppen in Privathäusern eine besondere Rolle. In Chicago veranstaltete Mrs. Carpenter in ihrem prächtigen Haus an der Seeuferstraße des Michigansees solche Zusammenkünfte. Chicago Daily News vom 25. Oktober 1934 berichtete:

«Drei distinguierte Gäste aus der Schweiz nahmen an einem sehr auserwählten Dinner am Samstag abend in Chicago teil, das Mr. und Mrs. John Alden Carpenter in ihrem Hause am Lake Shore Drive veranstalten. Die Ehrengäste sind auswärtige Wissenschaftler und Erzieher, die Amerika bereisen, um über ihre Lehren vorzutragen, welche sie an ihrer Hochschule in Dornach pflegen. Glenn Frank, der Präsident der Wisconsin-Universität, kommt von Madison herüber, um an dieser Besprechung teilzunehmen. Mr. Robert Hutchins, der Präsident der Universität von Chicago, und Gattin, sowie Thornton Wilder sind unter den Gästen. Mr. Wilder kam bereits in Taos mit Persönlichkeiten in Berührung, die ihn für diese ‹Dornach-Bewegung› interessierten, welche durch die drei Herren repräsentiert wird. Ihre Ideen und Experimente beziehen sich auf alle Lebensgebiete, von der Erziehung bis zum Pflanzenwachstum. Sie werden später auch an verschiedenen Universitäten Vorträge halten.»[62]

Die Weiterreise im Anschluß an die Vorträge in Chicago und Milwaukee nach Californien hat eine exakte Beziehung zum zweiten Band des Buches über die Ätherischen Bildekräfte, der 1927 erschienen ist. In diesem Bande «Die Ätherische Welt in Wissenschaft, Kunst und Religion» wird das Äther-Spektrum der Erdoberfläche dargestellt: «Lichtäther vorwiegend im Asiatischen Gebiet. Chemischer Äther in Westeuropa und dem Atlantik, nun an der Ostküste Amerikas Chemischer Äther übergehend in ein Lebensäthergebiet, das sich im Westen des Kontinentes staut und in Californien übergeht in die Wärmeäthersphäre des Pazifikums. Auf dem amerikanischen Kontinent ist das Lebensätherische als Bildekraft noch vorwiegend *frei* tätig im Mittelwesten, daher die Frucht-

Weltaustellung Chicago 1934

Die drei Redner am Hudson River. V.l.n.r.:
H. v. Baravalle, G. Wachsmuth, E. Pfeiffer.

Thornton Wilder, *17.4.1897,
†7.12.1975

barkeit dieser Getreidekammern in den Ebenen des Mississippi-Missouri. Dann die *Stauung* des Lebensätherischen an seiner Westgrenze zwischen Rocky Mountains und Sierra Nevada, es wirkt dort in seiner anderen Eigenschaft als ‹Erdenkraft›, mineralisierend, konzentrierend, salzbildend. Jenseits der Sierra Nevada plötzlich der Wärmeäther als vegetativ treibende Kraft.»[63]

«Man besteigt einen Eisenbahnzug, in dem man auf Hin- und Rückreise mehrere Tage und Nächte wohnt. Am Aussichtswagen vorbei rollt sich nun die Landschaft ab als Illustration dieser Erdenkräfte. In den Staaten Illinois, Iowa, südlich anschließend Missouri, Kansas, das ‹freie› Lebensätherische in den fruchtbaren Ebenen des Mittelwestens. Dann auf der nördlichen Overland-Route in Nebraska der Übergang in weite Prärien und Steppen-Gebiete, die Vegetation wird spärlicher, schließlich hinein in die Stauung der Rocky Mountains, die der Zug in ca. 2600 m Höhe überklettert und nun zwischen Rocky Mountains und Sierra Nevada das Erlebnis des *Salz-Sees* (der Zug fährt auf der längsten Holzbrücke der Welt ca. 1 Stunde mitten durch den Salzsee), hier die konzentrierende, mineralisierende, salzbildende Kraft des gestauten, gebundenen Lebensätherischen. – An den Brückenpfeilern und auf weiten Flächen des See-Ufers weiße Salzkrusten. Schließlich durch das Sierra-Nevada-Gebirge, und nun ganz plötzlich in der zauberhaften, tropischen Landschaft Californiens. Ein Stück lebendiger Äther-Geographie.»[64]

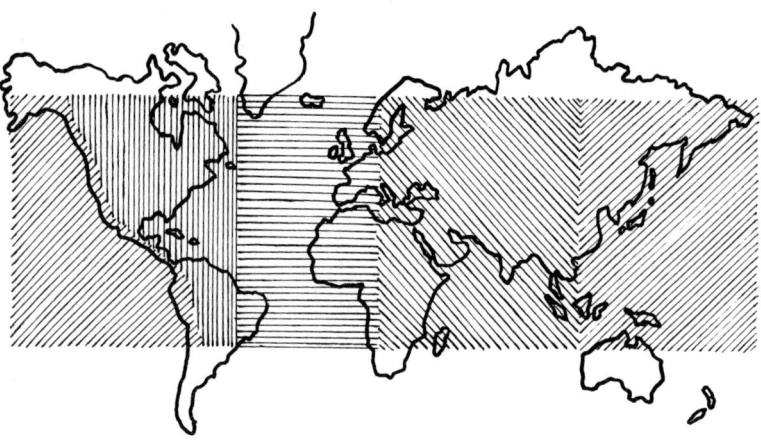

29. Oktober 1934: Wachsmuth sitzt im Aussichtswagen des Overland-Express, er geht in den Friseurwagen, hier bedienen Neger in weißen Röcken und Negerinnen für die Damen. «Der Friseur berichtet von einer deutlichen Stimmung in der Bevölkerung gegen Frankreich; Sachen aus Paris zum Beispiel könne man gegenwärtig gar nicht kaufen oder gar tragen; dies alles wegen nicht bezahlter Kriegsschuld. – Die Hinfahrt führt durch zehn Bundesstaaten: Illinois, Iowa, Missouri, Kansas, Nebraska, Colorado, Wyoming, Utah, Nevada, California. Die Rückfahrt benutzt eine südlichere Route und führt über Arizona. Es ist noch so warm jetzt, daß man herrlich ohne Mantel auf offener Plattform im Freien sitzen kann. Hinter einem rast ein dünner eingleisiger Schienenstrang weg. Sonnenuntergang, kristallklare Luft, blaugrüne Steppe eingerahmt von leuchtenden violettroten Gebirgen mit weißen Schneekuppen. Anfänge der Sierra Nevada. Erschütternd schön, nicht zu beschreiben.»[65]

3. November 1934: «Wieder im Zug (Santa Fe–Grand Canyon). Die Reise wird 6 Tage und 5 Nächte dauern. Californien *war märchenhaft schön*. Zunächst der Norden vor San Francisco: berühmte Wälder mit 2000jährigen Bäumen, feuchte Hitze – wuchernde Vegetation. Abends Vortrag im großen Studentenheim der Universität; gutes Publikum. Dann im Schlafwagen nach Santa Barbara – einer der berühmtest schönen Orte der Erde, Villen, zauberhafte Gärten, Riesenpalmen, tropische Zedern, Akazien, ein irdisches Paradies. Abends öffentlicher Vortrag vor 180 Leuten. Dann Reise in das benachbarte Los Angeles. Dort öffentlicher Vortrag – der erste am Ort – 240 Zuhörer, Mitglieder begeistert.»[66]

5. November 1934: «Gestern ganztägig im Auto. Der Zug hält 14 Stunden, daß man mit dem Auto zum Grand Canyon kann. Dies wird als das größte Naturwunder Amerikas, einer der seltsamsten und gewaltigsten Punkte der Erde bezeichnet; und *das ist es wirklich*. Unten Granit stahlblau, darüber knallroter Stein, darüber hellgelber Sandstein. Von 3000 m Höhe direkter Absturz von 2300 m in die Tiefe, dort fließt der Coloradofluß. Die Alpen wirken klein gegenüber diesen Felsenmassen.

Bei der Rückkehr zur Bahn dort auf offenem Bahnsteig zahme Rehe, die man streicheln und füttern kann.»[67]

Nach einem Kurzstop in Chicago kam dann Boston, das man vom Hause von Mr. und Mrs. Roger D. Hale stets gut erreichen konnte. Roger Hale war ja der Financier der ganzen Reise. «Hier in Boston konnten wir

Santa Barbara in Californien

Lake Shore Drive Chicago

120

durch öffentliche Vorträge den von Mr. und Mrs. Hale geschaffenen prächtigen neuen Zweigraum eröffnen, dem ein Leseraum und eine Bücherstube angeschlossen sind, somit ein Arbeitszentrum, belebt durch wöchentliche Vorträge von Mr. Hale und Mitgliederabende. Wir konnten dort auch Vorträge halten an der Harvard-Universität und einen (über Rhythmen) vor ca. 200 Studenten des Musik-Konservatoriums.»

In einem weiteren Brief vom 28. November 1934 aus New York berichtet Wachsmuth über einen Vortrag in der Carnegie Hall vor vierhundertfünfzig Zuhörern; gebildetes Publikum, das großen Beifall spendete. An diesen sollten sich noch mehrere anschließen mit jeweils fünfhundert Besuchern, ferner Vorträge vor der Anthroposophischen Gesellschaft in deren Raum am Central Park, ferner ein Vortrag mit Diskussion in der St. Marks Group und auch der einzige Vortrag in deutscher Sprache über Goethe vor einem Kreis von Interessenten unter Leitung von Dr. Streicher. Die experimentelle Arbeit von Ehrenfried Pfeiffers Laboratorium fand in weiten Kreisen eine sehr intensive und positive Aufnahme, so auch seine zahlreichen landwirtschaftlichen Vorträge. Hermann von Baravalle sprach mit starkem Erfolg vor einem großen Lehrer-Kongreß, an vielen Schulen, in pädagogischen und mathematischen Vereinigungen. Guenther Wachsmuth berichtet ferner darüber, daß er mit großer Freude nun auch die Rudolf Steiner Schule in New York besuchen konnte, «wo ich dem Unterricht in allen Klassen beiwohnen durfte.»[68]

Am 2. Dezember 1934 schreibt er, er habe mit Ehrenfried Pfeiffer die Niagara-Fälle besichtigt. Weiter fuhr man über kanadisches Gebiet nach Detroit zu den Ford-Werken. Henry Ford selbst war verreist, aber sein Generalsekretär führte die Gäste und hatte mit ihnen ein dreistündiges Gespräch; anschließend wurden Wachsmuth und Pfeiffer mit einem großen Lincoln-Auto durch den ganzen Betrieb gefahren. Damals wurden pro Tag 6000–8000 Autos am Tag gefertigt bei einer Gesamtbelegschaft von 47 000 Arbeitern.[69]

Henry B. Monges berichtet dann: «Gestern, den 12. Dezember, um Mitternacht, gerade zwei Monate nach ihrer Ankunft, verabschiedeten sich von uns drei müde aber glückliche Gäste aus Dornach und bestiegen zur Heimfahrt den Hamburg-Amerika-Dampfer ‹New York›. Es war ein glückliches und befriedigendes Ende des lang ersehnten und lang erhofften Besuches dieser drei Freunde … Das große Ereignis für die Anthro-

G. Wachsmuth am Rande des Grand Canyon.

Die Grand-Canyon-Brücke über den Colorado bei Marble Canyon, Arizona.

Das Haus von Mr. und Mrs. Hale in Boston

Mr. und Mrs. Hale mit
G. Wachsmuth

Mr. Hale (rechts außen) mit den drei
Rednern

posophie hat stattgefunden... Jetzt empfinden wir eine physische Leere in unseren Heimstätten – der liebe Gast ist abgereist – aber seine geistige Gegenwart bleibt, und in unserem Herzen lebt eine Wärme, die früher nicht da war.»[70]

Die Schiffsrückfahrt war unerwartet ereignisreich. Es gab – nach ruhiger Anfahrt im Golfstrom – einen «meteorologisch interessanten» Barometer-Sturz von 758 mm auf 715 mm, dann einen Orkan mit Windstärke elf, ferner bis zu dreißig Meter hohe Wellen. «Eiserne Platten über den Kabinenfenstern; fliegende Möbel. Zwei Nächte am Bett festgeklammert. Der norwegische Dampfer ‹Sisto› ruft S.O.S.» Das Rettungsboot der New York läuft nachts mit elf Mann Besatzung aus und rettet die gesamte Mannschaft der Sisto. Über das Ereignis wird in der deutschen Presse am 3. Januar 1935 berichtet.

Noch ruhige Fahrt im Golfstrom

Das Barometer sinkt von 758 mm

... auf 715 mm Hg

124

7. Kapitel
Der Schatzmeister

Als Quelle über Guenther Wachsmuths Schatzmeistertätigkeit stehen die jährlichen Finanzberichte aus dem Nachrichtenblatt zur Verfügung, die im folgenden herangezogen werden, um die Probleme zu skizzieren, mit denen Wachsmuth konfrontiert war.

1929

«17 000 fremde Besucher bringen eine Reineinnahme von SFr. 5000,– an Eintrittsgeldern. Gesamtdurchschnitt durch die Gesellschafts-Mitgliedsbeiträge aller Länder: nur 48 % aller Mitglieder haben ihren Beitrag an die Gesellschaft bezahlt.

Eine Weltbewegung wie die unsere kann nicht auf die Dauer einen unfertigen Bau so stehen lassen wie er jetzt ist. Bibliothek und Archivleseräume sind benützungsfähig, wenn auch noch nicht künstlerisch vollendet ausgebaut. Das südliche Treppenhaus befindet sich im Ausbau.

Immer wieder wird gefragt, ob und wann die AAG ihren Bau auch innen fertigstellen werde. Der Große Saal verlangt zu diesem Zwecke 3/4 Jahr Sperre. Das geht jetzt nicht wegen der Goethejahr-Vorbereitung!

Weitere Desiderate:

Anschaffung einer Orgel,

technische Vervollkommnung des Bühnenbetriebes,

Anstellung eines weiteren Dozentenkreises, daß mehr Öffentlichkeitsarbeit möglich wird.[71]

Dem eigentlichen Bericht ist ein sehr ernster Brief vom 13. Febr. 1931 vorangestellt. Er richtet sich auffälligerweise «An die verehrten Mitglieder des Vorstandes!»

Die Situation ist dadurch gekennzeichnet, daß sehr große Summen, die bisher dem Goetheanum jährlich zur Verfügung standen, durch die großen Verluste mancher Mitglieder in den bekannten Finanzmiseren bis auf weiteres dem Goetheanum nicht mehr zur Verfügung gestellt werden können.

Weiterhin ist festzuhalten, daß durch die allgemeine katastrophale Wirtschaftslage in Europa augenblicklich die Spendeneingänge, ja sogar die Eingänge der regelmäßigen Jahresbeiträge infolge der Wirtschaftsnot ständig zurückgehen. Schon dadurch kommt das zum Ausdruck, daß von den fest versprochenen Beiträgen des letzten Jahres ca. 30–40 000 Franken bis jetzt noch nicht eingegangen sind und deshalb jetzt als dubios betrachtet werden müssen.

Es ist mit einem Minderertrag von 130 bis 150 000 Franken zu rechnen.

«An die verehrten Vorstandsmitglieder habe ich nun zur konsequenten Durchführung der vorgeschlagenen Maßnahmen die folgenden Bitten:

Erstens, keinerlei Neuanstellungen irgendwelcher Persönlichkeiten bis auf weiteres vorzunehmen oder vorzuschlagen, d.h. freundlichst alles vermeiden zu wollen, was den Gesamtetat des Goetheanum irgendwie vermehren würde, und jede praktische Möglichkeit zu ergreifen, wo dieser Etat herabgesetzt werden kann...

Zweitens mit aller Energie dafür zu sorgen, daß in Zukunft alle aus der Gesellschaft verfügbaren Mittel dem Goetheanum zufließen und nicht in andere Betriebe, Spezialfonds, Neugründungen hier und auswärts hineinfließen. Die Vorstandsmitglieder können auf Grund der Verantwortung für das Goetheanum nur auf das dringendste gebeten werden *von allen irgendwelchen Neugründungen hier und anderwärts abzuraten*, wo immer solche Pläne auftauchen, und zwar bei allen irgendwelchen Betrieben, Schulen, Instituten etc....

Jede Zersplitterung der Kräfte in Einzelunternehmungen wird mit der

Vernichtung der Zentrale auch die Zerstörung der auswärtigen Institutionen mit sich bringen.

Zusammenfassend sei nochmals betont: Die Goetheanumverwaltung selbst ist, wie sich aus den Tatsachen zeigt, gesund... Krank ist die allgemeine Wirtschaftslage, krank auch, wie wir wissen, manches Wirtschaftsgebaren in der Gesellschaft. Deshalb möchten wir an jedes Vorstandsmitglied die Bitte richten, über die bloße Kenntnisnahme dieser obigen Darlegung hinaus alles zu tun, um uns in der leider notwendigen Einschränkung des Betriebes und den erforderlichen Sparmaßnahmen zu unterstützen, das Prinzip der Neugründungen und auswärtigen Institutionen einer konsequenten Umgestaltung und Einschränkung zu unterziehen, durch jeden einzelnen die Sammeltätigkeit auf das Goetheanum zu konzentrieren und aktiv mitzuhelfen, wo auch immer dies möglich ist, diese zu unterstützen und zu steigern, *damit wir wenigstens das Goetheanum über die wirtschaftliche Sintflut der nächsten Zeit erhalten und bewahren können.*»[72]

Indem man über die auffällige Anrede dieses Schreibens nachdenkt und die ganzen beschriebenen Umstände aus diesem Brief bedenkt und dazu noch den Zeitpunkt seiner Abfassung ins Auge faßt, kann man nicht anders als an Ita Wegman als eigentliche Hauptadressatin zu denken. Sie war damals in Sachen der Einsinger Knopffabrik engagiert, weil hier Dr. Rudolf Maier am Villardschen Versuch arbeitete. Bei diesen Arbeiten kam es auf sehr hohe Stromstärken an, was außerordentliche Kosten verursachte. Wäre allgemein bekanntgeworden, wie hoch Rudolf Steiner, der ja Dr. Rudolf Maier in Einsingen bei Ulm deswegen besucht hatte, diese Versuche beurteilte[73], wären auch Ita Wegmans Bemühungen um die Knopffabrik Einsingen möglicherweise in einem anderen Lichte erschienen. Es steht aber fest, daß Guenther Wachsmuths Abwendung von Ita Wegman den einen Grund hatte, daß hier bei ihr der Entstehungsgrund von Nebentendenzen vermutet wurde.

1931

Der Rückgang der Gesamteinnahmen um 86000,– SFr. hatte auch ein erfreuliches; es zeigte sich nämlich, daß 1931 ein Probejahr war. «Der unglückliche Schatzmeister bekam Ende 1930, Anfang 1931 einen Brief nach dem anderen, daß solche frühere Spender großer Summen zu ihrem größten Schmerz diese Summen wegen der Wirtschaftskatastrophen im Jahre 1931 leider nicht mehr ermöglichen könnten. Die Budgetierung mußte also ganz plötzlich auf die Klein-Sammlungen ein- und umgestellt werden. Wie schön dies gelungen ist… zeigen folgende Daten: von den Gesamteinnahmen des Vorjahres 1930 in Höhe von Fr. 552 000,– entfielen ca. Fr. 200 000,– auf große Spenden einzelner. Diese kamen nun meist plötzlich in Wegfall. Daß trotzdem nur ein… Ausfall von nur SFr. 86 000,– eintrat, zeigt, daß also rund Fr. 120 000,– durch Steigerung der Kleinsammlungen wieder eingebracht worden sind. Und das ist neben dem Erschreckenden das Erfreuliche: *Das Goetheanum und seine Wirksamkeit ist im Jahre 1931 von viel mehr Schultern getragen worden als vorher.*»[74]

Dies ist die Zeit, in der Albert Steffen in sein Tagebuch schreibt: «Die landwirtschaftliche Tagung beginnt. Dr. Wachsmuth, der sehr gealtert aussieht, eröffnet sie.»

1933

Obwohl die großen Spenden weiter rückläufige Tendenz aufweisen, ist die Umorganisation auf Kleinsammlungen im vollen Gange. «Die im letzten Jahr eingeführten Sammelbüchsen und manche andere Maßnahmen haben es immer mehr und mehr Mitgliedern möglich gemacht, etwas zur Weiterführung des Goetheanum beitragen zu können.

Die Einnahmen aus Mitgliedsbeiträgen der Gesellschaft stellten sich im vergangenen Jahre auf SFr. 102 862,34. Wenn der von Rudolf Steiner festgesetzte Mitgliedsbeitrag von allen Mitgliedern voll bezahlt würde, so müßte sich eigentlich hier ein Betrag von ca. Fr. 270 000,– ergeben.»[75]

Im übrigen ist aber in diesem Jahr 1933 die Welt noch in Ordnung: Die Tagungen werden von bis zu tausend Teilnehmern besucht. Und die Zahl der im übrigen Jahreslauf nach Dornach kommenden Besucher hat sich in den letzten Jahren stark vermehrt.

Auch außerhalb wird das Goetheanum bemerkbar. Im Februar 1934 wird in Berlin noch eine große Goetheanum-Tagung stattfinden. Tausend Teilnehmer wird sie haben, und Wachsmuth wird den Eröffnungsvortrag halten.

1935–1942

Das Jahr 1935 erbringt – durch das Verbot der Anthroposophischen Gesellschaft in Deutschland – einen erheblichen Einnahmenrückgang. Hatte das Jahr 1934 noch Gesamteinnahmen von SFr. 425 820,83 ergeben, so sind es jetzt in 1935 nur mehr SFr. 379 782,27. Auch die Wochenschrift «Das Goetheanum» wurde verboten.

Ein vollkommener Ausfall der deutschen Beiträge wird vermutlich einen Fehlbetrag von 110 000,– ergeben. Davon würde die Goetheanum-Verwaltung SFr. 40 000,– einsparen können (bei schon im Verlauf der letzten Krisenzeit um 7 % gesenkten Gehältern und Löhnen), und so hofft man, daß die Mitgliedschaft außerhalb Deutschlands SFr. 70 000,– spenden könnte.

Da die Briefe Wachsmuths nunmehr eine große Pause aufweisen, sei es erlaubt, die wenigen vorhandenen einstreuend zu referieren. Zunächst ist da einer vom November 1935: Gertrud Wachsmuth befindet sich auf einer Tournee mit Marie Steiner in Berlin, und so schreibt Wachsmuth ihr nach Berlin. – Schon aus dem Tagebuch von Albert Steffen entnehmen wir unter dem 20. Oktober 1935: «Frau von Nagy telephoniert, daß Dr. Wachsmuth in Belgrad einen erneuten Anfall von seiner Nierenkrankheit hatte und seinen Vortrag [vom 21. Oktober in Budapest] nicht halten kann. Ich müßte einspringen.»

Im November schreibt Wachsmuth nun selbst an seine Frau: «Im allgemeinen gehts mir sehr gut, nur immer noch sehr leicht schlapp nach ein bißchen Arbeit. Dr. Jenny war am Sonntag wieder bei mir, hat mich sehr gründlich behorcht und beklopft und dann zunächst mal das folgende angeraten:

1. 3 x 10 Tropfen täglich Belladonna D5
2. 3 x tägl. 1 kleine Messerspitze voll Antimonspiegel D6
3. Kupfersalbe (wie auch Solti)
4. Montag, Mittwoch, Freitag 1 Injektion Quarz D8

5. Equisetum Tee etwas als Absud (macht Frau Hahn) ins Bad (2 x wöchentlich)

Er hat das begründet, das erzähle ich dann. Jedenfalls wirds jetzt mal probiert und dann mal weiter gesehen. Nächsten Sonntag kommt er wieder, ich finde, er macht das ganz vernünftig...

Frau Dr. erzählte mir gestern, daß sie sehr froh war, daß Du fahren konntest, denn der ‹Ersatz› wäre ganz unmöglich gewesen. Übrigens große Neuigkeit: Steffen nahm mich gestern schmunzelnd beiseite und sagte mir: er und Frau Stückgold hätten kürzlich in Budapest geheiratet. Nachher hat ers auch Frau Dr. erzählt. Ich hab ihm natürlich mächtig gratuliert und beiden heute (‹Herrn und Frau A. Steffen›) in Deinem und meinem Namen ein paar schöne Blumen geschickt. Ich hab mir ja schon gedacht, daß es so in aller Stille jetzt kommen würde und bin sehr froh darüber.»[76]

1936 ist im Nachrichtenblatt unter dem 28. Juni ein Bericht über eine «Vortragsreise in fünf Ländern Europas» abgedruckt. Diese Reise hatte zur ersten Station London, es folgten Ilkestone, Sheffield und Liverpool. In Ilkestone gab die regelmäßig durchgeführte anthroposophische Arbeit im Michael House die Grundlage für einen guten Besuch des öffentlichen Vortrags, dem ein Mitgliedervortrag folgte. Nächste Station war Sheffield. «Am Nachmittag folgte ich noch einer Einladung von Mr. Freeman, dessen Gruppe ich vor Jahren den Namen ‹Tintagel Group› geben durfte in Erinnerung an jenen großen Tag, wo wir 1924 mit Dr. Steiner an der Westküste Englands die Burg König Artus' besuchten und Dr. Steiner, für uns unvergeßlich, auf den Ruinen und Felsen der Küste stehend, aus der Geistesschau die Burg, die Tafelrunde und die seelischen Kämpfe der Artusritter uns schilderte.»

In Liverpool war zum allgemeinen Erstaunen der Saal mit vierhundert Besuchern gefüllt. In London wurden neben den Vorträgen viele rein organisatorische Dinge geregelt. Außerdem verschaffte Harry Collison Guenther Wachsmuth den Zutritt als Besucher zu einer Sitzung des englischen Parlaments. «Ich bin für diesen Besuch im englischen Parlament sehr dankbar, denn man kann das Erlebnis und das Lesen der Tagesberichte nun mit noch mehr Realität des Bildes ergänzen.»

Die nächste Station war Paris mit dem Besuch einer inzwischen entwickelten Pionierstation für biologisch-dynamische Landwirtschaft.

Dann ein geselliges Treffen mit vielen Freunden im Hause von M. und Mme Coroze. Von Paris ging es über Wien nach Prag. Herr Ehrenfried Pfeiffer hielt hier einige landwirtschaftliche Vorträge, besuchte teilweise gemeinsam mit Wachsmuth, teilweise allein, noch einige Gutsbetriebe in der Tschechoslowakei, die sich hoffentlich zu guten Versuchsbetrieben der biologisch-dynamischen Landwirtschaft ausbilden würden.

«Die nächste Etappe war Budapest, wo es beim öffentlichen Vortrag zweihundert Zuhörer gab. Außerdem fand ein Mitgliedervortrag mit Aussprache statt. Es gab ferner eine von Herrn Török gestaltete Fahrt in die Puszta: Nicht zu vergleichen mit dem Flächenerlebnis etwa im Westen und Mittelwesten Amerikas, sondern ein solches mit ‹ganz östlicher Prägung›, das anregt zu dem, was Rudolf Steiner das ‹Sinnieren› nannte; etwas Extensives, das – ein seltsamer Widerspuch – zum Verinnerlichen anregt, mit der Gefahr der Extreme des Schwermütigen oder explosiv Willenshaften.»

In Wien – dem Abschluß dieser Reise – stellte sich als erstes ein Reporter ein, der ein Interview für seine Zeitung erbat «und die ihm bereitwillig gemachten Angaben dann auch wohlwollend, wenn auch natürlich in Sprache und Kolorit seiner Zeitung übersetzt, in der Sonntags-Ausgabe veröffentlichte. Auch der öffentliche Vortrag in Wien brachte einen bis hinauf auf die Empore gefüllten Saal in dem für uns historischen Gebäude des Ingenieurvereins. Dort hat Rudolf Steiner manche seiner Vorträge, vor allem den Wiener Zyklus ‹Inneres Wesen des Menschen und Leben zwischen Tod und neuer Geburt› gehalten.»

Das Jahr 1936 stellte ja insofern ein vollkommenes Novum dar, als es das erste ganze Jahr war, in dem man gezwungen war, das Goetheanum ohne die früheren Eingänge aus Deutschland zu erhalten.[77]

Wenn man die Gesamtsituation betrachtet, so ergibt sich auf der Einnahmen-Seite für das Jahr 1935 SFr. 413 617,06 und für das folgende Jahr 1936 SFr. 369 616,90; das bedeutet einen Einnahmenausfall von SFr. 44 000,16. «Wir hatten die Mitglieder in unserem Bericht vom 22. März 1936 und im Zwischen-Bericht vom 20. September 1936 auf Grund der Total-Ausgaben-Schätzung um die Aufbringung des Betrages von insgesamt SFr. 442 000,– gebeten.» Die Gesamteinnahmen aller Abteilungen liegen bei SFr. 435 789,74, so daß gesagt werden kann, daß das Ziel erreicht wurde.

«Zusammenfassend kann also gesagt werden, daß die Allgemeine Anthroposophische Gesellschaft und der Goetheanum-Betrieb eine schwere Belastungs-Probe gesund überstanden haben» – trotz einem Einnahmen-Ausfall von SFr. 44 000,16.

Für das folgende Jahr 1937 ist vorab zu sagen, daß es eine stark erhöhte Tätigkeit des Goetheanum bis in viele neu erschlossene Kreise der Außenwelt hinein mit sich gebracht hat. Die Mitgliedsbeiträge sind im wesentlichen gleich geblieben. Dagegen sind die Spenden und Schenkungen leider um ein beträchtliches zurückgegangen. Dafür gibt es auch die Erklärung, «daß sich die Gesellschaft in der ersten Periode ihres Entstehens überwiegend aus Mitgliedern zusammensetzte, die meist noch ein gewisses Vermögen hatten und die auch aus früheren besseren Zeiten noch gewohnt waren, in larger Weise Schenkungen zu machen und diese auch von sich aus anzubieten.» Heute ist das Bild ein wesentlich anderes. «Der Gesellschaft sind inzwischen sehr viele jüngere Mitglieder beigetreten, die meistens nicht nur keine Mittel haben, sondern oft sogar auf Ermäßigungen angewiesen sind.»[78]

Sieht man auf die Gesamteinnahmen 1936 und 1937, so stellen sich die Ergebnisse wie folgt dar

	1936	1937	
Einnahmen:	369 616,–	365 080,21	ohne Tagungseinnahmen
	531 000,–	511 782,11	mit Tagungseinnahmen
Ausgaben:		584 936,82	
Ausfall:		73 154,71	

Das bedeutendste Gastspiel des Goetheanums bildeten die drei Aufführungen in Paris anläßlich der Weltausstellung im Théâtre des Champs Elysées. Ferner gab es Eurythmie-Gastspiele in London im ‹Twentieth Century Theatre›, neunmal in weiteren verschiedenen Städten Englands und außerdem in Den Haag, Straßburg, Colmar und Biel.

Trotzdem es nun anfing, für das Goetheanum schwierig zu werden in Europa, so durch den Ausfall Österreichs im März 1938, und der nach einer gewissen Latenzzeit einsetzenden Bedrohung der Tschechoslowakei, begannen die Leistungen des Goetheanum jetzt erst so richtig in Erscheinung zu treten. 1938 war das Jahr, in dem zum ersten Male Goethes Faust – Erster und Zweiter Teil – in Gesamtheit ohne Textstreichungen am Goetheanum aufgeführt wurde, 1939 – in den Wochen unmittelbar vor Kriegsbeginn, die Kanonen waren am elsässischen Rhein bereits offen aufgefahren – konnte diese Aufführung noch einmal wiederholt werden.

Im Tagebuch Albert Steffens ist unter dem 4./5. April 1938 verzeichnet: «Dr. Wachsmuth hatte wieder seine Nierenkolik. Frau Hahn wurde gerufen und war den Tag über dort.»

Auf der Rückseite einer Ansichtspostkarte, welche den Digwell Park bei der Welwyn Garden City mit Säulenaufbau geschmackvoll darstellt, heißt es:

«Die Pfingsttagung in umseitig abgebildetem Haus auf dem Lande ist nun vorbei und sehr schön und erfolgreich verlaufen. Es war glaube ich alles begeistert. Jetzt bin ich in London, wo es noch viele Verabredungen und am Sonntag noch einen öffentlichen Vortrag gibt. Dazwischen lese ich wie am Schnürl Korrekturen, die inzwischen eingetroffen sind. Gesundheitlich gehts ausgezeichnet…»

Die Einnahmen 1938 gingen laut Schatzmeisterbericht zurück auf SFr. 336 459,–, um 1939 wieder ein wenig anzusteigen auf SFr. 346 009,–.

Freilich enthält der Schatzmeisterbericht 1939 – abgedruckt im Nachrichtenblatt März 1940 – sehr ernst stimmende Töne: «Dieser bereits spürbare Rückgang der Tagungseinnahmen wird zweifellos erst im Jahre 1940 seine sehr bedenkliche Seite enthüllen… Wir versprechen Ihnen, daß wir die Arbeit unter allen Umständen weiterführen werden. Aber wir brauchen Ihre Hilfe jetzt besonders. Auf einige begreiflicherweise ängstliche Stimmen aus weiter Ferne möchten wir sagen, daß selbst für den höchst unwahrscheinlichen Fall, daß wir hier von der Kriegswelle berührt werden sollten, vom Vorstand alle Vorkehrungen getroffen sind, so daß die Fortführung der Gesellschaft und die bestmögliche Sicherung der Werte, auf die es ankommt, gewährleistet ist. Wenn wir wirklich einmal vorübergehend hier nicht verbleiben könnten, so würden wir sofort wo anders weiterarbeiten und Sie würden dies sofort erfahren. Aber wir hoffen, daß wir mit diesem schlimmsten Falle gar nicht zu rechnen brauchen, sondern bis in bessere Friedenszeiten ununterbrochen hier werden tätig sein können.»[79]

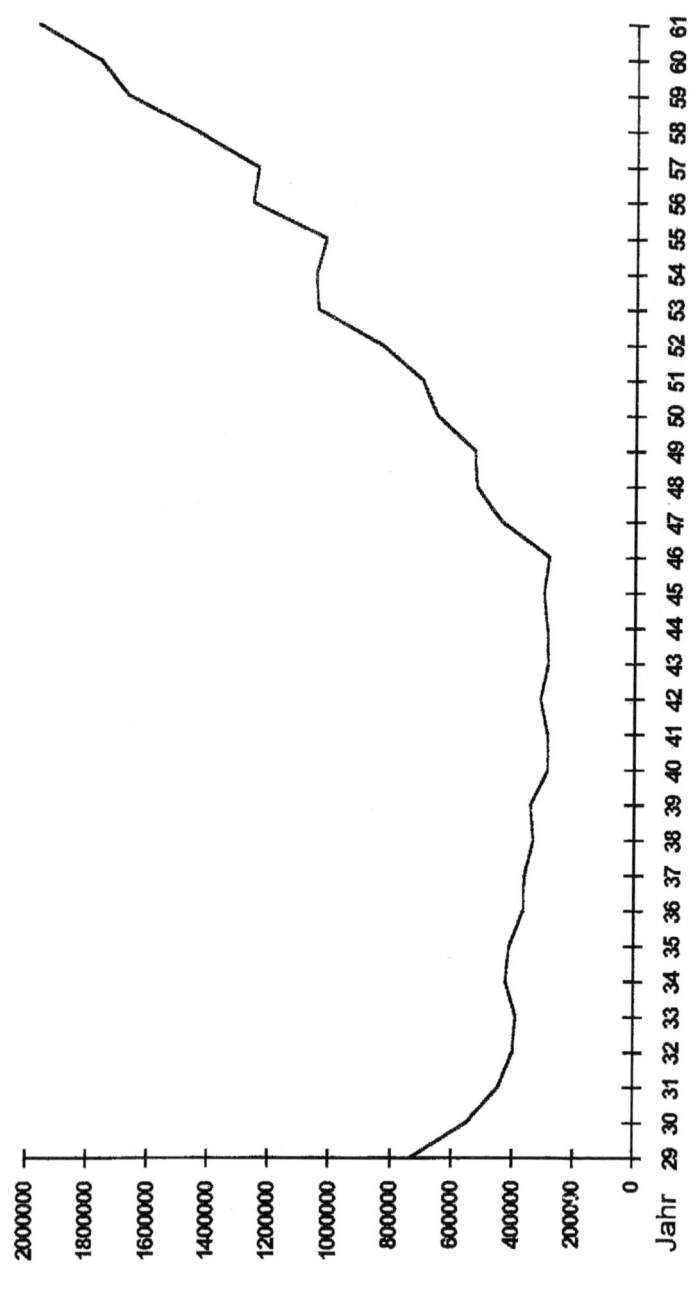

Einnahmen

2000000
1800000
1600000
1400000
1200000
1000000
800000
600000
400000
200000
0

Jahr 29 30 31 32 33 34 35 36 37 38 39 40 41 42 43 44 45 46 47 48 49 50 51 52 53 54 55 56 57 58 59 60 61

8. *Kapitel*
Kriegsbeginn. Auslagerung des Goetheanum.
Nachkriegszeit

Mit Kriegsausbruch September 1939 war es zum Entschluß des Vorstandes gekommen, die Arbeit bis auf weiteres in die Schreinerei-Räume zu verlegen.

«Die Herbst- und Weihnachtstagung zeigten, daß die Raumgröße des Bühnen- und Vortragssaales in der Schreinerei während der jetzigen Verhältnisse gerade die richtige ist, der große Saal des Baues wäre zu groß gewesen... Erleichtert und gefördert wurde die Arbeit durch die Atmosphäre starker und schönster Erinnerungen an das Wirken Rudolf Steiners in diesen Räumen.»[80]

Im Mai 1940 war das Goetheanum längst mit Einquartierung belegt; darauf bezieht sich der Tagebucheintrag Albert Steffens vom 30. Mai: «Ich hielt für die Soldaten einen Vortrag über Rudolf Steiners Leben und Werk. Außer ihnen war nur noch Dr. Wachsmuth da. Es waren meistens Berner. Hinterher wurden noch Fragen gestellt.»[81]

Wegen der Gefahr, daß deutsche Truppen auf Schweizer Gebiet vordringen könnten, wurde, vermutlich durch Offiziere der Schweizer Armee, die Anthroposophen waren, die Evakuierung des Goetheanum nahegelegt und in Angriff genommen. An verschiedene Orte der Innerschweiz und das in Simmental kamen zum Beispiel Rudolf Steiners Skizzen und andere Unterlagen; das Archiv Rudolf Steiners hatte Marie Steiner nach Beatenberg und Umgebung bringen lassen. Über diese Zeit führte der Autor ein Gespräch mit Jakob Streit, aus dem folgendes hervorgeht. Für die Goetheanum-Mitarbeiter wurde in Bönigen am Brienzer See das größte Hotel gemietet. In Bönigen war Jakob Streit zu dieser Zeit Lehrer. Da der Ort «keine Kirche» hatte und seine Bewohner «für alles Menschliche offen» waren, gab es «auch keine ideologischen Pro-

135

Hotel Seiler au Lac in Bönigen

Bönigen am Brienzer See, rechts das Hotel Seiler au Lac.

bleme… vielleicht bewunderte man sogar ein bißchen das Kostüm, das Gehabe der Anthroposophen, aber alles mit einem gewissen Humor».

Das in Bönigen gemietete «Seiler au Lac» hatte achtzig bis hundert Betten; zusätzlich mieteten einige der Dornacher, unter ihnen auch Wachsmuth, separate Wohnungen. Es waren nicht alle Mitarbeiter des Goetheanum in Bönigen; es war wohl darum gegangen, das Leben maßgeblicher Persönlichkeiten zu schützen, und den Fortgang der anthroposophischen Arbeit dadurch zu sichern. Albert Steffen ist anscheinend nur wenige Tage dort gewesen; außer Wachsmuth waren die Familien Lewerenz, Büchenbacher, Day dort, und ihre Kinder gingen zum Teil in Jakob Streits Schule. Es herrschte in Bönigen reges soziales, freundschaftliches Leben. In einem Studienkreis, der schon bestand und der «einfach jetzt erweitert» wurde, wurden anthroposophische Abende abgehalten.

Marie Steiner hielt sich in Beatenberg auf, das, in der Nähe von Interlaken gelegen, in einer aufgrund der Anwesenheit des Generals der Schweizer Armee verteidigungsbereiten Gegend lag. «Dort waren in einem großen Gartenhaus fast alle Manuskripte Rudolf Steiners eingelagert – auch in den Kellern.»

Viel früher, 1922, war Steiner selbst einmal in Bönigen gewesen, zur Zeit der Futurum-AG-Krise, um die dortige Stockfabrik zu besichtigen. Ein damaliger Mitarbeiter erhielt von Rudolf Steiner eine Skizze, «wie ein Stock- und Schirmgriff aussehen muß, daß er gut in der Hand liegt. Leider ist diese Skizze verloren.» Guenther Wachsmuth sandte, wie es seine Gewohnheit auch zu anderen Anlässen war, seiner Frau Grüße in Form von Versen. Diese sollen stellvertretend für unzählige andere hier erscheinen:

> «Im Bereich gezackter Berge
> Krabbeln wir als frohe Zwerge
> Statt daß nachts Kanone knallt
> Gibts Café in Iseltwald.
> Um den Krieg man sich nicht schiert,
> Sorgen sind evakuiert,
> Und das einzige, das uns quält,
> Ist Gertrud-Louise, die uns fehlt,
> Luftschutz, Hilfsdienst, Zivilisten,
> Schicken ganze Grüße-Kisten.
> (kein sehr guter Reim, aber nun!)»

Die Postkarte mit einer Abbildung des Hotels Seiler au Lac, war abgestempelt am 24. Juni 1940.

Durch die Eroberungen Deutschlands in Frankreich sank die Gefahr, daß die deutsche Armee in die Schweiz eindringen könnte. So blieben die Goetheanum-Mitarbeiter nur bis zum Herbst 1940 in Bönigen. Das Goetheanum blieb jedoch stillgelegt, zeitweise war es durch Militär belegt. «Jedenfalls ist bekannt, daß auf der Bühne Soldaten geschlafen haben.» In der Schreinerei war aber «ein ziemlich lebhaftes geistiges Leben»; unter anderem inszenierte Marie Steiner dort die Mysteriendramen. Auch fanden «mitten im Kriege pädagogische Wochen» statt.[82]

Anscheinend bereits in der Zeit abklingender Gefahr mag aus Amerika folgendes Papier bei Guenther Wachsmuth eingetroffen sein:

«Affidavit of Support – Eidesstattliche Zusicherung von Hilfsleistung. Bradley Stoughton, Bethlehem/Pennsylvania erklärt, daß es sein Wille und Wunsch ist, daß seine Freunde, deren Namen im folgenden aufgeführt sind und die gegenwärtig in Dornach, Kanton Solothurn in der Schweiz wohnen, in die Vereinigten Staaten kommen, um hier ihren ständigen Wohnsitz zu haben.

Dr. Guenther Wachsmuth, männlich, 4. Oktober 1893 geboren in Dresden (naturalisierter Schweizer), von Beruf Sekretär, als Freund und ohne Blutsverwandtschaft; Gertrud-Louise Wachsmuth, weiblich, 22. November 1893 geboren in Coban, Guatemala, Hausfrau, ohne Beruf.

Daß meine reguläre Beschäftigung: Professor der Metallurgie an der Lehigh Universität in Bethlehem/Pennsylvanien ist (zur Verifikation siehe ‹Who's Who in America›).

Beschworen vor mir
19. August 1940   Bradley Stoughton»
Unterschrift

Wir erwähnen dies und drucken es auszugsweise hier lediglich darum ab, um die Umsichtigkeit und den vorausschauenden Realitätssinn Guenther Wachsmuths zu dokumentieren, um die Effizienz seiner Unternehmensansätze zu kennzeichnen. Denn gesetzt den Fall, die Schweiz wäre – ganz oder teilweise – in Hitlers Hand gefallen, so wären die Reste der Gesellschaft doch wohl am besten von Amerika aus dirigiert worden.

1942–1949

Das Schlimmste war vermieden, der deutsche Durchmarsch im Birstal fand nicht statt, da die Maginotlinie am nördlichen Ende umgangen worden war. So waren alle Abmachungen zwischen französischen und schweizerischen Stellen, die am äußersten Rande der Legalität (Neutralität!) getroffen worden waren, hinfällig, und man konnte sich in der Heimat wieder einrichten.

Was echte Schwierigkeiten und viel Kummer bereitete, waren die Geldverhältnisse: einerseits eine Teuerung um zehn bis zwanzig Prozent und mehr, aber «am Goetheanum gab es für niemanden eine Angleichung der ohnehin schon zu geringen Bezüge an die erhöhten Ausgaben, wie dies anderwärts geschah, sondern im Gegenteil, trotz höherer Steuern, Lohnausgleichsgebühren, steigenden Lebenskosten, ein auf dem Tiefpunkt bleibendes Existenz-Minimum und dazu noch manches Ausbleiben letzter Einnahmenreste durch Stundengeben usw. Denn auch das hat der Krieg unterbunden. Wer da hineinschaut, kann nur von Herzen dankbar sein, daß dies trotzdem durchgehalten wurde.» Aber die schlimmste Tatsache war doch der Eintritt der USA in den Krieg mit Dezember 1941. Von daher waren zuletzt noch 37 % der Gesamteinnahmen von 289 774,32 gekommen. 43 % kamen aus der Schweiz, 37 % aus Amerika, die restlichen 20 % tröpfchenweise noch aus anderen Ländern. Fragen wir uns: Können wir 1942 wieder damit rechnen? Es steht zunächst die katastrophale Tatsache da, daß mit den ca. 37 % des Gesamtetats die aus Amerika kamen, kaum mehr zu rechnen sein wird. Seit dem Eintritt Amerikas in den Krieg Ende 1941 sind auch da die Schranken hermetisch geschlossen worden. «Es fehlt uns das, was bisher aus Amerika kam, ca. 106 000 Franken.»[83]

Auf Grund dieses Hinweises wurden im folgenden Jahre dann 110 600 Franken gespendet. Damit wurde das Durchtragen des Goetheanum im Jahre 1942 tatsächlich ermöglicht.

In den Tagebüchern von Albert Steffen liest man unter dem 27. Dezember 1940: «Mit Herrn und Frau Dr. Wachsmuth, Herrn und Frau Lewerenz nach Basel gefahren (bevor das Auto endgültig eingestellt wird), und Lebensmittel gekauft. Die Stadt im Schnee.»

Unter dem 19. Mai 1941: «Am Nachmittag fahre ich nach Basel um

Lebensmittel zu holen. Ich treffe Dr. Wachsmuth, der zu seiner Frau ins Krankenhaus geht, wo sie von einer Gallensteinoperation genest. Sie liest das Merkbuch. Wenige (zwei) Tage nach der Operation läutet sie schon mit kräftiger Stimme an.»

Unter dem 1. Januar 1942: «Auch Dr. Wachsmuth ist viel schwächer geworden. Es ist, als ob er seine Kräfte in sein Buch ‹Die Geburt der Geisteswissenschaft› gegeben hätte. Er konnte fast die ganze Tagung nicht oben sein. Fünfundzwanzig Pfund hat er abgenommen.»

Und am 20. April 1942 hält Albert Steffen fest: «Dr. Wachsmuth besuchte mich, vom Laboratorium kommend, wo er die meteorologischen Verhältnisse und Beziehungen zum Menschen mittels neuer Apparate studiert.»

Schließlich unter dem 25. Dezember 1942 heißt es: «Am Abend hielt Dr. Wachsmuth seinen Vortrag über den Lebensbaum, den er in die Region des Klang- und Lebensäthers versetzte, jenseits der anderen Äthersphären um die Erde, Licht und Wärmeäther, welche noch im Bezirk der Unruhe, der Meteorologie, der Gewitter stehen, der 23 400 m bis zu denen ein Menschenwesen hinaufgelangt, der Stratosphäre etc. Von diesem Lebensbaum darf der Mensch nicht zehren, sagt die Bibel. Dort ist das Jenseits der Stürme, der Verwandlungen.»

Nun weiter zur Finanzlage. Die Gesamteinnahmen des Goetheanum und der Allgemeinen Anthroposophischen Gesellschaft 1942 betrugen 313 801 Franken; davon kamen 71 % aus der Schweiz, der Anteil Amerikas ist von 37 % auf 16 % zurückgegangen. «Durch unablässige und oft recht komplizierte Verhandlungen mit den zuständigen Behörden und durch hilfsbereite Unterstützung dieser Gesuche durch befreundete Kreise im letzten Jahre gelang es, doch noch einen, wenn auch wesentlich verkleinerten Betrag durch die sich schließenden Clearing-Pforten hereinzubekommen.» Freilich: «Während sonst überall Lohnerhöhung und Lohnanpassung an die Teuerung gewährt wurde, hat es so etwas am Goetheanum auch im letzten Jahr nicht gegeben.»[84] 1943 betrugen die Gesamteinnahmen 287 708,36 Franken, sie zeigen also einen Rückgang um 26 000,–. Die Schweiz trug hiervon 68 %, Amerika immerhin noch 10 %.[85]

Schauen wir schließlich auf das Kriegsende hin, auf die Ergebnisse des Jahres 1945: Betrugen 1944 die Einnahmen 292 456,44, so stiegen sie in 1945 auf 303 768,52. Erstmals sind neben Eingängen aus Amerika auch begrenzte Beiträge aus England, Schottland, Schweden und Dänemark gekommen, einzelne Beiträge trafen ein von Freunden aus Neuseeland, Australien, Kanada, Holland, Brasilien, Argentinien und Südafrika.

«Machen wir uns rückblickend noch einmal ganz bewußt, was es bedeuten würde, wenn jene zeitweise so sehr kleine Zahl von Helfern nicht bis zum Letzten ausgehalten hätte. Das Goetheanum wäre heute geschlossen, die Mitarbeiter der Hochschule, Wissenschaftler und Künstler, wären in alle Welt zerstreut und wohl vielfach nicht mehr am Leben oder erreichbar. Der Wiederaufbau der Arbeit wäre dadurch heute unmöglich. So aber wurde das Werk, das Rudolf Steiner mit dem Goetheanum schuf, gerettet.»[86]

«Im Juli dieses Jahres (1946) konnte die erste Tagung nach den Kriegsjahren wieder im Goetheanum stattfinden... Es sei in diesem Bericht nur auch erwähnt, daß die schon in Friedenszeiten dem Lebensstandard der Umwelt gegenüber viel zu geringen Beihilfen, die möglich waren, während all der Jahre – bei einer Teuerung aller Lebenskosten auf ca. 200% – trotzdem bei uns niemals heraufgesetzt, sondern eingeschränkt wurden.»[87]

Das einzige, das künstlerisch-architektonisch während der Kriegsjahre fertiggestellt wurde, war das rote Glasfenster, das durch Assja Turgenieff verwirklicht werden konnte.

Im Tagebuch von Albert Steffen ist unter dem 5. März 1943 der Hinweis vermerkt: «Morgens 10 Uhr holen Dr. Wachsmuth und seine Frau Elisabeth und mich ab, um Frau Dr. Wegman [nach deren Tod] den letzten Besuch zu machen.»

Viel später, unter dem 25. Dezember 1944, ist zu lesen: «Am Abend sprach Dr. Wachsmuth in seinem Vortrag über die Bildekräfte den bedeutsamen Gedanken aus, daß die kosmische Entwicklung von der Konzentration der geistig-göttlichen Wesenheiten ausgeht, ebenso wie als Abbild davon die menschliche Entwicklung von den Konzentrations-Übungen. Es wäre merkwürdig, wenn jemand eine Symphonie komponieren wollte, ohne daß er die Musikgesetze gelernt hätte. Und ebenso kann man die Dichtung, welche die geistige Welt miteinbezieht, nicht schaffen, ohne den Weg zu gehen, der sie offenbar macht, und sich das Instrument zu bilden, um sie darzustellen.»[88]

Im Sommer 1943 wurde der Nachlaßverein begründet. Die Reaktion Wachsmuths hierauf war zunächst derart, daß er eine Entscheidung nicht sogleich fällte. Erst als man ihn drängte, entschied er sich für Albert Steffen, was gleichzeitig eine Entscheidung für seinen bisherigen Arbeitsplatz, das Goetheanum, bedeutete. Es genügt für die weitere Zeit festzustellen, daß er bis an sein Lebensende in Einmütigkeit mit Albert Steffen verbunden blieb.

Tagebucheintragung Albert Steffens vom 24. September 1946: «Dr. Wachsmuth schickt das Thema für die Weihnachtstagung, die er gestalten will: Harmonie der Schöpfung (Kepler). An Dr. Wachsmuth das Günderode-Drama geschickt.»

Und unter dem 2. November 1946: «Am Nachmittag lese ich das Drama Dr. Wachsmuths über Kepler, das er mir soeben hinunterschickt: als Erstling.»

Am 2. Dezember 1946 heißt es: «Es sind in ihm, seit er das Kepler-Drama geschrieben, Kräfte frei geworden, die er nun wieder der Gemeinschaft zuwendet.»[89]

«Keplers Weltgeheimnis»[90] ist ein sehr sorgfältig durchgestaltetes Drama, welches das Leben und Werk des Johannes Kepler darstellt. Das geschieht von dem Standpunkt aus, daß es die ganze Breite Keplers universalistischer Bildung ins Bewußtsein der Gegenwart heben möchte. Bisher hatte man allzusehr die Formeln der drei Keplerschen Gesetze allein ins Auge gefaßt und das Übrige aus dem Blick verloren. Diesem Übel will das Drama abhelfen; es setzt den fünffüßigen Jambus durch zwölf Bilder hin ein und dramatisiert die Beziehungen Keplers zu Tycho Brahe, zu Rudolf II., Wallenstein, Jost Bürgi; auch Freunde Jakob Böhmes und Johann Valentin Andreae's kommen auf die Bühne. Und im I. Akt, zweites Bild, welches Kepler zu Tycho führt, stehen zwei unsichtbar mit auf der Bühne, die vor Jahrhunderten bereits gestorben sind: Plato und Aristoteles. «Ich bin,» – so sagt Kepler – «mein Buch vom ‹Weltgeheimnis› sagt es, ein Schüler des Pythagoras und Platos. Und als Ihr von zwei Schicksalsströmen spracht, die sich in uns vereinen, ward mir klar, was heute hier geschieht. Ich schau es so: Ihr seid im Grund Aristoteliker. Ich bin Platoniker, dem Ursprung nach. Zwei Geistesschulen, die aus höhern Welten beauftragt sind – an dieser Zeitenwende – dem Unglück kommender Jahrhunderte in letzter Stunde Einhalt zu gebieten.» Und nun folgt, in edle Verse

Albert Steffen

gegossen, eine Erläuterung dessen, was Aristotelismus, was Platonismus ist, wie man sie deutlicher, charakteristischer und schöner in der Form sonst kaum irgendwo findet. Auch hat man den deutlichen Eindruck, daß man, wenn man danach strebt, in keinem Werke Guenther Wachsmuths näher und intensiver an sein geistiges Wesen herankommt als durch den traumhaft-sicheren Gang dieses Vers-Werkes!

Die wirtschaftliche Entwicklung verlief nun so, daß das Jahr 1947 vom Schatzmeister als das «sorgenvollste» Jahr im ganzen Verlauf seiner Tätigkeit bezeichnet werden mußte. Man hatte in den letzten Kriegsmonaten wohl erhofft, daß nach Beendigung der Feindseligkeiten der europäische und der Weltzahlungsverkehr viel schneller in Gang kommen werde, als es dann in der Wirklichkeit geschah. «Tatsächlich sind heute die Vereinigten Staaten von Amerika das einzige Land, das mit der Schweiz einen freien Geldverkehr zuläßt. Überall sonst herrscht entweder völlige Zahlungssperre oder aber ein Gestrüpp von Einschränkungen und Verboten, Valuta-Entwertungen etc., so daß heute, drei Jahre nach Kriegsschluß die meisten Staaten Europas und in Übersee in ihrem eigenen Gehege abgesperrt sind.» Und nun eröffnet Wachsmuth der Mitgliedschaft, daß er mit Beginn der Zahlungseinschränkungen trotz der alljährigen Knappheit eine bescheidene Reserve anlegte, so daß der notwendigste Bedarf etwa eines Dreivierteljahres stets im voraus gedeckt war. «Nur so konnte man ja den Entschluß fassen, bei Kriegsbeginn nicht zu schließen, sondern weiterzuwirken. Es ist jetzt manchmal die Frage aufgetaucht, wieso eigentlich die Defizite der letzten Kriegsjahre nicht zur Katastrophe führten, sondern dennoch weitergeschafft werden konnte. Die Reserveminderung seit 1937 entspricht genau dem Total der Defizite der Jahre 1940 bis 1947. Heute darf darauf hingewiesen werden, daß ohne diese vorsorglichen Rückstellungen… und deren hartnäckige Verteidigung der größte Teil der wissenschaftlichen und künstlerischen Mitarbeiter gerade in den Kriegsjahren nicht hätten durchgetragen werden können. So konnte jedoch die Kontinuität auch auf diesem Gebiete gewahrt werden.»[91]

Nun folgt im nächsten Jahresbericht die wichtige Ankündigung, daß, «wenn wir zu Ostern wissen, woran wir sind, so wollen wir es am 1. Mai wagen, in den Bau zu ziehen und das bereits Vorgeplante [zum Goethe-Jahr!] in großem Stil organisieren, wie in früherer Zeit.» So stellt sich

also in eindeutiger Klarheit dar, daß die Exilierung in die engen Verhältnisse der Schreinerei von September 1939 bis Mai 1949 gedauert hat,
wo es im Sommer stets zu heiß, im Winter immer zu kalt war.[92]

Erst im Jahresbericht über 1951 heißt es dann, daß erstmals nach
sechzehnjähriger Pause endlich wieder Transferierungen aus Deutschland möglich geworden sind. Deutsche Beiträge sind nun vorerst zu
8,5 % am Gesamteinnahmen-Etat beteiligt.[93]

So steigen nun die Einnahmen stetig an. Der deutsche Anteil «norma-
lisiert» sich 1954 auf 32,5 %, der schweizerische Anteil beträgt noch
26,5 %, und die USA geben 9 %. Aber es heißt dann weitergreifend:
«Dauernd Sorgen macht uns weiterhin der Umstand, daß wir im Rahmen
des Ausgabenetats die personellen Vergütungen aller Mitarbeiter noch
nicht an die seit 1939 eingetretene Geldentwertung anpassen konnten,
was umso schwerer wiegt, als diese Vergütungen von Anfang an zu nied-
rig angesetzt werden mußten.»

Per Zeichnungsschein gingen bis 31. Dezember 1954 Zusagen zu Beiträgen zum Saalausbau über Fr. 757 365,– verteilt über vier Jahre ein. So
konnte der Ausbaubeginn des großen Saales auf die Zeit unmittelbar
nach der Sommertagung 1956 angesetzt werden. «Wir hoffen dann, die
Ostertagung 1957 im fertigen Saal feiern zu können.»[94]

Im Jahresbericht zu 1956, der 1957 erschien, hält Guenther Wachsmuth Rückschau über die Entwicklung von dreiunddreißig Jahren ab
Weihnachten 1923. Damals betrug der Ausgabenetat (1925) nur rund
Fr. 371 000,–. 1929 war er gestiegen auf Fr. 418 000,–, ohne Baukosten,
und 1930 lag er bei Fr. 575 000,–. Durch die plötzliche Verarmung vieler
Mitglieder, das Verbot der Anthroposophischen Gesellschaft in Deutschland sowie das Einsetzen des Kataklysmas des Weltkrieges wurde die
letzte Bilanz 1939 auf Fr. 403 000,– reduziert. Das Kriegsbudget 1941
sank auf Fr. 311 000,–.

«Man darf heute aus der Rückschau auf die Realitäten wohl sagen,
daß wenn die Fertigstellung des Baues nicht damals in den zirka drei
Jahren 1925–1928 durchgesetzt worden wäre, der zweite Goetheanum-
Bau ein Torso geblieben wäre. Denn in den nach 1928 folgenden Jahren
der zuerst wirtschaftlichen, dann Weltkriegs-Katastrophen wäre seine
Errichtung unmöglich gewesen. Wie aber würde ein Bau geartet sein, der
halbfertig durch Jahrzehnte im Gerüst-Zustand stehen geblieben wäre?

Die geistige Welt, menschliche Initiative und Hilfe zur rechten Zeit haben uns vor diesem Schicksal bewahrt.»[95]

Bilanz 1925   271 000,–
Kriegsbilanz 1941   311 000,–
und heute, 1956, 33 Jahre nach der Weihnachtstagung von 1923,   1 250 000,–

Dann folgt ein Aufruf, man möge doch statt der 1923 bestimmten SFr. 15,– nun die 1948 beschlossenen SFr. 30,– pro Mitglied abführen.

Schrittweise erfolgte dann der Anstieg der Einnahmen auf fast zwei Millionen Franken, genauer 1 962 000,– im Jahre 1961, der letzten Bilanz, die von Guenther Wachsmuths Hand selber redigiert wurde. Nun sind die Fakten aus der Tätigkeit als Schatzmeister in rundem Abschluß geschildert.

9. *Kapitel*
Guenther Wachsmuth als Autor. Persönliches

Das Interesse wendet sich berechtigterweise mehr privaten Seiten der Persönlichkeit Guenther Wachsmuths zu. Hin und wieder mußten wir bereits gesundheitliche Aspekte schildern; dies wird sich fortsetzen und auch erweitern. Zuvor aber sei das literarische Werk in Augenschein genommen. Auf die ersten Werke wurde bereits verwiesen: es wurde die Übersetzungsarbeit an Bulwer-Lyttons «Vril» gewürdigt und zusammengesehen mit dem Motiv des Fliegens; ferner wurde im Zusammenhang mit dem Werk über die «Ätherischen Bildekräfte in Kosmos, Erde und Mensch» der generelle Evolutionsaspekt betrachtet, das Hervorgehen des Lichtätherischen aus dem Zustand des Wärmeäthers, des Chemischen Äthers aus dem Lichtätherischen sowie schließlich des Lebensätherischen aus dem Chemischen Äther. Ganz speziell berücksichtigten wir schließlich den Passus über den ätherischen Aspekt der Gestirnkonstellationen. Aus dem darauf folgenden Band «Die Ätherische Welt in Wissenschaft, Kunst und Religion» griffen wir den höchst bedeutsamen Gesichtspunkt heraus, daß es ein ätherisches Spektrum der Erdoberfläche gibt: Wärmeätherisches wirksam im fernen Osten, Lichtäther auf dem eurasischen Kontinent, chemischer Äther in Europa bis hin zum Osten Amerikas, Lebensätherisches frei im Kornerntegebiet des mittleren Westens, dann das sich stauende Lebensätherische mit der äußersten Konsequenz der Salzbildung und schließlich Übergang in das Wärmeäthergebiet des Ozeanischen.

Nun folgt also das dritte Werk mit dem Titel: «Die Reinkarnation des Menschen als Phänomen der Metamorphose».[96] Dies muß besonders im Hinblick auf den Zeitpunkt seiner Entstehung als eine Meisterleistung betrachtet werden. Stellen wir uns vor: es gab keine noch irgendwie ge-

147

ordnete Gesamtausgabe des Werkes Rudolf Steiners, es gab auch nicht irgendein Stichwortverzeichnis des Gesamtwerkes und dennoch: es ist in diesen Jahren vor 1935 gelungen, diese systematisch-wissenschaftliche Synopsis von Rudolf Steiners Angaben zur Reinkarnation unter einem übergeordneten Gesichtspunkt zu sammeln: «Die Reinkarnation des Menschen als Phänomen der Metamorphose». Zunächst werden ganz systematisch Grundlagen geschaffen zur Betrachtung, Bewußtseinskräfte und vitale Kräfte werden einander gegenübergestellt, die Diskontinuität des Bewußtseins in Wachen und Schlafen, Geburt und Tod wird betrachtet, schließlich das Wesen der Biographie. Und nun folgt eine höchst genaue Betrachtung des Aufstiegs der verstorbenen Seele bis zur Weltenmitternacht und wiederum ihre schrittweise Wiederkunft durch die einzelnen kosmisch-planetarischen Sphären. Schließlich folgt ein Kapitel über die physisch-leibliche Metamorphose durch Reinkarnation jeweils im Hinblick auf die Dreigliederung des menschlichen Organismus, im Hinblick auf das Sinnessystem und die Lebensfunktionen, ferner die Metamorphose der Gestalt, der Physiognomie und der Gesten, die Metamorphose einzelner Organe und Glieder, schließlich Gesundheit und Krankheit. Ferner die Wahl bestimmter Erdgebiete für die Inkarnation.

Die Metamorphose selbst erscheint dabei:

Übliche Deutung:	Ein Organ verändert sich. Verursachender Impuls: materiell, physisch-mechanisch. Übergang: physisch-mechanisch.
Bei Goethe:	Ein Organ verwandelt sich in ein anderes Organ. Leitender Impuls: ideell-geistig. Übergang: im sinnlich-wahrnehmbar physischen Zustande.
Bei Rudolf Steiner:	Ein Organ oder Organsystem verwandelt sich in ein anderes. Leitender Impuls: geistig-wesenhaft. Übergang: (bei der Wiedergeburt des Menschen) im übersinnlichen Zustande.

Man bedenke hier das Goethe-Wort: «Wie wenige fühlen sich von dem begeistert, was eigentlich nur dem Geiste erscheint!»

So ist das Ganze zu einer abgerundeten systematisch gegliederten

Ausarbeitung gelungen, die allein schon wegen ihres Umfangs Staunen erregen kann. Teils, weil die ätherischen Bildekräfte besonders hervorgehoben sind, teils wegen seines systematischen Aufbaus wurde dieses Werk als dritter Band zu den vorangegangenen über die ätherischen Bildekräfte gezählt.

Drei Jahre nach diesem Werk – 1938 – erschien das Buch: «Bilder und Beiträge zur Mysterien- und Geistesgeschichte der Menschheit».[97] Dies ist eigentlich eine Sammlung von vierzehn bedeutenden, teilweise umfangreichen Aufsätzen. Sie beginnt mit der Steinzeit in Irland und Malta; es schließen sich an die Mythen der Tolteken und die mexikanischen Mysterien, dann folgt Echnaton, schließlich die christliche Urweisheit auf dem Boden Ägyptens. Über das abessinische Urchristentum gelangen wir zu Empedokles, ferner zum Druiden- und Mithraskult. Dann wird betrachtet die Geschichte des menschlichen Bewußtseins von der Wiederverkörperung. Bei der Entstehung des Madonnen-Kultus und der liturgischen Musik wird ganz folgerichtig ein Ausschnitt aus der Auseinandersetzung zwischen Cyrill (von Alexandrien) und Nestorius auf dem 3. Konzil von 431 in Ephesus gebracht. Hochinteressant ist der Aufsatz über «Faust» als geschichtliche Gestalt. Die nachfolgende reich bebilderte Betrachtung über «Die übersinnlichen Organe des Menschen in Orient und Okzident» hat – wie sich erst bei Kenntnisnahme der Biographie Rudolf Steiners aus der Feder von Guenther Wachsmuth herausstellt – stark autobiographisches Interesse. Läßt er doch in seiner Rudolf-Steiner-Biographie Einblick nehmen in die eigene diesbezügliche Entwicklung, worauf wir ja im vierten Kapitel aufmerksam gemacht haben.

Im Jahre 1941 erscheint in erster Auflage: «Die Geburt der Geisteswissenschaft. Rudolf Steiners Lebensgang von der Jahrhundertwende bis zum Tode (1900–1925). Eine Biographie». Da dieses Werk bald nach dem ersten Erscheinen in zweiter Auflage erschienen ist, soll unsere Besprechung zeitlich dieser Neuauflage zugeordnet werden.[98]

Dann liegt 1942 vor die «Bibliographie der Werke Rudolf Steiners». Guenther Wachsmuth bemerkt selber: «Da die seinerzeit erschienene Bibliographie von C. S. Picht auf Grund des damals vorliegenden Materials zunächst nur bis 1925 geführt wurde, kann die hier gegebene Darstellung nun eine weitgehende Ergänzung und Weiterführung bringen.» Analog hierzu könnte man darauf aufmerksam machen, daß diese von Wachsmuth zusammengestellte Bibliographie nur bis zu ihrem Erscheinungstermin – 1941 – geführt ist und insofern durch die neueren Bibliographien überholt ist. Höchstens für Besitzer der Erstauflage 1941 der Biographie «Die Geburt der Geisteswissenschaft» könnte der Gebrauch dieser Bibliographie noch sinnvoll erscheinen wegen der Seitenzahlen, die sich auf die Inhalte bestimmter Zusammenhänge beziehen: Das Personenregister und das Sachregister kommen hauptsächlich in diesem Sinne in Frage.[99]

1945 erscheint das große Werk «Erde und Mensch – ihre Bildekräfte, Rhythmen und Lebensprozesse».[100] Einundzwanzig Jahre sind seit dem Erscheinen des Erstlings über die ätherischen Bildekräfte vergangen. Dieser Erstling wird nun in jeder Hinsicht gesteigert. «Zwar ist die ursprüngliche Konzeption noch zu erkennen, aber das Wesen des Rhythmus tritt ganz in den Vordergrund... Vieles ist weggefallen... Was 1923 und 1927 im Schwung skizziert worden war, und wo die Keimkraft des Neuen manche Bedenken einfach weggesprengt hatte, das trat nun in ausgereifter Form und mit behutsamer umsichtiger Gefügtheit völlig verwandelt hervor.» So sieht Gisbert Husemann in seinem bereits zitierten Nachruf den Zusammenhang der 1924, 1927 und 1945 erschienenen Werke. Guenther Wachsmuth formuliert selber im Vorwort von 1945: «Der Grundgedanke der folgenden Darstellungen ist der Nachweis, daß die Erde ein *lebender Organismus* ist. So wird im ersten Teil die lebendige *Gliederung* des Erdorganismus und die Dynamik und Rhythmik der *geophysikalischen* und *meteorologischen* Vorgänge, im zweiten Teil die Dynamik und Rhythmik der *biologischen* Prozesse von Pflanze, Tier und Mensch im Wirkensfeld der Erde als Ganzheit aufgezeigt.

Es werden insbesondere auch die Periodizitäten und Lebensrhythmen im *Tageslauf* betrachtet, da das Erdganze gerade in diesen Prozessen die Anlage zu Eigendynamik und Eigenrhythmik, das heißt die Eigenschaften eines lebenden Organismus entwickelt. Aus den... Phänomenen wird zugleich die Symbiose der Erde und ihrer Naturreiche ersichtlich.»

Rein theoretisch gesehen ging es 1945 um die Abklärung des Begriffes «biotroper Faktor». Hier mußte die Wissenschaft in breiter Front erklären, ihn nicht erkennen zu können. Eben das schien nun erreicht zu sein. Wachsmuth wies hier auf Forsgren hin, der «nach der Entdeckung des Leberrhythmus und verwandter Rhythmen die Vermutung äußerte, daß die Leber astronomischen Faktoren unterworfen sein muß, da ja jeder 24-Stunden-Tag ein astronomischer Begriff ist. Wir können dies», fährt Wachsmuth fort, «im Sinne der im vorigen gegebenen Einteilung nun dahin präzisieren, daß es sich bei diesen Phänomenen nicht um einen kosmischen Faktor, jedoch um einen ‹geosynchronen› beziehungsweise ‹geophasischen› *Rhythmus* handelt, da die Erde als Ganzheit im Verhältnis zum kosmischen Geschehen in ihrem Wirkensfeld bereits selbst sowohl Phasenverschiebungen wie auch markante Eigenrhythmen aufweist.

Auch die oft aufgeworfene Frage nach den ‹Antennen›, den ‹Angriffsfeldern› im Organismus wurde im vorigen durch die Darstellung der eigenen Bildekräfteorganisation, des den stofflichen Prozessen übergeordneten ‹Bildekräfteleibes› der Organismen beantwortet. Im Wirkensfeld der Erde als Ganzheit und im Wirkensfeld dieser jedem Organismus eigenen übergeordneten Organisation schwingen die Prozesse in koordinierten Rhythmen, wobei im Organismus spezifische Systeme, Funktionen und Organe diese synchron vollziehen oder aus Eigendynamik ihrerseits wiederum Phasenverschiebungen durchführen können. Wir erkennen an den Phänomenen, was in den betreffenden Wirkensfeldern geschieht, und daß es sich in den zu beobachtenden Vorgängen auch bis in die stofflichen Prozesse hinein, z. B. der Anreicherung oder Sekretion usw., ablesen läßt. Wir gewinnen somit, gerade auch durch die Rhythmus-Forschung, viele wertvolle und aufschlußreiche Aspekte für die Beziehungen von Kosmos, Erde und Mensch, für die Erkenntnis der Dynamik und Rhythmik der Organismen.»

War es 1924 so, daß, nach Gisbert Husemann, «wohl kaum ein anderes anthroposophisches Werk so enthusiastisch begrüßt wurde und so nachhaltig gewirkt hat wie der erste Band der ‹Bildekräfte›», verblieb doch die Wirkung dieses Werkes im anthroposophischen Bereich. Nun könnte man in Analogie hierzu formulieren, daß kaum ein anderes anthroposophisches Werk im außer-anthroposophischen Bereich so enthusiastisch begrüßt wurde wie Guenther Wachsmuths Werk «Erde und Mensch». Nachfolgende Besprechungen mögen dies illustrieren (abgedruckt im Nachrichtenblatt):

«Geographica Helvetica», Bern, Juli 1946:
Wer sich mit sogenannter allgemeiner Geographie, insbesondere mit geophysikalischen und geobiologischen Prozessen befasst, greift gerne zu diesem anregenden Werk... Im Sinne der Ganzheitsforschung gelingt dem Verfasser, zwischen den Teilgesetzen der Natur Synchronismen aufzudecken... Besonders die klimabildenden Zirkulationsbewegungen von Wind und Wasser sind kaum irgendwo so anschaulich behandelt wie hier... der kühne Versuch, die Erde als pulsierenden Organismus mit einer ihm innewohnenden eigenen «Polarität» aufzufassen, ist sehr verdienstlich...

«Atlantis», Zürich, März 1946:
...Die mit einem imponierenden Aufwand exaktwissenschaftlicher Beweisführung entworfenen «Grundlinien einer Meteorobioloie der Naturreiche» des Dornacher Gelehrten stellen einen in seiner schlichten Sprache sehr sympathisch anmutenden Versuch dar, unsere terrestrische Umwelt, den Planeten Erde, als «lebendigen Organismus» zu erweisen... Wachsmuth führt den Beweis mit dem gesamten Indizienmaterial der modernsten Geophysik und Biologie; er versteht es, die überraschendsten Vergleiche, die ungeahntesten Analogien für sein Postulat ins Gewicht zu ziehen... Eine Fülle von Zeugnissen für den Beweis des Organismuscharakters der Erde und seiner in neue Beleuchtung tretenden Beziehungen zu den auf ihr wirkenden Lebewesen.

«Basler Nachrichten», 21. Februar 1947:
Wie der Titel angibt, setzt sich der Verfasser, Dr. Guenther Wachsmuth, das Ziel, an der Vereinigung von Biologie und Meteorologie zu einer einzigen Wissenschaft beizutragen und für die biologischen und meteorologischen Erscheinungen der Naturreiche jenen längst gesuchten gemeinsamen Nenner zu finden. Dieses Unternehmen ist nun nach zwei Seiten hin zu einer ganz bedeutsamen Leistung geworden. Einmal wegen der heutzutage ungewohnten Gesamtüberschau und neuartigen Synthese einer grossen Zahl verschiedener Forschungsgebiete – es seien davon genannt: Meteorologie, Geophysik, Botanik, Zoologie, Medizin usw. – und dann wegen der vorbildlichen Behandlung der undurchschaubaren Probleme auf diesen Gebieten.
...Ein Hauptergebnis stellt sich nach dem Durcharbeiten dieses Materials ein, nämlich die Überzeugung, dass die Erde kein toter Weltkörper ist, sondern lebt und als Lebewesen eine Eigendynamik und Eigenrhythmik besitzt.

«Öffentlicher Dienst», Zürich, September 1946:
Das Wachsmuthsche Werk fordert zu einer ganz grundsätzlichen Stellungnahme heraus. Muss man seine Forschungsrichtung anerkennen, dann gibt es sehr viele, gewaltig neue Perspektiven zu unserem Weltbild, und fast scheint es höchste Zeit, dass in den Hörsälen und Schulräumen die Blickfelder in der Hinsicht eine wesentliche Erweiterung erfahren würden. Wachsmuth hat – ob man nun mehr oder weniger seine These annimmt, ist gleichgültig – ein bisher fehlendes *Standardwerk über Tagesperiodik geschaffen,* das in jeder Beziehung heute zu Rate gezogen werden muss, wenn man etwas Gültiges über Rhythmusforschung aussagen will. Das allein ist eine hervorragende Leistung...

Prof. F. Georgi in «Schweiz. Medizin. Wochenschr.», 6. Dezember 1947:
«Erde und Mensch»... das wohl die bisher umfassendste Darstellung auch aller naturwissenschaftlichen und medizinischen Beiträge zum Rhythmusproblem enthält.

Dr. E. Forsgren (der Entdecker des Leberrhythmus) in «24-Hour Variations of Gastric Function», Stockholm, 1946:
When just finishing this treatise I received a monograph by *Wachsmuth* («Erde und Mensch»), in which he formulated the shrewd saying: «Rhythmus heilt, Arhythmie schwächt und macht krank.» This adage well agrees with the conceptions published by me in preceding papers dealing with the liver rhythm.

Dr. E. Dissmann in «Acta Tuberculosea Scandinavica», Vol. 21, fasc. 1–3:
Den Versuch einer Synthese des rhythmischen Geschehens in der unbelebten und lebenden Natur hat in jüngster Zeit *Wachsmuth* unternommen. Er konnte dabei auf die vielen synchron schwingenden Rhythmen auf dem Gebiete der Meteorologie, Geophysik und Biologie sowie die Kumulierung zahlreicher rhythmischer Vorgänge zu bestimmten Zeiten im Sinne eines 3-Uhr-9-Uhr-Rhythmus aufmerksam machen. Auch beim Menschen fand man bei vielen Organen und Organsystemen unter normalen Bedingungen Tagesschwankungen ihrer Funktion oder Teilfunktionen.

Dr. D. Fassbind in «Schweiz. Medizin. Wochenschrift», 15. Juni 1946:
(Zu G. Wachsmuth «Erde und Mensch»). Er zeigt damit einerseits, dass die Erde ein lebender Organismus ist, und findet andererseits eine Deutung für viele bis jetzt noch nicht abgeklärte Phänomene... Das letzte, für den Mediziner interessanteste Kapitel bringt mehrere Beispiele der rhythmischen Schwankungen im menschlichen Organismus, zum Beispiel im Glykogengehalt der Leber, der Temperaturkurve, Geburts- und Todesmaxima usw. ... Die Ausführungen des Verfassers regen zu weiteren Beobachtungen auf diesem bis jetzt noch wenig erforschten Gebiet der rhythmischen Schwankungen im Tageslauf an... Jeder Leser... wird das Buch mit reichem Gewinn lesen, da es eine Fülle von Tatsachen in erstaunlicher Vielseitigkeit vermittelt und sich bemüht, eine Synthese der organischen und anorganischen Prozesse zu einem biologischen Erdbild zu finden.

«ARS MEDICI», «Das Organ des praktischen Arztes», 36. Jahrg. 1946, Nr. 8:
«Für den Arzt ist, abgesehen von der Erweiterung des naturwissenschaftlichen Weltbildes durch den ganzen Duktus des Werkes, wohl das achte Kapitel das interessanteste, weil es (aus in der Literatur verstreuten und aus zum Teil schwer zugänglichen Abhandlungen) *erstmalig eine Gesamt-Darstellung der modernen Rhythmusforschung* in bezug auf die 24-Stunden-Rhythmik des Menschen bringt, ein auch für die Praxis immer wichtiger werdendes Gebiet... Praktische Bedeutung hat die Kenntnis dieser 24-Stunden-Periodik beispielsweise ausser für die Diabetestherapie auch für die Behandlung von Kolikanfällen und Spasmen oder auch für die Wahl des Zeitpunktes der Herstellung von Heilmitteln aus dem Pflanzen- und Tierreich sowie zur Erreichung der optimalen Wirkung von Medikamenten.

Für den «biotropen Faktor» (das ist das Problem, wie meteorologische und biologische Prozesse zusammenhängen), in der ganzen Fachliteratur bisher als unerklärt bezeichnet, zeigt Wachsmuth einleuchtende Begründungen, bei denen auch die stufenweise Entwicklung von Freiheitsgraden vom Pflanzenreich über das Tierreich bis zum Menschenreich (in diesem wieder vom Neugeborenen bis zum Erwachsenen) einbezogen wird.

J. Matznetter in «Mitt. d. Geographischen Gesellschaft» Wien, Bd. 91, 1949:
Das vorliegende Werk («Erde und Mensch») muss gleichermassen die Aufmerksamkeit

des Geographen, Meteorologen, Geophysikers, Biologen und Mediziners erwecken. Es ist ein Werk, das weitgehend neue Gedankengänge beinhaltet und dessen Absicht es ist, die Gesamtheit der Erde als einen lebenden Organismus zu erklären... Zu erwähnen ist die sorgfältige buchtechnische Ausstattung des Werkes, und die zahlreichen, teils mehrfarbigen Abbildungen tragen sehr zur Veranschaulichung des Stoffes bei.

So war «der Dornacher Gelehrte», wenn man die wissenschaftliche Weiterentwicklung ins Auge faßt, zu einer Art «Vater der modernen Chronobiologie» geworden, zu einer umfassenden Kapazität und Autorität auf diesem breiten Sachgebiet. Anthroposophisch gesehen: Guenther Wachsmuth hat uns einen bedeutenden Schritt angenähert an das Faktum, das Rudolf Steiner am 12. Oktober 1918 anspricht: «Wird man einmal aufgeben – und die Menschheit wird es vor dem vierten Jahrtausend tun – das Suchen nach dem Grobsinnlichen als der Natur zugrunde liegend, dann wird man auf etwas ganz anderes kommen, dann wird man überall in der Natur Rhythmen finden, rhythmische Ordnungen. Diese rhythmischen Ordnungen sind vorhanden, nur macht sich die heutige materialistische Wissenschaft über diese rhythmischen Ordnungen in der Regel lustig. Wir haben diese rhythmische Ordnung bildhaft ausgedrückt in unseren sieben Säulen, in der ganzen Konfiguration unseres Baues hier. Aber diese rhythmische Ordnung ist in der ganzen Natur vorhanden. Rhythmisch wächst an der Pflanze ein Blatt nach dem andern; rhythmisch sind die Blumenblätter angeordnet; rhythmisch ist alles angeordnet. Rhythmisch tritt das Fieber ein bei einer Krankheit, flutet wieder ab; rhythmisch ist das ganze Leben. Das Durchdringen der Naturrhythmen, das wird wahre Naturwissenschaft sein.»[101]

In diesem Sinne darf man es so sehen, daß Guenther Wachsmuth dem gegenwärtig üblichen Wissenschaftsbewußtsein um eine beträchtliche Strecke vorausgeeilt ist, ja wir dürfen geradezu sagen: Er hat in seinem Werk «Erde und Mensch» begonnen, die Sprache des dritten Jahrtausends zu sprechen, indem er so konsequent und so direkt an die rhythmischen Phänomene herangeführt hat.

Zehn Jahre nach der Erstauflage von «Die Geburt der Geisteswissenschaft» erschien 1951 die Zweitauflage unter dem veränderten Titel: «Rudolf Steiners Erdenleben und Wirken von der Jahrhundertwende bis zum Tode. Die Geburt der Geisteswissenschaft – Eine Biographie». Das Werk hatte sechshunderteinundfünfzig Seiten, Namen- und Sachregister, außerdem sechsundvierzig Abbildungen im Text. Gegenüber der Erstauflage war eine wesentliche Ergänzung und Erweiterung vorgenommen worden.[102]

Im Vorwort äußert Wachsmuth: «Über den innersten Werdegang eines großen Menschen kann nur er selbst das Tiefste und Wahrste sagen. Und doch will und soll die Nachwelt wissen, wie sich der Gang dieses Lebens seit der Jahrhundertwende vollendete und erfüllte. Rudolf Steiner begann die Niederschrift seiner Biographie, wie er selbst sagte, weil er die objektive Wahrheit hinstellen mußte gegenüber so viel Entstellung, Irrtum, Mißdeutung durch jene, die ihn und sein Werk bekämpften. Es ist dies das Schicksal aller Menschen gewesen, die geistig führend einen neuen Quell der Erkenntnis und Tat erschlossen. Darum ist es ein Wagnis, aber auch eine Pflicht, den Versuch zu machen, die Schilderung des Geschehenen da fortzusetzen, wo er selbst durch den Tod den Bericht nicht fortführen konnte. Dies hier kann nur ein Tatsachenbericht sein. Aber gerade die letzten Jahrzehnte seines Lebens, welche die Geburt der Geisteswissenschaft, der Anthroposophie, und die Erfüllung seines Lebenswerkes brachten, begegnen schon heute der Gefahr, daß vieles von dem Erlebten und Geschehenen der Vergessenheit, der Unkenntnis oder Umdeutung anheimfallen könnte, wenn es nicht in seinem geschichtlichen Werdegang dargestellt und im Bewußtsein der Nachwelt wachgehalten wird. So muß der Versuch gewagt werden, schweren Herzens und der Verantwortung bewußt, die großen Tatsachen dieses Lebensganges, wie sie sich von der Jahrhundertwende bis zu seinem Tode vollzogen, biographisch für die Nachwelt zu erhalten. Wissen wir doch von den Größten der Erdgeschichte oft nur noch Ungenaues, der Überblick über ganze Zeitepochen solcher Lebensläufe ist uns verloren, oder das Besondere des Geschehens, der innere organische Aufbau der einander folgenden Taten, ist in den undurchsichtigen Nebel ferner Vergangenheit gehüllt. Dem Bestreben, dieser Gefahr zu begegnen, daß auch der Schöpfer der Geisteswissenschaft unserer Zeit solchem Schicksal verfalle, ist dieses Buch gewidmet.

In einem der Vorworte, die Frau Marie Steiner bei der großen Tat der Herausgabe der Werke Rudolf Steiners diesen mitgegeben hat, wird der wesentliche Gesichtspunkt besprochen: ‹Es scheint uns jede von Rudolf Steiner gehaltene Vortragsserie für die an die Geisteswissenschaft Herantretenden nicht nur inhaltlich, sondern auch *chronologisch* von ungeheurer Bedeutung, denn nur so erleben sie das Organische dieses Aufbaues›. Die Chronologie seiner Worte und Taten nach besten Kräften aufzuzeichnen, haben wir uns in der folgenden Biographie bemüht.»

Von der Chronologie wird der Schritt in die Chronobiographie – wenn es denn so etwas geben kann – getan.

Im Juni 1950 erschien «Die Entwicklung der Erde».[103] Dieses Werk stellt die Erdgeschichte in aller Breite vom anthroposophischen Standpunkt aus dar. «Dabei zeigte sich, ...daß die kosmische und irdische Evolution nicht vom Anorganischen ausging und dies etwa bis zum Leben und Bewußtsein steigerte, sondern daß sich *von Anbeginn und im Werden ein organischer Prozeß* vollzog, dessen lebendige Metamorphosen in der Entwickelung der Erde zum Ausdruck kommen.» Über den Inhalt des Buches informiert am besten die darin enthaltene Tafel III, welche auch Einblick in Details gewährt.

Im Jahre 1953 erschien «Der Werdegang der Menschheit»[104] – ein Werk, das sich organisch in den Aufbau des Gesamtwerkes eingliedert. Von den «Ersten Epochen der Verkörperung des Menschen» geht die Schilderung in möglichster Breite über die Kapitel «Die Perioden der Atlantischen Evolution; Die Wanderungen zur Bildung neuer Evolutionszentren; Die ersten nachatlantischen Kulturen» hin zum Kapitel über die griechisch-römische Kulturepoche. Ein ausführliches Kapitel ist sodann der «Übersinnlichen Wahrnehmung und deren Organen» gewidmet, das neben manchem Material aus den «Bildern und Beiträgen zur Mysterien- und Geistesgeschichte» (1938) viel Neues zusammenträgt. Namentlich das Stirnorgan kommt in Ausführlichkeit sowohl im Text als auch im Abbildungsmaterial zur Darstellung.

Indem wir eine betrachtende Besprechung des Buches «Kosmische Aspekte von Geburt und Tod»[105] (1956) angehen, erinnern wir uns des Passus aus «Die ätherischen Bildekräfte in Kosmos, Erde und Mensch», den wir zitiert hatten: «Eine Organismusforschung, die zu exakten Erkenntnissen der Ursachen vieler wesentlichster Phänomene kommen will, wird jedenfalls in Zukunft die Wirksamkeit der planetarischen ätherischen Sphären auf das Kräftefeld des Erdorganismus und somit auch auf die verschiedenen Organismen von Pflanze, Tier und Mensch im

Vertical left labels (Zeitalter column): Kosmische Phasen · Erdalterium Paläozoikum · Erdmittelalter Mesozoikum · Erdneuzeit Känozoikum

Epoch bracket labels: Früh-Lemurische Epoche · III. Lemurische Epoche Mittel-Lemurische · Spät-Lemurische Epoche · IV. Atlantische Epoche · V. Nachatlant. Epoche

Vertical right labels: Zeitalter und geologische Epochen der Erdgeschichte — TAFEL III

Gebirge (vertical): Kaledonisch-Variskisch · Mesozoisch-Pazifische · Alpine Faltungen

Wiederholung früherer Evolutionsphasen auf höherer Stufe (Tafel I)	Zeit-alter	Gliederung in Epochen	Fauna	Flora	Erdgestaltung, Struktur, Prozesse	Gebirge
Wiederholung des Saturn-Zustandes	I. Polarische Epoche	Kosmische Vorstadien in der Ausbildung und Gliederung des Gesamtsystems — Bildung von Sphäre und Körper des Saturn				
Wiederholung des Sonnen-Zustandes	II. Hyperborische Epoche	Bildung von Sphäre und Körper des Jupiter — Bildung von Sphäre und Körper des Mars — Trennung von Erden- und Sonnen-Einheit	Gliederung durch Kontraktionsphasen der planetarischen Sphären (Tafel II)			
		Erde als planetarischer Organismus (einschl. Mond) beginnt Wanderung um die Sonne				
Wiederholung des Monden-Zustandes	III. Lemurische Epoche	Vitalisierte Epoche / Generelle Biosphäre	Organische Stoffwechselprozesse in der Atmosphäre. Eiweißartige Verbindungen. Kolloide. Suspensionen.		Hüllen-Bildung Vitalisierte Atmosphäre (Tafel IV)	
Wiederholung der Polarischen Epoche in der Lemur. Zeit		Differenzierung von Hüllen und Kern / Archaicum	Tierische und pflanzliche Urbildungen in der vitalen Atmosphäre.		Niederschlag von Ursubstanzen späterer Urgesteine	
		Innere Gliederung Schichten-Bildung / Kambrium	Wirbellose Meerestiere Trilobiten, Brachiopoden	Pflanzen-Urformen schwimmend	Sedimentierung Anlage einer plastischen Erdoberfläche	Kaledonisch-Variskisch
		Silur	Korallenbildungen Ur-Fische	Algen, tangartige Pflanzenbildungen / Erste «Landpflanzen»	Wässrige, warme Atmosphäre	
		Devon	Zunahme der kalkbauenden Meeresbewohner		Faltungen der Erdoberfläche	
Wiederholung der Hyperbor. Epoche in der Lemur. Zeit		Karbon	Amphibien	Farne, Schachtelhalme, Bärlappgewächse	(Tropisches Klima der Nordhemisphäre)	
		Perm	Reptilien	Nadelhölzer	(Vorübergehende zu starke Verdichtungstendenz)	
Mittlere, eigentliche Lemurische Epoche		Trias			Erstarrungstendenz) Herauslösung des Mondes	
		Jura	Ur-Vögel (Archaeopterix) Riesentiere Saurier Niedere Säugetiere	Palmfarne	Zunehmende Durchlüftung und Auflichtung der Atmosphäre. Starke Transgressionen und Regressionen der Meere. Neue Phasen plastischer Beweglichkeit der Erdoberfläche	Mesozoisch-Pazifische
		Kreide / Ende der Lemur. Epoche / Unterg. d. Lemuria	Zahnvögel Kriechtiere	Erste Laubbäume und Blütenpflanzen (Angiospermen)	Untergang der Lemuria	
		IV. Atlantische Epoche: 1. Tertiär { Paleozän, Eozän, Oligozän } 2. { Miozän } 3. { Pliozän }	Urhuftiere Urraubtiere Höhere Säugetiere Weidetiere Primaten-Affen	Weitere Differenzierung der Flora bis zu heutigen Variationen	Noch warme Atmosphäre, später abkühlend Plastische Umformungen der Erdoberfläche bis ins Quartär (Tafel VII, VIII, IX)	Alpine Faltungen
		4. ℳ Diluvium / 5. Quartär / 6. ♍ Eiszeiten (Tafel XI) / 7.	(Skelettfunde von Menschen) Keine wesentlichen Neubildungen, aber noch geographische Veränderungen der Fauna	← desgleichen in der Flora	Eiszeit-Phase	
		Ende der Atlantischen Epoche / Unterg. d. Atlantis			Untergang der Atlantis	
		V. Nachatlant. Epoche: 1. ♋ Ur-Indische Epoche / 2. ♈ Ur-Persische „ / 3. ♉ Ägypt.-Babyl. „ / 4. ♈ Griech.-Röm. „ / 5. ♓ Heutige Zeit „ / 6. ♒ / 7. ♑			Zunehmende Wärmephase (Tafel XI) Abnehmende Wärmephase	

157

Konkreten ergründen müssen, um die spezifische Differenziertheit in der Entwicklung der Naturreiche, Arten und Individuen wirklichkeitsgemäß verstehen zu können.»

Wir hatten darin die Grundlinien einer modernen Astrologie gesehen und hatten darauf verwiesen, daß dies eine Vorausnahme von später Veröffentlichtem sei. Wir sind nun an dem Punkt angelangt, eine Betrachtung solcher Vorwegnahme anzustellen, müssen aber bemerken, daß solche Betrachtungen ganz allgemein nur in der Sprache möglich sind, die in der modernen Astrologie gebräuchlich ist. Aus dem Nachlaß Guenther Wachsmuths geht eindeutig hervor, daß er sich relativ spät in diese Ausdrucksweise und Sprache eingearbeitet hat und ihm dies recht gut gelungen ist.

Im ersten Kapitel «Mensch und Kosmos» wird zunächst auf die Unterscheidung von Sternzeichen- und Sternbildeinteilung aufmerksam gemacht. Ein ausführliches Zitat von Joachim Schultz weist darauf hin, daß die *Zeichen* mit dem tropischen, die *Bilder* aber mit dem siderischen Lauf der Sonne eng verknüpft sind.

Anschließend wird der von Rudolf Steiner am 8. Januar 1918 dargestellte Zusammenhang berührt, daß Mond sein Haus im Krebs, Merkur sein Haus in den Zwillingen hat, Venus das ihre im Stier, Mars seines im Widder und Jupiter in den Fischen. Gleich im zweiten Kapitel wird hingewiesen auf die Tatsache, daß der «Kosmos ein gegliederter und in seinen Regionen spezifisch differenzierter Organismus ist.»

Es gibt eine milchstraßennahe Achse und eine milchstraßenferne. Erstere liegt bei Stier und Zwillingen, Skorpion und Schütze, letztere ist in der Nähe von Löwe und Jungfrau, Wassermann und Fischen zu suchen. Bei diesen beiden Achsen sprechen wir auch von Morgen- und Abendkräften, bei den ersteren beiden handelt es sich um Mittags- und Mitternachtskräfte. Morgen- und Abendbilder gehören zur Achse der Harmonisierung, Mittags- und Mitternachtskräfte zur Achse der Polarisierung. Wachsmuth schlägt nun mit einigem Erfahrungshintergrund vor, diese Achseneinteilung als objektives Bezugssystem zu nehmen, wenn – was ja oft vorkommt – bei einem Horoskop keine richtige Geburtszeit erhältlich ist. Daß es in solchen Fällen andere gültige und gebräuchliche Methoden gibt, erwähnt er nicht.

Im Kapitel III sind «Die Sternbilder und Planeten im Verhältnis zum

Menschen dargestellt». Auf einer inhaltsreichen Tafel sind die neun verschiedenen Kategorien, nach denen der Mensch kosmisch gegliedert ist, angegeben. Wir können nur das Wichtigste herausgreifen: Da ist zunächst die Melothesie bestimmt, das heißt die leibliche Region, welche mit dem betreffenden Sternbild korrespondiert. Dieser Reihe wird parallel geführt eine Aufzählung von Gesten, welche zu den zwölf Stufen dazugehören, wie «das Hereinfassen des ganzen Universums (Zurückblicken)» zum Widder, oder «das In-sich-rege-Machen der Beweglichkeit des Universums» beim Stier, das «Sich-selber-Erfassen» bei den Zwillingen. Es sind diese Gesten neue Aspekte; ebenso neu sind die Epitheta, die Rudolf Steiner zu den Sternbildgesten der Eurythmie gegeben hat, wie Schütze: «Entschluß», Steinbock: «Auseinandersetzung des Gedankens mit der Welt», Wassermann: «Mensch im Gleichgewicht von Denken, Fühlen, Wollen (Äthermensch)», Fische: «Das Ereignis ist Schicksal geworden». Weitaus neuartiger noch muten die zwölf Weltanschauungen an, deren Parallelisierungen Rudolf Steiner 1914 angab: Widder: «Idealismus», Stier: «Rationalismus», Zwillinge: «Mathematismus», Krebs: «Materialismus» und so fort.

Die kaum noch mit rationellem Inhalt zu erfüllende Trias «cardinal», «fix» und «beweglich» wird mit allen Konsequenzen auf Wollen, Fühlen und Denken bezogen. Es folgt die Darstellung des Elementarischen, also des Erde-, Wasser-, Luft- und Feuer-Zusammenhanges mit dem entsprechenden Kreuz.

Zwei Übersichtstabellen erläutern das Wesen der Planeten. In der ersten ist die Darstellung der Wesensart der Planeten wiedergegeben, wie sie Rudolf Steiner Ostern 1924 in Spruchform formuliert hat: «Saturns weltenalte Geist-Innigkeit», «Jupiters erstrahlende Weisheit», des «Mars erschaffendes Klingen», «Merkurs gliedbewegende Schwingen» und der «Venus liebetragende Schönheit». Ferner erscheint hier die Zuordnung zu den Wesensgliedern der menschlichen Konstitution: Mond hat Beziehung zum Ätherleib, Venus zur Empfindungsseele, Merkur zum Empfindungsleib, Mars zur Verstandesseele, Jupiter zur Bewußtseinsseele und Saturn zum Geistselbst. Auch die Nuancen der zugehörigen Weltanschauungen und die verschiedenen Regionen zwischen Tod und neuer Geburt werden hier eingeführt. Bei der Darstellung von Uranus und Neptun wird deren Zuordnung erwähnt: Uranus hat Beziehung zum

Lebensgeist und Neptun zum Geistesmenschen, Wesensgliedern also, welche zwar heute veranlagt, aber noch nicht ausgebildet sind.

Bei der Einführung der Aspekte und Konstellationen fällt eine große Anzahl von Hinweisen Rudolf Steiners auf, die völlig Neuartiges zur Geltung bringen. So vor allem seine Deutung einer Planetenposition überhaupt: «daß wenn ein Planet vor einem Tierkreisbild steht und dieses gleichsam zudeckt oder in seiner Wirkung übertönt, zwar dadurch die Wirkung der Kräfte des betreffenden Tierkreisbildes abgeschwächt werden kann, daß dies aber gerade den Menschen bzw. seinen Organismus dazu aufruft, diese ihm fehlenden Kräfte aus *eigener* Kraft zu ersetzen, besonders zu entwickeln und eine entsprechende Funktion zu stärken.» Es liegt dann, so folgert Wachsmuth, am Menschen, das aufzugreifen, was die englische Sprache mit «challenge» ausdrückt, der Herausforderung zur Tat, der Verstärkung der diesbezüglichen Kräfte aus eigenem Impuls. Es folgt eine Darstellung der diversen Konstellationen (Konjunktion, Opposition, Quadratur, Trigon, Sextil etc.), die teilweise derart Neuartiges enthält, daß man es anhand des Textes selber nachlesen sollte. Der anschließende Abschnitt über das Horoskop gipfelt in dem Zitat aus «Die geistige Führung des Menschen und der Menschheit»: «Dem Stellen des Horoskops liegt die Wahrheit zugrunde, daß der Kenner dieser Dinge die Kräfte lesen kann, nach denen sich der Mensch in das physische Dasein hereinfindet... Es wird also der Mensch in das physische Dasein hineingestellt, und das Horoskop ist das, wonach er sich richtet, bevor er sich hineinbegibt in das irdische Dasein.»

Bei den Ausführungen der folgenden drei Kapitel IV bis VI macht sich in sehr deutlicher Weise der Mangel im planetarischen Bestand geltend. Wachsmuth berücksichtigt weder Mond, noch die drei obersten Planeten Uranus, Neptun und Pluto, die man heute in jedem Horoskop zu finden gewohnt ist. Schließlich macht sich auch der Mangel räumlicher Ausrichtung darin bemerkbar, daß jede Häusernumerierung fehlt. Auf diese Weise werden achtundvierzig Horoskope einzelner Persönlichkeiten behandelt und nach Planetenstellung, Planetenverteilung, Lebensgebieten der Betreffenden, Konjunktion und Opposition in Wesenhaftem und Werk behandelt und schließlich auch Zweiergemeinschaften wie Marie und Pierre Curie, Garibaldi und Victor Emanuel II., Strindberg und Schleich, Tycho Brahe und Kepler, Nietzsche und Richard Wagner, Goethe und Schiller. Über die didaktisch noch notwendigen Kapitel «Todes-konstellationen historischer Persönlichkeiten» und «Das Verhältnis von Geburts- zu Todes-Konstellationen» gelangen wir dann zum eigentlichen Ziel dieses Buches, nämlich zum Thema «Karma und Reinkarnation. Reinkarnationsreihen». Rudolf Steiner hat ja zwar über etwa achtzig Individualitäten eine karmische Betrachtung angestellt in seinen Karmavorträgen, aber unter diesen sind nicht einmal zehn, bei denen genaue Geburts- und Todeshoroskopzeiten der letzten beiden Inkarnationen angegeben wären. Es beginnt hier mit Raffael und Novalis: alle Positionen der vier zu betrachtenden Horoskope von Sonne, Merkur, Venus und Mars liegen in Widder und Stier (Zeichen), während die Positionen von Jupiter und Saturn alle von Löwe bis Wassermann lokalisiert sind.

Es folgen Harun al Raschid und Roger Bacon; Saturn und Marspositionen bilden in ihrer Gesamtheit ein kosmisches Kreuz von Zwillinge und Schütze, von Jungfrau und Fische.

Bei Muawija und Woodrow Wilson kommt es auf eine dichte Versammlung (Stellium) von Mars und Saturn im Krebs mit je einem Quinkunx-Aspekt aus dem Schützen und Wassermann hinaus, schließlich noch einem Saturntrigon von der Spitze Skorpion.

Mazarin und Graf Hertling zeigen ein T-Quadrat auf einer Oppositionsbasis von Merkur sowie einen Quinkunx-Aspekt von Merkur und Merkur in den Fischen. Jupiter und Mars bilden Stellien in Waage und Wassermann um eine Opposition Mars-Schütze zu Jupiter Spitze Krebs. Dies alles findet sich sorgfältig kommentiert mit Hinweisen Rudolf Steiners aus den Karmavorträgen.

Schließlich wird die Folge *Campanella – Otto Weininger* betrachtet, die sich an eine frühere, davor gelegene Fraueninkarnation anschließt. Die negativen Erfahrungen aus dieser seiner weiblichen Inkarnation schaffen einen grundsätzlichen Haß gegen alles Weibliche, der sich dann in seinem Werk «Geschlecht und Charakter» entlädt. In Abbreviatur zeigt sich als Grundlage der Sternenschrift einmal eine durch Saturn-aspekte entspannte Saturn-Saturnopposition, gleichzeitig findet sich eine sextilisch-trigonale Entspannung durch zwei Jupiterpositionen im Schützen. Im anderen Falle liegt ein großes kosmisches Kreuz aus Venus- und Marspositionen vor, dem sich eine in Venus-Mars-Stellungen eingemischte Mars-Mittelachse zugesellt. Wachsmuth, dessen Stärke die vergleichende Astrologie ist, bemerkt, daß «bei Weininger Mars in den Zwillingen genau in derselben Konstellation steht wie bei Beethoven, dessen Todesraum er für seinen Selbstmord wählt! Hier spricht die Himmelsschrift eine einzigartig intensivierte Sprache.»

Zum Schluß des Bandes erscheinen noch einmal sechzehn Horoskope *mit* Mond, Uranus und Neptun – freilich noch ohne Pluto und mit eingefügter Aszendent-Deszendenten-Achse, eingefügter Medium coeli-Infimum-coeli-Achse. Dies geschieht unter dem Motto «Die Karmaforschung im Geburtsbild jeder Individualität». Hier tauchen am Ende der Untersuchung, auch zum ersten Male die zwölf *Häuser* auf, nachdem sie schon in Tafel 54 vorbereitend eingeführt wurden:

1. Ich-Wesen, Persona, aus früheren Erdenleben dem Neuen begegnend.
2. Eingliederung des Ich in die Mitwelt und Impuls zur Wirkensgemeinschaft mit anderen Menschen.
3. Verwirklichung individueller Fähigkeiten. Tätiges Ich, Schöpferkraft.
4. Die Gestaltungskräfte der Grundstruktur aus früheren Erdenleben und der Einfluß aus der Vererbungsströmung.
5. Die Aufgeschlossenheit für die physische Welt. Die eigene Antwort auf deren Gaben. Generatio.
6. Fähigkeit und Impuls zur Gestaltung der Substanz. Wirkenskräfte im physischen Bereich.
7. Dualität männlicher und weiblicher Ätherleib, Erlebnis der Schicksalsgemeinschaft.
8. Variationen der Vitalität. Gesundheit, Krankheit, Symbiose, Assoziation mit der Umwelt, soziales Leben.
9. Metamorphosen der vitalen Kräfte im Denken und Wollen. Weisheit, Ideale, Weltaspekt.
10. Geistig-seelische Anlagen, Berufung, Bereitschaft zur Schicksalserfüllung. Einstellung auf die Ganzheit.
11. Seelische Aufschließung für die Umwelt und deren Antwort. Soziale Gestaltungskraft.
12. Reactio. Leidenschaft. Angriff und Abwehr. Rückschau in die Eigenheit. Läuterung.

In Abkürzungen erscheinen diese Häuser wieder im Horoskop von *Goethe:* 1. Ichwesen, 2. Eingliederung des Ich in die Mitwelt, 3. Tätiges Ich, Schöpferkraft, 4. Aus Vererbung und früheren Inkarnationen, 5. Verhältnis zur physischen Welt, Generatio, 6. Wirkenskräfte im Physischen, 7. Dualität Männlich-Weiblich, 8. Vitalität, Soziales Leben, 9. Denken, Wollen, Weltaspekt, 10. Geistig-seelische Anlagen, 11. Seelische Aufgeschlossenheit, 12. Reactio, Rückschau, Läuterung.

Wir haben die zwölf Häuser absichtlich breiter berücksichtigt, weil sie bei Rudolf Steiner nicht vorkommen. Auch hier bei Wachsmuth sind sie ja offensichtlich nur versuchsweise geduldet. Er äußerte darüber gesprächsweise zum Verfasser dieser Schrift, daß er wegen der Vielzahl an Berechnungsarten der Häuser mit diesen so sparsam verfahren sei. Im übrigen sei seine Gesamtabsicht bei Abfassung dieses Buches eine allgemeine Hebung des Niveaus gewesen.

Will man den Wert der Untersuchung einschätzen, so muß man hinblicken auf die letzten Kapitel VII bis X: «Todes-Konstellationen historischer Persönlichkeiten», «Das Verhältnis von Geburts- zu Todes-Konstellationen», «Karma und Reinkarnation – Reinkarnationsreihen», «Das individuelle Horoskop». Es erforderte hohen Mut, diese Kapitel abzufassen und einzufügen. Bewirkt wurde – wie vorauszusehen war – eine allgemeine Hinwendung zum Thema Reinkarnation, aber nicht mit der Strenge, wie sie Rudolf Steiner forderte. Es wurde phantasiereich spekuliert. Im Ganzen ändert das aber nichts daran, daß bei diesem Buch viel Mut in der Konzeption wie in der Abfassung erforderlich war, so wie auch viel Mut erforderlich sein wird, seine Inhalte aufzunehmen und zu verarbeiten. Die bisherige Rezeption des Buches ist breit gefächert: Sie geht von der Forderung einer Übersetzung mindestens ins Englische bis hin zu jener Antwort auf meine an einen früheren Mitarbeiter Wachsmuths gerichteten Frage nach seiner Aufnahme im Jahre 1956: «Wir haben Dr. Wachsmuth *so* geliebt – dies Buch haben wir ihm nachgesehen.» Unter diesem Motto ist doch das Gros der Anthroposophischen Gesellschaft an dem Buch vorbeigegangen – eine Haltung, die unter dem von Rudolf Steiner prädizierten Heraufkommen der Astrologie in Spiegelung des dritten Kulturzeitraumes freilich von selber abnehmen wird.

10. Kapitel
«Gäa Sophia»
Guenther Wachsmuth als Herausgeber

Guenther Wachsmuth war nicht ein einsam zurückgezogener Schriftsteller, weltfremd und eingeschlossen im Elfenbeinturm, er war doch Sektionsleiter am Goetheanum und als solcher allen Naturforschern und Naturwissenschaftlern auf anthroposophischem Felde verpflichtet. Dies schlug sich in einer breit angelegten Herausgebertätigkeit nieder. Sowohl Sammelbände wie Einzelpublikationen kamen zustande, vornean die sechs Jahrgänge «Jahrbuch der Naturwissenschaftlichen Sektion der freien Hochschule für Geisteswissenschaft am Goetheanum Dornach», die unter dem Sammeltitel «Gäa Sophia» von 1926 bis 1932 erschienen sind. Wir hatten zu Eingang der vorliegenden Schrift bereits den von Guenther Wachsmuth auf der Weihnachtstagung 1923 gehaltenen Vortrag «Erdenantlitz und Menschheitsschicksal», welcher in Band I dieser Schriftenreihe abgedruckt ist, zitiert. Im übrigen ist dieser Band eine Auswahl aus fast allen naturwissenschaftlichen Disziplinen von der Mineralogie über die Botanik und Zoologie hin zur Anthropologie, von der Geographie zur Völkerkunde bis zu Technik und Architektur. Einer der interessantesten und vielleicht wichtigsten Beiträge kommt aus der Feder des Physikers Dr. Rudolf Maier und schildert die experimentellen Schwierigkeiten mit einem starken Magneten und hoher Stromstärke (1800 Ampère bei 220 Volt) das Licht-Farben-Spektrum so zu biegen, daß das Band sich zum Kreise schließt. Das gewöhnliche Spektrum ist am einen Ende rot, am anderen Ende violett. Bei der Zusammenschließung durch den Elektromagneten tritt daher Rot und Violett zusammen und es wird so Pfirsichblüt erzeugt. Rudolf Steiner hat Rudolf Maier in Einsingen am 14. Oktober 1923 besucht und hat dessen Versuchsanordnung besichtigt.

Der zweite Band – 1927 – ist ebenso wie der erste von 1926 ein Auswahl-Sammelband über die gleichen Gebiete hin wie der erste. Wir greifen heraus: Lilly Kolisko, «Der Mond und das Pflanzenwachstum». Es wurden 240 Maiskörner keimen gelassen einmal bei Neumond zu Vollmond und einmal von Vollmond zu Neumond. Hauptergebnis war, daß die zwei Tage vor Vollmond gesetzten Pflanzen erheblich größer waren als die auch nur zwei Tage später gesäten. «Es war ein imposanter Anblick, durch die langen Reihen hindurchzuschreiten, auf der einen Seite die großen Pflanzen, auf der anderen die kleinen, und dabei zu wissen, daß der Unterschied nur in zwei Tagen liegt. Alle Besucher des Biologischen Institutes, die durch die Versuchsbeete geführt wurden, standen staunend vor diesem Ergebnis. Hatten die Pflanzen, die zwei Tage vor Vollmond gesät wurden, eine Länge von 1,20 m erreicht, dann hatten die zwei Tage jüngeren Pflanzen nur 80 cm.»

Auch der Hinweis Rudolf Steiners auf die mittelbare Autorschaft Toblers an dem Hymnus «An die Natur» ist in einem kurzen Aufsatz von C. S. Picht in diesem Bande erhalten. «Es handelte sich also im vorliegenden Fall darum, daß *die Feder zu diesem Aufsatz einer geführt hatte, der nicht Goethe war: aber die Idee selbst in ihrer Wendung und Führung, die war von Goethe.* Und das versuchte ich nachzuweisen.» Rudolf Steiners Äußerung hierzu findet sich in einem Vortrag vom 5. Dezember 1908.

Band III ist insgesamt der Völkerkunde gewidmet. Ein sicherlich hochinteressanter Beitrag darin ist derjenige von Hermann Beckh, welcher eine in Kaschmir aufgefundene indische Darstellung des übersinnlichen Organismus auswertet, die ganz im Geiste der Hatayoga-Urkunden gehalten ist. Eine Datierung ist nicht bekannt. Im ersten Teil hiervon wird das «okkulte oder elementarische» Rückgrat dargestellt, das die Inder «Berg Meru» nennen. Teil zwei stellt die okkulten Arterien heraus, in denen die Lebensströme zirkulieren. Es sind ihrer 72000! Sodann kommt es zu derjenigen Darstellung, um derentwillen wir das ganze hier referieren – die der Lotosblumen. Zunächst die grundlegende Tatsache, daß beim Inder die Entwicklung anders verläuft als beim Europäer: beim westlichen Menschen verläuft die Entwicklung von oben, von der zweiblättrigen Lotosblume, an und ist nach unten gerichtet –, beim Inder beginnt sie unten bei der vierblättrigen Lotosblume und erstreckt sich nach oben bis zur zweiblättrigen.

Auf der in Kaschmir gefundenen Tafel finden wir folgenden Aufbau dieses Systems:

Stoffwechsel- Gliedmaßen- System	Muladra	4-blättrige Lotosblume	bräunlich
	Svadisthana	6-blättrige Lotosblume	bräunlich
rhythmisches System	Manipura	10-blättrige Lotosblume	in Höhe des Sonnen- geflechtes blaßblau
	Anahata	12-blättrige Lotosblume	Herzenslotosblume hellviolett
Nerven- Sinnes- System	Vishudda	16-blättrige Lotosblume	dunkelrötlich
	Ajna (prokta soham «Ich bin») 2-blättrig		
	Sahasrara	1000-blättrige Lotosblume	

Wesentlich sind sodann – ohne daß wir dies aus Platzgründen fertig ausgeführt referieren könnten – die Darstellungen Beckhs zum Kundalinifeuer. Auch Rudolf Steiner benützt in früheren Auflagen von «Wie erlangt man Erkenntnisse der höheren Welten» diesen Ausdruck, später ersetzt er ihn durch: «geistige Wahrnehmungskraft». «Kundalini, die sich dem indischen Yoga-Beflissenen in der Dreigliederung des Menschenwesens als feurige Kraft, als Wort und Ton, als Licht offenbarte, sie wird für den, der sie auf dem Wege einer christlich-abendländischen Entwicklung erlebt, die Kraft und das Wort und das Licht des Christus.»

Der vierte Band von 1929 ist ganz der Landwirtschaft gewidmet. Hier fällt der auch heute noch interessante Beitrag von Irmgard von Grone-Gültzow auf: «Wie verhält sich der Regenwurm zu biologisch gedüngtem Boden?»

Es tritt die Frage auf: Konnten wir mit Hilfe der biologischen Methode dem Boden die Lebendigkeit geben, die der Regenwurm sucht und wird er dadurch weiterhin unser Helfer sein? Die dazu angestellte Versuchsreihe (naturwissenschaftliches Forschungslaboratorium in Dornach) hatte folgende Anordnung: «eine Holzkiste wurde in vier gleichmäßige Fächer geteilt, deren jedes mit verschieden vorbereiteter Erde gefüllt wurde und zwar eins mit Boden, der mit einer üblichen Verdünnung von Kunstdünger, Kali, Stickstoff, Phosphor enthaltend, gegossen war; das zweite mit einer Verdünnung von Urin. In das dritte Abteil kam Erde, die mit unseren biologischen Präparaten gedüngt war; in das vierte dieselbe Erde ungedüngt als Kontrolle.» Die Versuche ergaben eine starke Zunahme der Regenwürmer in der biologisch-dynamisch behandelten Erde.

In Band V, der eine Sammlung von Aufsätzen aus dem Bereich der Tierkunde enthält, fällt eine Darstellung auf, welche die Ordnung des Tierreiches in Zwölfzahl auf den Tierkreis zurückführt. So hatte es Rudolf Steiner in einer Lehrerkonferenz vom 25. April 1923 angegeben. «Er sprach sich dahin aus, daß man zu der richtigen Zuordnung gelangt, wenn man bei den Urtieren mit dem Zeichen des Krebses beginnt und dann rückwärts von Gruppe zu Gruppe fortschreitet, so daß die Gruppe der Säugetiere mit dem Zeichen des Löwen zusammenfällt.»

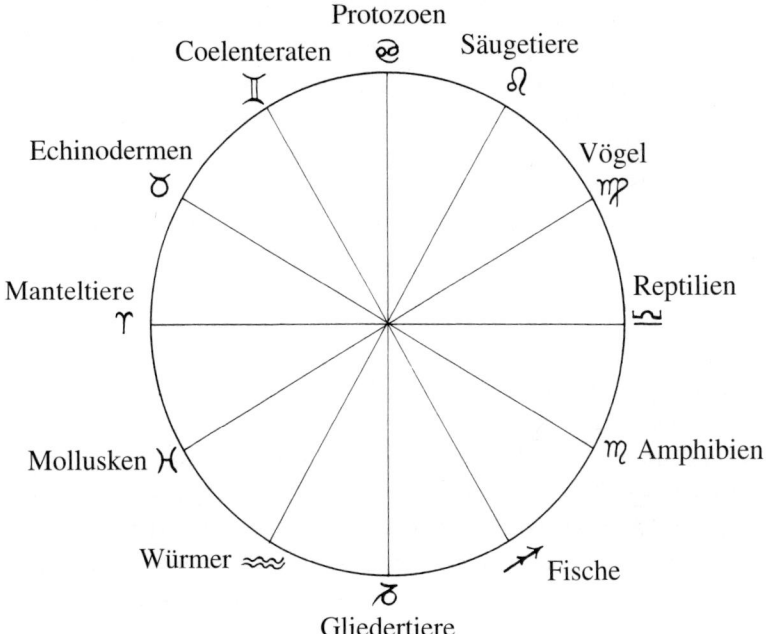

Der sechste Band Gäa Sophia – 1932 – war als Goethe-Jahrbuch eingerichtet und enthielt Beiträge wie «Goethes Metamorphosenlehre und die wiederholten Erdenleben des Menschen» von Wachsmuth, «Goethe und die moderne Biologie» von H. Wohlbold, «Goethe und die Völkerkunde» von R. Karutz. Wir halten uns an den vorzüglichen Aufsatz von Hermann Beckh über «Goethe und die Sternenweisheit». Dieser fußt ganz auf Rudolf Steiners Vorträgen von 1913/14 «Christus und die geistige Welt», wo von Kepler gesagt ist, daß er damals zu seinen Lebzeiten empfand: «Ja, es kommt wieder eine Zeit herauf, wo die alte Astrologie in neuer Gestalt, in durchchristeter Gestalt aufleben darf.» Und Rudolf Steiner fügt hinzu: «Das schreibt ein Mann 1607, in dem lebt und pulsiert, als die neue Zeit heraufkommt, die durchchristete Astrologie, die nur ihren Schatten, den astrologischen Aberglauben, nach sich zieht.» Die Astrologie in ihrer Ursprungsform war ein «Verkehr mit den kosmischen Intelligenzen».

Aber nicht doch, wir haben in der Jetztzeit eine empirische Astrologie, eine «empirische» Forschungsrichtung in der Astrologie, die sich darauf beruft, daß sie durch eine rein statistische rechnerische Prüfung des erreichbaren Tatsachen-Materials – man sucht von der empirischen Vergleichung einer möglichst großen Anzahl von Geburtskonstellationen auszugehen – zu ihren Ergebnissen kommen will. Aber so – durch Nachdenken oder durch empirisches Forschen, kann niemand zur Astrologie kommen, die ihrem Wesen nach Verkehr mit den kosmischen Intelligenzen ist. «Daher muß man den Erkenntnisweg machen, der einen dazu führt, sich mit den kosmischen Intelligenzen verständigen zu können.»

«Gerade bei ernster und geistgemäßer Beschäftigung mit diesen Dingen wird sich doch der Gedanke unserer Seele bemächtigen, *daß ein tiefer, bedeutsamer,* für die Menschheit von heute allerdings noch kaum zu enträtselnder *Zusammenhang zwischen Himmelsschrift und Erdengeschehen allerdings besteht.*»

Und dann wird mit Ausführlichkeit des Problems von Freiheit und Notwendigkeit gedacht und am Schluß endlich der Blick auf die Gestalt der Makarie in Goethes «Wilhelm Meisters Wanderjahre» gerichtet und Rudolf Steiner abermals zitiert (siehe: «Die okkulte Bewegung im neunzehnten Jahrhundert...», GA 254, 6. Vortrag – Abschnitt über Makarie): «Da haben wir auf eine sehr bedeutungsvolle Art die Anschauung dargestellt, wie die Seele des Menschen wirklich werden will, wie die Seele des Menschen aus dem Inneren heraus wiederum zur Sternenwelt zurückkehren wird». Wir haben diese wenigen Sätze nur herausgegriffen, um begreiflich zu machen, daß hier ein wirklich vorzüglicher Aufsatz über die Geschichte und Zukunft der Astrologie vorliegt, der in gewissem Sinne als Höhepunkt dieses sechsten Bandes gelten darf.

So ist die Herausgebertätigkeit Guenther Wachsmuths ein höchst erfolgreicher Zweig seines Engagements überhaupt gewesen, welches das geistige Leben seiner Sektion entfacht hat und im Ganzen höchst anregend gewirkt hat. Noch heute hat so mancher Beitrag, wie namentlich das Beispiel Hermann Beckhs über Goethe und die Sternenweisheit zeigt, nichts von seiner Aktualität verloren.

Im Zusammenhang mit dem Forschungslabor ist nachzutragen, daß noch Mitarbeiter von Rang sich etwas später hinzugesellten; da ist einmal Paul Eugen Schiller zu nennen, Physiker und Diplomingenieur, ferner der Chemiker Dr. E. Otto Eckstein.

Paul Eugen Schillers Biographie ist so bemerkenswert, daß über ihn ausführlich berichtet werden soll. Er wurde am gleichen Tag geboren wie Guenther Wachsmuth, am 4. Oktober, nur 7 Jahre später, 1900 also, in Stuttgart-Bad Cannstatt. Er entstammte einfachen Verhältnissen. «Schon als Kind neigte er dazu sich abzuschließen», schreibt er selber und: «Die Mutter fragte einmal den Achtjährigen, warum er immer so ernst sei und nicht wie andere Kinder fröhlich spielen würde?» Worauf er antwortete: «Weil mir immer etwas über die Schulter schaut!» Dabei erlebte er dieses «etwas» nicht als feindlich, wohl aber als ein ernst Mahnendes.

Nach acht mühevollen Schuljahren begann er eine Lehrzeit in einer Maschinenfabrik. Das empfand er wie eine Befreiung. Nach der Entlassung vom Militär folgten «Not-Kurse», Abitur und Studium an der Technischen Hochschule. Seine Diplomarbeit schloß er mit «sehr gut» ab, der höchsten Note. Seinem ursprünglichen Plan, Assistent an der Hochschule zu werden, um später dort die Hochschullaufbahn einzuschlagen, wurde er untreu, nachdem er Anfang 1920 drei Vorträge Rudolf Steiners gehört hatte. So wurde er dessen Schüler, trat 1923 in das Stuttgarter Forschungslaboratorium ein und arbeitete an von Rudolf Steiner gestellten Aufgaben mit. Nach der Weihnachtstagung wurde er von Rudolf Steiner gefragt, ob er nicht die Jugendsektion an der Freien Hochschule führen wolle. Mit Hinweis auf seinen ohnehin schon verlängerten Ausbildungsgang, der für seine Eltern zu teuer werden würde, mußte er schweren Herzens absagen. Im Frühjahr 1926 rief ihn Guenther Wachsmuth nach Dornach. Er hatte den größten Teil der Apparate und Werkzeuge des aufgelösten Stuttgarter Laboratoriums mitzubringen und im

Paul Eugen Schiller

Friedrich Eckstein

sogenannten Heizhaus ein einfaches physikalisches Laboratorium einzurichten. Für die experimentelle Arbeit mußte erst Geld verdient werden. Das Vortragswesen am Goetheanum in dieser frühen Zeit wurde weitgehend von den Naturwissenschaftlern bestritten. Später kam Paul Eugen Schiller dann zur Laborarbeit – an der akustisch-empfindlichen Flamme. Er entwickelte dabei das Superstroboskop, das er auch Firmen vorführte. Dadurch kam er auch nach England, wo er vom Krieg überrascht wurde. Als Internierter kam er nach Australien in ein nationalsozialistisches Lager. Er hielt hier regelmäßig anthroposophische Vorträge. Den zu Eingang üblichen Hitlergruß umging er, indem er immer schon redend auf das Pult trat. 1946 entlassen, kehrte er nach Dornach zurück, wo er als Helfer für Wachsmuth sowie als Vortragsredner wirkte. Später gab es wieder große Reisen zu Vorträgen in den USA, in Kanada, Südamerika, Neuseeland und Australien. Das höchste Vortragshonorar, das Paul Eugen Schiller je erhalten hat (möglicherweise das höchste Vortragshonorar, das je gezahlt wurde) betrug SFr. 22 000,– (entspricht heute 200 000,– bis 300 000,– SFr.).

In seiner experimentellen Arbeit verfolgte er das von Rudolf Steiner gesetzte Ziel, das Ätherische innerhalb der Sinneswelt sichtbar zu machen. Mit der größten Ausdauer ging er vor. Georg Maier sagte einmal darüber: «Was Paul Eugen Schiller untersucht hat, das ist so solide untersucht, daß jede Nachuntersuchung Zeitverschwendung ist.» Wir verdanken Paul Eugen Schiller weiterhin eine geisteswissenschaftliche Darstellung «Vom Wesen der Wärme» von 1961; ferner eine Schilderung unter dem Titel «Der anthroposophische Schulungsweg», die 1990 in zweiter Auflage erschien. Im Jahre 1957 war eine Schrift «Naturwissenschaft und Geisteswissenschaft» erschienen. Sieben Jahre nach Guenther Wachsmuth war er geboren, dreißig Jahre hat er ihn überlebt.

Zur gleichen Generation der um die Jahrhundertwende Geborenen gehört Dr. E. Otto Eckstein, in Stuttgart zur Welt gekommen am 22. März 1894 als Sohn des Inhabers der bekannten Kunstdruckanstalt Eckstein & Staehle. Zunächst studierte er in Clausthal/Harz im Bergfach. Der erste Weltkrieg unterbrach das Studium. Er wurde begeisterter Fliegeroffizier. Wegen seiner Verwundungen änderte er das Studienziel, er studierte jetzt Chemie an der Technischen Hochschule in Stuttgart und schloß mit dem Dr. Ing. ab.

1926 kam er als Mitarbeiter des chemisch-biologischen Forschungs-laboratoriums am Goetheanum in die Schweiz. Durch zahlreiche Vorträge und Artikel rasch bekannt geworden, widmete er sich außerdem der Förderung der biologisch-dynamischen Wirtschaftsweise, deren über dreihundert Betriebe im alemannischen Sprachgebiet er regelmäßig besuchte.

Am 1. Dezember 1934 trat er in die Weleda in Arlesheim ein. «Die sorgfältige häusliche Erziehung Ecksteins in guter alter Stuttgarter Familie, sowie sein abgerundeter akademischer Bildungsgang einerseits und die Veranlagung zu straffer Männlichkeit, mit offenkundiger Freude am Wagnis, gemildert aber wiederum durch ein außerordentliches verbindliches menschliches Wesen andererseits, prädestinierten diesen Mitarbeiter, die Firma in Zusammenkünften von Ärzten und Pharmazeuten im In- und Auslande zu vertreten», so äußerte sich Edgar Dürler, Präsident der Weleda. Und die «Nationalzeitung» ergänzte das Bild: «Alle, die Dr. Eckstein kennenlernten, fühlten sich sofort von seiner herzlichen Gemütswärme angezogen. Seine liebenswürdige Art machte ihn vielen Menschen zum Freunde... Musik, wie alle Kunst, war ihm ein Lebenselement. Mit seiner schönen, geschulten Stimme trat er selbst oft hervor.»

Dies alles ist zu lesen in den Nachrufen, die Anfang September 1944 erschienen, als er zusammen mit seinem Freunde und Bergkameraden Dr. Peter Christ im Berninagebiet abgestürzt war. Wachsmuth hebt Ecksteins Schrift «Mensch und Gestein» hervor, «die 1930 erschienen, nun schon in dritter Auflage vorliegt.» Außerdem hatte er teilgenommen an den Montag-Abenden, «wo allwöchentlich der landwirtschaftliche Kursus Rudolf Steiners und das damit verwandte Erkenntnismaterial gemeinsam durchgearbeitet wurde. Dort waren seine Referate und immer anregenden und fruchtbaren Beiträge in der Besprechung für uns alle von höchstem Wert.»

Frieda Bessenich, bei Straßburger ausgebildete wissenschaftliche Botanikerin, kam 1934 mit ihrem Gatten, dem bedeutenden Maler Dr. Jérôme Bessenich, nach Dornach. Am 9. Februar 1892 geboren, hatte sie bei Straßburger die Entdeckung der Kernteilung bei der Pflanze miterlebt. Nun war das erste, das auf sie am Goetheanum zukam, eine persönliche Freundschaft mit Ehrenfried Pfeiffer und seiner Frau. «Dann leiteten die wissenschaftliche Vorbildung und gemeinsame Interessen den weiteren Weg aber bald ganz natürlich in die Arbeit an unserem Forschungslaboratorium. So trat sie in dieses im Jahre 1938 als Mitarbeiterin ein.» Im Laboratorium wurde ganz besonders auch an der Pfeifferschen Kristallisationsmethode gearbeitet, aber «Kristallisation will ich nicht» – so sagte sie vorerst. Durch Pfeiffers Übersiedelung in die USA wurde die Frage akut, wer die Kristallisationsarbeit hier in Dornach fortsetzen könne. «Anfangs hatte E. Pfeiffer geplant, dies im ‹Pendelverkehr› zwischen USA und Dornach zu gestalten; durch den Eintritt Amerikas in den Krieg wurde dies verunmöglicht.» So kam es zu der allseits begrüßten Lösung, daß Frieda Bessenich die Blut-Kristallisationsabteilung des Forschungslaboratoriums übernahm. Wichtige Arbeitsergebnisse hat sie in den Publikationen der Naturwissenschaftlichen Sektion in ihren Schriften «Beiträge zur Erforschung der Bildekräfte durch empfindliche Kristallisationen» und «Zur Methode der empfindlichen Kristallisation» dargelegt und allgemein zugänglich gemacht.

11. Kapitel
Große Tagungen. Krisen

Im Zusammenhang mit den früher noch zu Lebzeiten Rudolf Steiners veranstalteten Summer Schools in England muß die «World Conference on Spiritual Science and its Practical Applications» gesehen werden, welche vom 20. Juli bis 1. August 1928 in London veranstaltet wurde. Die Idee zu dieser Tagung stammte von Daniel N. Dunlop[106], der den Plan hierzu und zu weiterem noch mit Rudolf Steiner besprochen hatte. So wurde diese World Conference lange und gründlich vorbereitet. Sie bot schließlich in zwölf Tagen eine Fülle von einzelnen Veranstaltungen. Als Redner traten auf: Rittelmeyer, Unger, Hahn, Wegman, Schickler, König, Zeylmans, Vreede, Pfeiffer, E. und L. Kolisko, Stein, Barfield, Polzer, Heydebrand, Harwood, Karl Schubert, Graf Keyserlingk, Leinhas, Röschl und schließlich Guenther Wachsmuth.

Die zunehmenden Konflikte namentlich in der deutschen Anthroposophischen Gesellschaft haben die von Dunlop beabsichtigte Fortführung solcher Tagungen in weiteren europäischen Hauptstädten verhindert. Wegman wurde ein schwerer Vorwurf daraus gemacht, so kurz vor der Eröffnung des neuen Goetheanum im Herbst 1928 eine große öffentliche Veranstaltung an der Peripherie befürwortet und unterstützt zu haben. Interessant bleibt immerhin, daß Guenther Wachsmuth zwei Monate vor der von ihm selbst organisierten Tagung in Dornach in aller Ruhe und Gelassenheit auf der World Conference in London seinen Vortrag gehalten hat.

Am Goetheanum waren nun inzwischen die Arbeiten soweit vorangekommen, daß an die Planung der bereits am 27. Mai 1928 angekündigten Eröffnungstagung herangegangen werden konnte. 2600 Anmeldungen – ausschließlich von Mitgliedern – lagen vor. Dies bedeutete, daß die sechsundzwanzig Redner oft zweimal mit dem gleichen Thema, einmal im großen Saal und einmal in der Schreinerei auftreten mußten. Es dürfte diese Tagung die größte gewesen sein, die je im Goetheanum stattgefunden hat. Guenther Wachsmuths ganze organisatorische Begabung und Geschick sprachen sich in ihr aus. Und wenn man sie einordnet in das biographische Gesamtgeschehen – Wachsmuth wurde während des Tagungsverlaufes fünfunddreißig Jahre alt – so war sie ein Mittelpunktsgeschehen ganz eigener Art. Welche karmischen Verursachungen führten hin zu solch einem Schicksal? Gegen den Widerstand einer Front von defätistisch Eingestellten geht der jugendliche Schatzmeister aus und trägt auf seinen Schultern die Frucht seines Sieges heim. «Der Chronist der Baugeschichte, der Einblick in sein vielseitiges Wirken gewinnt, muß aber eine echte Bewunderung für die Art empfinden, wie dieser unermüdliche Diener der Sache, neben der Erledigung seiner anderen Pflichten, von sich einen so großen Einsatz für den Bau abverlangte. Dank ihm – es ist nicht zu viel gesagt – ist das Goetheanum kein Torso ohne Westfront geblieben.» Wir haben den größten Respekt vor der wissenschaftlichen Gesamtleistung Wachsmuths, wir zollen jede Menge Beifallstribut der administrativen Leistung, aber hier ist sein eigentliches Hauptstück zu Tage getreten: ist er doch der eigentliche Erbauer des zweiten Goetheanum, bei dem alles zusammenlief und der den eigentlichen Ton angab. Wie diese Führungsfunktion aufgefaßt sein wollte, ergab sich beispielsweise aus der Vortragsankündigung bei dieser Eröffnungstagung. Es wurde angezeigt: Dr. G. Wachsmuth, E. Pfeiffer, P. E. Schiller: «Das Wort offenbart sich in der Natur». Das war Gemeinschaftsleistung neuer Art, das was wir heute als Teamwork bezeichnen würden. So verstand Wachsmuth sein Darinnenstehen in dem Gesamtzusammenhang des Goetheanum, absolut führend, wir würden es heute vielleicht sogar als autoritativ bezeichnen, und dennoch gleichzeitig äußerst zurückhaltend in der Zusammenarbeit vorgehend. Das Resultat bei den Mitarbeitern zumindest seiner unmittelbaren Umgebung war der spontane Ausruf: «Wir haben Dr. Wachsmuth *so* geliebt.» Dabei war es durchaus so, daß man ständig im Abstand lebte mit der sehr ernst gefühlten Frage, ob man ihm denn auch genügte in seinem Sein, in seinem Tun. Und er wiederum konnte sagen: «Menschen, die mich nie überraschen, mit denen kann ich nichts anfangen.»

Und nach der Tagung äußerte Albert Steffen, der Erste Vorsitzende: «Die gehegten Erwartungen haben sich erfüllt. Das Goetheanum als Träger geistiger Impulse hat sich bewährt. Überall ist unermüdliche Tatkraft und gewissenhafter Fleiß, oft zu schöpferischen Leistungen imposanter Art gesteigert, zutage getreten. Selbst die Fehler, die begangen worden sind, haben sich fruchtbar erwiesen.

Teilnehmer der Tagung, die weit in der Welt herumgekommen sind, sagten mit Recht: Wo bekommt man sonst dergleichen zu sehen und zu hören? Wo setzen sich die Menschen derart mit ihrem ganzen Wesen ein? Wo gibt es solche Möglichkeiten?»[107]

Als Kernstück der Tagung wurde das erste und zweite Mysteriendrama Rudolf Steiners je zweimal aufgeführt, ferner gab es abends Eurythmie und Sprechchöre; zum Eingang wurde die Grundsteinlegung eurythmisch dargestellt. So durfte diese Eröffnungstagung als ein großer Erfolg für das Goetheanum und die Anthroposophie, für Guenther Wachsmuth und die Bauleitung betrachtet werden und für die ganze Allgemeine Anthroposophische Gesellschaft.

Nicht auf dieser Tagung, sondern auf der Londoner World Conference im Sommer 1928 beruhte nun der Plan zu einem naturwissenschaftlichen Kongreß: «In Holland führte dieser Londoner Erfolg zu dem Plan, sich in einem bescheidenerem Rahmen der niederländischen akademischen Welt vorzustellen und dabei besonders die universitäre Jugend anzusprechen. So wurde im November 1929 in Amsterdam ein naturwissenschaftlicher Kongreß veranstaltet, an dem etwa fünfhundert Akademiker, vornehmlich holländische Studenten, teilnahmen. Die Erfahrungen waren überraschend: die aufgeschlossene Zuhörerschaft begnügte sich nicht mit den zahlreichen Fachvorträgen – sie suchte direkten Gesprächskontakt mit den Rednern, ließ in den Diskussionen nicht nach und führte oft bis tief in die Nacht Gespräche mit den Veranstaltern, unter denen sich auch Ita Wegman befand. Hier zeigte sich, daß die Teilnehmer eine menschliche Verbindung mit den Anthroposophen suchten.»[108]

Ein holländischer Medizinstudent – Hans Grelinger – hatte im November 1929 den Anstoß dazu gegeben, daß so viele Studenten an dem Kongreß teilnahmen. Von diesem Erfolg angeregt, plante er eine Jugendtagung für den Sommer 1930. «Grelinger merkte schon bald, daß seine Idee in ganz anderen Dimensionen zündete, als er sich das vorgestellt hatte: geplant waren zweihundert Teilnehmer aus Holland.» Die Tagung wurde durch drei Ausgaben einer «Kampzeitung», die in einer Auflage von 15 000 Exemplaren an niederländische Studenten verteilt worden waren, bekannt gemacht. Statt zweihundert oder sechshundert reisten über eintausend junge Menschen an. «Innerhalb weniger Stunden muß- ten Essen und Schlafgelegenheiten für weitere vierhundert Personen or- ganisiert werden. Das gelang... Die Teilnehmer kamen aus dreiund- zwanzig Ländern.» Die Tagung dauerte vom 2. bis 10. August 1930, sie ist, wie Emil Leinhas schrieb, «in einer Weise gelungen, wie es kaum erwartet werden durfte».[109] Von den eintausend Teilnehmern hatten sechshundert nie oder kaum von der Anthroposophie gehört. Damit war eines klar geworden: dieses «Kamp de Stakenberg» war eine Einfüh- rungstagung – Dornach 1928 war eine «Fortgeschrittenen»-Tagung zur Vertiefung in die Anthroposophie; zwei Tagungen also mit ganz ver- schiedenen Zielsetzungen.

Guenther Wachsmuth, der als Redner in Holland teilnahm, schickte an seine Frau einen Stimmungsbericht:

«Hier ist es doch sehr nett, es sind tatsächlich etwa 1000 Menschen da, und sehr, sehr viele nette Leutchen dabei, und nur ca. 1/3 Anthroposo- phen. Mein Vortrag ging sehr gut, wie mir allseits versichert wurde, ich mußte sogar einmal 10 Minuten lang den Regen überschreien, der auf das Zelt mit Dröhnen niederprasselte, aber scheinbar hab ich doch noch lauter gebrüllt, denn die hintersten in dem Riesenzelt habens doch verstanden. Am ersten Tag war Sonne, zweiten Regen, dritten Sturm, heute wieder Sonne. Der Sturm gestern hat drei große Zelte einfach in die Luft gehoben, die Stangen weggebrochen und weggesegelt, so daß Rednerpult und Bän- ke plötzlich frei in der Heide standen. Man hat sie aber nachts schon wieder aufgebaut. Ich wohne in einem netten großen Haus zu ebener Erde mit schönem Blick über die Heide, die Zelte stehen im Wald und sehen nachts mit ihren vielen Lichtchen ganz romantisch aus. Das Abfüttern der 1000 Leute im Speisezelt hat natürlich seine Primitivitäten, wird aber mit Humor durchgeführt. Ich fahre dann meistens hinterher noch mit Pfeiffer, der Braut und Frl. Tak im Auto durch den Wald zu einem netten Restau- rant, wo es einen köstlichen holländischen Kaffee gibt (mit Milch natür- lich, aber nicht unstark). Bekommt mir vorzüglich. Sogar [Paul] Bühler ist da und wird heute aus seinem neuen Roman vorlesen. Neben mir übt ein Orchester und überall im Wald quietscht oder geigt oder hupt natürlich ein Instrument. Es ist schon eine ganz drollige Sache. Vormittags haben Pfeiffer und ich naturwissenschaftliche Arbeitskurse und es wird einem natürlich die Seele aus dem Leib gefragt. Bis jetzt aber immer sehr nett. Es ist wirklich eine Stimmung der fröhlichen Zusammenarbeit, die bis jetzt nicht gestört wurde...»[110]

Wir können nicht umhin, auch über Krisenhaftes in der Entwicklung der Allgemeinen Anthroposophischen Gesellschaft zu berichten. Wir hatten schon hervorgehoben, daß Guenther Wachsmuth anders in diesen Zusammenhängen darinnenstand als etwa Ita Wegman, die unter den Folgemomenten der Weihnachtstagung zu leiden hatte. Nun ist der Verlauf der ersten zehn Jahre nach dem Ableben Rudolf Steiners eine teils glückliche Expansion der Gesellschaft, aber – wie kann es anders sein bei einer Gruppe, die in keiner Weise aufeinander eingespielt war – auch eine Reihe von Fehlhandlungen und wohl auch Fehlhaltungen, welche zu Mißverständnissen, schließlich «bei vielen in unserer Gesellschaft zu Krisisstimmung, bei vielen anderen zu einer Stimmung der Verzweiflung» führte.[111] Da sich die negativen Dinge aufhäuften und steigerten, wurde eine Lösung gesucht und schließlich gefunden: es kam zur Abwahl Ita Wegmans und Elisabeth Vreedes von ihren Vorstandsämtern. Es geschah dies definitiv am Sonntag, den 14. April 1935, nachdem es sich durch Jahre hin vorbereitet hatte. Namentlich die Generalversammlung 1934 hatte am 27. März ganze Vorarbeit geleistet. Wir wollen der Vollständigkeit halber doch die Abbreviaturen einer Tagebuchwiedergabe nützen, wollen die Notizen von Alice Wachsmuth zur Generalversammlung 1934 und 1935 heranziehen.[112]

«Dienstag, den 27. März 1934: Zehn Uhr: Generalversammlung. Fülle von Menschen. Geladene Stimmung. Abgabe von Erklärung der Dornacher Arbeitsgruppen. Und Abgabe der ‹Willenserklärung› von einem Teil der Engländer (Kaufmann), Holländer (Zeylmans) und Deutschen (Kolisko). Verlesung eines Briefes von Frau Dr. Wegman, die krank ist. Guenther hat die Leitung. Ansprache von Steffen zuerst. Verlesung des Wirtschaftsberichtes von Guenther. Sehr erregte Sitzungen: Vormittags, nachmittags und abends bis $\frac{1}{2}$12 Uhr. Mittwoch, 28. März: 10 Uhr Fortsetzung der Generalversammlung. Gegenseitig: Schwere Anklagen (Kolisko's Buch über Chemie). Kaufmann gegen Steffen: Steffen legt den Vorsitz nieder und verläßt mit Frau Marie Steiner den Saal, Guenther seinen Vorstandsplatz, auf dem ihren bleibt nur Frl. Dr. Vreede sitzen. – Tumultartiger Erfolg. Abstimmung: ca. 800 Stimmen für Steffen, ca. 80 gegen ihn. Auftrag der Versammlung an Guenther, das Ergebnis Steffen zu bringen. Schwererregte Mittagspause. $\frac{1}{2}$ 4 Fortsetzung mit Steffen, Frau Dr. Steiner, Guenther, Frl. Dr. Vreede. Schluß der Sitzung am späten Nachmittag.»

Im Februar 1935 war die «Denkschrift» erschienen[113], dann brachte das Nachrichtenblatt eine Ankündigung der Generalversammlung von 1935, auf den 14. April 1935. Unter Punkt 3 und 4 dieser Versammlung sollte über drei Anträge I–III abgestimmt werden, mit Hilfe von welchen die Ausschlüsse von Dr. Wegman und Dr. Vreede aus dem Vorstand und einiger Funktionäre aus der Gesellschaft bewerkstelligt werden sollten. Wir folgen wieder Alice Wachsmuths Tagebuch:

«Sonntag, 14. April 1935: Generalversammlungstag. 10 Uhr Beginn der Versammlung. Überfülle im großen Saal des Goetheanum. Zum ersten Male wirklich vornehmer Stil. Abstimmung der Anträge:

Zur ersten Abstimmung (Frau Dr. Wegman und Dr. Vreede)

1691 ja, 76 nein, 53 Enthaltungen

zu den Statuten

1692 ja, 34 nein, 51 Stimmenthaltungen.

Schluß gegen 6 Uhr.»

Wie tief muß nach all dem Vorgefallenen am nächsten Tag das Drama «Das Todeserlebnis des Manes»[114] gewirkt haben. Kommentar im Tagebuch von Alice Wachsmuth: «Ein gewaltiges Werk! Wunderbar die Einheit von Text und Spiel, Kulissen, Musik. Gertrud innig-schön als Nadhira.»

Nun ist bei all diesem Geschehen, das nur als tragisch bezeichnet werden kann, die Erinnerung wachzurufen an das Geschick des Goetheanum in der Sylvesternacht 1922. Wir durften hinweisen auf jenen Aufsatz der Astrologin Elsbeth Ebertin, der aufmerksam machte auf ein mögliches Brandgeschehen: Mars und Uranus fanden sich bei der Sonne Rudolf Steiners ein, was auf einen Brand hinwies. Es ist nun die Frage berechtigt und erlaubt, ob das unglückliche Geschehen 1935 in ähnlicher Weise in der Sternenschrift verzeichnet gewesen sein könnte wie dreizehn Jahre zuvor der Brand? Dies ist durchaus der Fall gewesen. Wir müssen dazu den Sonnenstand der beteiligten Hauptpersonen festhalten:

Szenen aus Albert Steffens Drama «Das Todeserlebnis des Manes» mit Gertrud
Wachsmuth als Nadhira.

Rudolf Steiner, geboren am 25. Februar 1861, hat die Sonne stehen bei 7° Fische, Ita Wegman bei 2° Fische (22. Februar 1876), Frau Marie Steiner hat den Sonnenstand von 23° Fische (15. März 1867). Und nun verfolge man transitastrologisch den Übergang von Saturn über diese drei benachbarten Positionen: ♄ bei 2° Fische 4.–11. März 1935, 7° Fische 19.–28. April 1935, bei 23° Fische Ende Februar 1937. Ein engagierter Astrologe hätte ein tragisch-deprimierendes Ereignis auf Jahre im voraus für diese Zeiten: 4.–11. März 1935, 19. April–28. April 35, anzeigen können. Noch eine andere Spanne verwirklicht sich in der Zeitdistanz: 1902, das Jahr der Begründung der deutschen Sektion der Theosophischen Gesellschaft und ihr Wirken mit Rudolf Steiner bis 1925 und weiter bis 1935 – das sind genau dreiunddreißig Jahre.

Vom Sterben Rudolf Steiners bis zu ihrem eigenen Ableben verblieben Ita Wegman 18 Jahre. Die Mitte dieser Zeitspanne fiel auf 1934. Schon erwähnt haben wir den gemeinsamen Besuch von Guenther Wachsmuth und seiner Frau mit dem Ehepaar Steffen in der Klinik, unmittelbar vor Ita Wegmans Kremation.

Einige Jahre danach – am 9. Mai 1939 – kam es zum Hinübergehen von Frau Alice Wachsmuth in ihrem siebzigsten Lebensjahr. Laut ärztlicher Todesbescheinigung war die Todesursache «Herzschlag/Myodegeneratio cordis». Guenther Wachsmuth hatte nicht ohne Grund Jahre zuvor seine Warnung ausgesprochen, er kenne in ganz Dornach niemanden, der so viele Veranstaltungen mitmache wie seine Mutter.

Die Rückkehr zu normalen Verhältnissen nach dem Kriege brachte eine Normalisierung in Wachsmuths eigenen Arbeitsverhältnissen mit sich. Dies drückte sich auch in den Arbeitsabläufen des Goethe-Jahres 1949 aus. Zunächst ist zu berichten von dem im März erschienenen Sammelband «Goethe in unserer Zeit», in welchem vierzehn Beiträge vereinigt sind, welche zum großen Teil seither nichts an Aktualität verloren haben. Der Untertitel lautet: «Rudolf Steiners Goetheanismus als Forschungsmethode». Und so sei einer der Beiträge wieder referiert, der von besonderer Zukünftigkeit erscheint: Joachim Schultz: «Die Blattstellungen im Pflanzenreich als Ausdruck kosmischer Gesetzmäßigkeiten». Zu Eingang schildert Schultz die Beziehung Goethes zu dem Münchener Botaniker Karl von Martius; dieser hatte Goethe auf die zwei Grundkonstanten *Vertikalsystem* und *Spiralsystem* im Leben der Pflanzen aufmerksam gemacht. Die zentrale beherrschende Instanz kommt in der linearen Stengelbildung zum Ausdruck, während er im Spiralsystem das «Fortbildende, Vermehrende, Ernährende» der Pflanzenbildung erblickte. Hier macht sich das Hereinschießen der Zahl in die Organisation der Pflanze bemerkbar. Alexander Braun, ein Schüler von Martius, stellt nun die grundlegenden Gesetze für die spiralen Blattstellungsreihen auf. Er schreibt eine Abhandlung: «Vergleichende Untersuchung über die Ordnung der Schuppen an den Tannenzapfen, als Einleitung zur Untersuchung der Blattstellung überhaupt». Sie erscheint 1831 in den Acta nova physico-medica Academiae Leopoldini Carolini Tom. 15. In dieser Arbeit wird darauf aufmerksam gemacht, daß die verschiedenen Blattstellungstypen durch eine Hauptreihe in der Abfolge der Brüche $\frac{1}{2}$, $\frac{1}{3}$, $\frac{2}{5}$, $\frac{3}{8}$, $\frac{5}{13}$, $\frac{8}{21}$, $\frac{13}{34}$ erscheinen. Und zwar

$\frac{1}{2}$	(= zwei Blattansätze pro eine Stengelumkreisung) bei Monokotylen, Gräsern, Getreide, Iris, Schneeglöckchen, Gladiole, Tulpe, Zwiebel, Lauch, Wicke, Bohne, Erbse.
$\frac{1}{3}$	dreikantige Ried- und Sauergräser, Herbstzeitlose.
$\frac{2}{5}$	bei Dikotylen: Rosaceen, Veilchen, Schöllkraut, Margerite, Schafgarbe.
$\frac{3}{8}$	häufigste Stellung der Cruciferen z.B. Kohl; Löwenmaul, Lein, Eisenhut, Nießwurz, Habichtskraut.
$\frac{5}{13}$	Löwenzahn, Königskerze, Wermut, Gänseblümchen, Diptam, Kartoffel, Sanddorn.
$\frac{8}{21}$	Färberwaid (Isatis), Coniferen (Weiß- und Rottanne, Lärche) beherrscht ferner die Ordnung der Tannenzapfen.
$\frac{13}{34}$	Zapfen der Latschenkiefer.

Schaut man auf die Winkel, die in diesen Brüchen dargestellt sind, so ergibt sich:

1/2	1/3	2/5	3/8	5/13	8/21	13/34
180°	120°	144°	135°	138°28'	137°9'	137°39'

137°39' aber ist die Winkelbeziehung des goldenen Schnittes

Die spiralen Blattstellungen erweisen sich folglich als stufenweise Abweichungen von dem urbildlich zugrundliegenden goldenen Teilungsverhältnis. Das Verhältnis $\frac{13}{34}$ und $\frac{21}{55}$ Überschreitende weisen in besonders weit zurückliegende Erdvergangenheit zurück.

Und so hätten wir denn: einmal Kreuz- oder gegenständige Blattstellung und sechsmal asymmetrisch-spirale Stellungen und können nunmehr erkennen

1   daß die Kreuz- oder gegenständige Blattstellung zur Sonne gehört,
2   die $\frac{1}{2}$-Stellung bei Gräsern, Lilien, Schmetterlingsblütlern zum Monde,
3   die $\frac{1}{3}$-Stellung bei Ried- und Sauergräsern zum Merkur,
4   die $\frac{2}{5}$-Stellung bei Rosengewächsen zur Venus gehört,
5   die $\frac{3}{8}$-Stellung bei Kreuzblütlern zum Mars,
6   die $\frac{5}{13}$-Stellung bei Löwenzahn, Gänseblümchen, Königskerze und Riesennatterkopf zum Jupiter tendiert,
7   die $\frac{8}{21}$-Stellung als Hauptstellung bei Nadelhölzern zum Saturn sich einordnet.

Im weiteren Verfolg der Arbeit wird die jeweilige Zuordnung noch bis in die planetarischen Bahnverhältnisse hinein verfolgt. Es wird geschlossen mit Rudolf Steiners Hinweis:

«Prinzip der künftigen Forschung muß es mehr und mehr werden, nach der Erde hinzuweisen, um die Geheimnisse des Himmels zu finden, und nach dem Himmel hinzuweisen, um die Geheimnisse der Erde zu entdecken.»

An anderer Stelle hat Rudolf Steiner ausgeführt, daß es in der Zukunft Epochen geben werde, in denen es nicht genügen werde, Botanik so zu treiben wie gegenwärtig, sondern daß es dann darauf ankommen werde zu wissen, was von der planetarischen Welt durch die einzelne Pflanze hindurchwirkt.[115] Hier in der Arbeit von Joachim Schultz ist ansatzweise die kosmische Durchdringung des Irdischen sichtbar gemacht.

12. Kapitel
Erste Krankheit. Literarisches

1949–1956

In der Woche nach Pfingsten 1949 kam es nach einer teils durch die nationalsozialistische Epoche, teils durch den Krieg herbeigeführten Unterbrechung zu einer Wiederbegegnung Wachsmuths mit dem Stuttgarter Arbeitszentrum. Er, der schon 1924 zusammen mit Rudolf Steiner an Stuttgarter Lehrerkonferenzen teilgenommen hatte, wurde nun von Dr. Schwebsch durch die – baulich erst wiedererstehende – Schule geführt. Ferner gab es eine Teilnahme an einer Tagung der «Arbeitsgemeinschaft der Naturwissenschaftler». Abends fanden im ersten Wochenteil Vorträge in der Anthroposophischen Gesellschaft statt, in der zweiten Wochenhälfte Vorträge im großen Saale der Stuttgarter Technischen Hochschule. «Auf dem Engelberg durfte ich die von Herrn und Frau Dr. Kempter vorbildlich aufgebaute kleine Landschule besuchen, wo uns die Kinder eine entzückende Darbietung ihrer ersten Eurythmie- und Sprachkünste gaben.» Wenn man bedenkt, daß nach vierundvierzig Jahren die «vorbildlich aufgebaute kleine Landschule» einen großen Betonbau bevölkert mit jetzt fast eintausend Schülern, so ermißt man in etwa den seither gewonnenen Fortschritt.

Am Ende der mit Veranstaltungen vollgepropften Woche bemerkt Wachsmuth, daß der physische Leib anfing, insgeheim zu revoltieren, «wie es eben geht, wenn man seit weit mehr als einem Jahr keinen einzigen freien Tag gehabt hat. Aber auch das nahm ich gern in Kauf – nur mit der Absicht, das nächste Mal die gedrängte Fülle in so kurzer Zeit etwas weniger allopathisch zu dosieren.»[116]

Tagebucheintrag von Albert Steffen 9. November 1949: «Dr. Wachsmuth sagte vor dem Vortrag N's, daß ihm sein Arzt, Dr. Leroi, ein Jahr weg von Dornach verordnet habe. Er ist nierenkrank. Aber, habe er erwidert, das kommt nicht in Betracht. Er hält es ohne Arbeit nicht aus. Und so ist er doch Tag für Tag im Sekretariat, trotz seiner Ermüdung, in stetiger Unruhe.» Tagebucheintrag von Albert Steffen 2. Februar 1950: «In der letzten Vorstandssitzung ängstigte mich das kranke Aussehen von Dr. Wachsmuth. Er magert sehr ab. Alle Kraft, die sein Körper hat, wird von seinem Verstand aufgezehrt. Der Atem durch das allzuhastige Sprechen vermag den mittleren Menschen nicht mehr zu versorgen.»

Tagebucheintrag von Albert Steffen 1. März 1950: «Um 3 Uhr Vorstandssitzung, bei welcher mich das kranke Aussehen von Dr. Wachsmuth geradezu bestürzt. Er geht nun auf eine Woche ins Spital, um sich gründlich beobachten zu lassen.»

Aus einem Brief von Wachsmuth aus der Klinik-Dependance Ascona an seine Frau: «Es war sicher gerade das richtige, hierher zu gehen. Im neu aufgebauten obersten Stock habe ich ein helles, blitzsauberes und sehr nett eingerichtetes Zimmer, mit Blick über den See, ungefähr das gleiche, wie auf beiliegendem Photo. Sehr beschaulich! Die Verpflegung ist sehr gut und man betreut mich mit größter Fürsorglichkeit. Morgens im Bett, vor dem daselbstigen Frühstück, wird mir von der Schwester erstmal die Magengegend und Beine und Füße mit Salbe und einer die Zirkulation fördernden Ölsubstanz massiert. Später kriege ich dann von Frl. Dr. Walter noch eine Spritze. Sie macht mir den Eindruck einer sehr guten und gründlichen Ärztin, die mehr los hat, als manche andere. Man hatte ihr von Arlesheim meine Röntgenbilder und Riehener Befund zugeschickt, so daß sie die Vorgeschichte genau kannte, und sie kann damit offenbar mehr anfangen, als der an sich so nette Prof. Geigy. Jedenfalls nimmt sie sich sehr gründlich des Ganzen an. Den größten Teil, ja fast den ganzen Tag, war ich bisher auf dem Zimmer, am Fenster oder im Bett lesend, hie und da mal ein Stündchen am Buchmanuskript korrigierend, alles sehr behutsam. Nachmittags oder abends ein Viertelstündchen Spaziergang in der Dir ja höchstselbst bekannten Landschaft. Es wird immer noch viel gebaut, hie und da Knallen, wenn man Felsen sprengt. Ascona ist weniger schrullig, sondern mondäner geworden, was seine zwei Seiten hat… Die ersten Tage habe ich öfters auf dem Zimmer gegessen, jetzt unten im Eßzimmer. Neben mir Dr. Walter, öfters Dr.

Bockholt (pardon, Frau Kirchner), die vor 25 Jahren entdeckte, daß es ‹die Nieren› waren… Natur asconesisch, in blühendem Zustand, sicher eine der besten Jahreszeiten hier.»[117]

Es war eine erhebende Situation, als im Sommer 1950 ein neuer großer Besucherstrom zum Goetheanum einsetzte und die vier Mysteriendramen Rudolf Steiners aufgeführt werden sollten. Albert Steffen hielt eine kurze Begrüßungsansprache vor restlos besetztem großen Saal; am Schluß seiner Ausführungen sagte er: «Ich darf Ihnen zurufen: Der Geist Rudolf Steiners heißt Sie willkommen!» Es war wie eine spirituelle Welle, was dann aufsteigend von Stuhlreihe zu Stuhlreihe sich bis zu den hintersten Reihen fortsetzte, etwas das man so aus Steffens Munde noch nicht erlebt hatte und das nun ganz real zu wirken anfing, Verbindung schaffend zur geistigen Welt, zum Autor der vier Dramen. Plötzlich wußte man, was und wer Albert Steffen sein konnte: Da war geistig-reale Kraft, da war vergeistigte Größe. Ein Erlebnis, das unauslöschlich mit einem verbunden blieb, das in keiner Weise hinwegdiskutiert werden konnte!

Im Herbst, genauer im September, setzte dann eine neue Arbeit am Goetheanum ein: es ging um die Wiederbelebung medizinischer Intentionen. Ausgehend von der Praxis Dr. Herbert Siewekes in Stuttgart hatte sich ein Korrespondentenkreis um ein regelmäßig erscheinendes Zirkular «Arbeitsnotizen zur anthroposophischen Medizin» gebildet und es sollte nun eine Tagung innerhalb dieses Korrespondentenkreises stattfinden; ein medizinisches Jahrbuch war kurz vor der Drucklegung. Gegenstand der morgens stattfindenden Hauptarbeit war der «Erste medizinische Kurs von 1920», jetzt «Geisteswissenschaft und Medizin», GA 312, eine Arbeit, in der mehr und Besseres anthroposophisch realisiert werden konnte, als in den bisher üblichen Vortrags-Aneinanderreihungen auf Tagungen. Man konnte nun wirklich einander im anthroposophischen Sinne begegnen. Nachmittags war frei für diverse Arbeiten, darunter – die Sache fand dann ja ihre regelmäßigen halbjährlichen Fortsetzungen an Ostern und zu Michaeli – jedesmal ein Besuch von Guenther Wachsmuth bei dieser Medizinischen Arbeitsgruppe, wie sie sich schon bald nannte. Es kam zu wirklich lebendigem Gespräch und diejenigen, die «Erde und Mensch» zumindest gelesen hatten, waren natürlich im Vorteil. Jedenfalls erinnert sich der Schreiber dieser Zeilen gerne an das Lichtvoll-Impulsierende, das von diesem regelmäßig wiederholten Besuch Wachsmuths ausgehen konnte. Auch auf Seiten der Mediziner fanden sich wirkliche Köpfe ein. Eine besonders fesselnde Persönlichkeit war Dr. Karl-Hugo Zink. Nach sieben Jahren Tätigkeit als Oberarzt bei Robert Rössle, dem deutschen Pathologen in Berlin, war es ihm in Münster schuldlos schlecht ergangen. Er sprach damals – lange vor 1950 – noch im akademischen Stil und Ton. Dann hatte er begonnen, anthroposophisch an sich zu arbeiten und nun hatte er es erreicht, daß spirituelle Wirksamkeiten von ihm ausgingen. Er hielt auf einer dieser medizinischen Arbeitswochen in Dornach einen ergreifenden Vortrag: «Das Christuserlebnis Pascals».

Dieses alles hatte sich um die Tätigkeit Dr. Herbert Siewekes mittels der schlichten Arbeitsnotizen gruppiert. Wenn man heute in diesen alten Blättern liest («Einzelpreis 0,50 DM»), hat man einen Begriff, welche Anregungen, welche Lebendigkeit darin gelegen waren.

Ungefähr aus dieser Zeit liegt der Tagebucheintrag von Albert Steffen vor:

28. Juli 1950: «Dr. Wachsmuth berichtete über Begegnungen mit Rudolf Steiner. Er hat seine elastische Gangart im Gedächtnis, die an einen Bergsteiger erinnert.»

Inzwischen konnte, da die finanziellen Mittel wieder großzügiger flossen, der Ausbau des Goetheanum vorangetrieben werden. 1952 wurde der «Grundsteinsaal» eingeweiht, ein etwas kleinerer Saal mit fünfhundert Plätzen und angemessener Bühne, die auch als Probebühne brauchbar ist.

In der nachfolgenden Zeit arbeitete Guenther Wachsmuth an einem neuen Drama «Die Teilung der Erde – Drama einer Zeitenwende».[118] Steffen schreibt in seinem Tagebuch: «Weltgeschichtlicher und gesellschaftlicher Aspekt. Urmotiv: Der ungeteilte Rock des Gekreuzigten auf die gemarterte Erde bezogen, die nun zum Leib des Christus geworden ist!»

So sagt Gäa – eine Trägerin des Weisheitselementes –: «Schlagt in den Leib der Menschheit keine Wunden. – Teilt nicht die Erde, des Erlösers Kleid!» Zeilen, die von der gleichen Weisheitsträgerin in der Mitte des Dramas, am Ende des vierten Bildes, noch einmal wiederholt werden. Im vierten Bilde heißt es außerdem:

Stimme des Matthaeus: «Da sie Ihn aber gekreuzigt hatten, teilten sie Seine Kleider.» Stimme des Johannes: «Sie nahmen Seine Kleider – und

Szenen aus: «Die Teilung der Erde» mit Gertrud Wachsmuth als Gäa

machten vier Teile.» Gäa darauf: «Teilt nicht die Erde, die sein Blut empfing!»

Im fünften Bilde spricht Carvajal, der Kardinal, die Worte: «Es geht um Spanien und Heute! Portugal / besteht darauf, die Erde so zu teilen, / daß südlich der Kanarischen Inseln ihm alles zufällt, wir im Norden bleiben. / Das heißt: ein Schnitt der *Nord* und *Süden* trennt. / Wir aber wollen Teilung: *Ost* und *West*.»

Gäa darauf (bitter):

«Wie es geschah am Kreuz von Golgatha! –
Sie schnitten seine Kleider in vier Teile.»

Im Nachwort zum Drama schreibt Wachsmuth erläuternd: «Der Entscheid, den damals Spanien und Portugal Papst Alexander VI. vorlegten, erfolgte durch die Bullen vom 3. und 4. Mai 1493, dann für beide Erdhälften am 25. September 1493, schließlich durch Vertrag Spaniens und Portugals in Tordesillas 1494.

Alle diese Dokumente sind noch vorhanden, mit Ausnahme des Originals vom 25. September, das nicht mehr im vatikanischen Archiv liegt, jedoch in spanischer Kopie zugänglich ist. Diese Vorgänge führten zur Zweiteilung der Erde. Ihre Folgen sind in verwandelter Gestalt noch heute Schicksal und aktuell.»

Wegen des Originals vom 25. September 1493 war Guenther Wachsmuth nach Rom gefahren und hatte in der Bibliotheca Vaticana Nachforschungen angestellt, er war zu diesem Zweck viermal in der Bibliothek, am 6., 9., 13. und 17. November. Außderdem berichtet er darüber in einem Brief vom 6. November 1953 an Albert Steffen.

Am Vorabend seines sechzigsten Geburtstages fand am Abend eine Eurythmie statt. Albert Steffens Tagebucheintrag: «Hernach mit Dr. Wachsmuth und seiner Frau zum Tischchen der Geschenke, die ihm die Eurythmistinnen bereiten, die noch in ihren Gewändern dastehen, in einer Reihe, die er passieren muß. Es wird ihm ein weißes Seidenband, auf das jede etwas gemalt hat, um den Hals gelegt (sei es eine Blume, ein Schmetterling, ein Vogel, ein musikalisches Motiv usw.). Und so geht er mit einem mächtigen Asternstrauß davon.»

4. Oktober 1953, (60. Geburtstag): «4 Uhr zu Dr. Wachsmuths Geburtstag ‹Keplers Weltgeheimnis›. Er bekommt einen kleinen Lorbeerkranz von der ungarischen Landesgesellschaft.»

Guenther Wachsmuth, zum 60. Geburtstag, 4. Okt. 1953

Weitere Tagebucheinträge A. Steffens: 15. Januar 1954: «Dr. Wachsmuth schickte mir sein neues Drama ‹Die Teilung der Erde›, das er für den Weltkongreß 1955 geschrieben hat.» Diese vom Goetheanum geplante Veranstaltung fand dann nicht statt.

12. Februar 1953 «In den ‹Landwirtschaftlichen Kurs›, woselbst Dr. Wachsmuth über die zwei kosmischen Strömungen Jungfrau-Fische und Zwillinge-Schütze sprach. Die letztere im Bereich der Milchstraße, die erstere außerhalb derselben. West-Ost mit guten Einflüssen, Nord-Süd mit zerstörenden.» Und am 25. März 1956: «Nachmittags Dr. Wachsmuths ‹Teilung der Erde›. – Weltgeschichtlicher und gesellschaftlicher Aspekt.»

Das Ehepaar Wachsmuth in Rom mit Sophia Schönborn-Dentice,
November 1953 (Park der Villa d'Este, Tivoli).

13. Kapitel
Letzte Lebensjahre. Historisches

1956–1963

Am 19. April 1956 starb plötzlich und vorzeitig Wilhelm Lewerenz, der 1949 in den Vorstand gekommen war und der seit dieser Zeit, da er organisatorisch begabt war, als Leiter der Sektion für redende und musikalische Künste fungierte.

Albert Steffen notiert unter dem 23. April 1956: «Um 11 Uhr Kremation, zu der mich Dr. Wachsmuth und Dr. Poppelbaum begleiten. Es regnet. Dr. Wachsmuth spricht über die Freundschaft mit W. Lewerenz.» Guenther Wachsmuth zeichnete in seiner Ansprache den Lebensweg seines engsten Freundes, von seinem Geburtsort Rostock, über die frühe Umsiedlung nach Güstrow, zum Eintritt in die Musikschule in Wismar mit fünfzehn Jahren.[119] Bald spielte er auch schon im dortigen Theaterorchester mit. Mit achtzehn kam er, der 1898 geborene, an die Front. Nach Kriegsende war er gleich wieder Musiker, der in verschiedenen Orchestern mitspielte. Frühjahr 1922 kam er erstmals in die Schweiz. Bei einem Besuch des ersten Goetheanum wußte er: Hier ist meine geistige Heimat, hier will ich bleiben und wirken.

«Er gab zuerst Cello-Unterricht in Dornach und Arlesheim, und ich selbst gehörte zu seinen ersten Cello-Schülern, wodurch der Zuname ‹der Meister› entstand und eine wunderbare Freundschaft für viele Jahrzehnte. Von Ende 1922 bis jetzt, Ostern 1956, also 33 Jahre, war sein Schicksal mit Dornach und dem Goetheanum auf das innigste verbunden. In den ersten Jahren setzte er sein Studium fort bei Prof. Ernst Kurth, dem hervorragenden Musikgelehrten und Bruckner-Interpreten, der übrigens auch in meiner Kindheit mein Musiklehrer gewesen war.»

Das Ehepaar Wachsmuth mit W. Lewerenz

G. Wachsmuth mit Prof. Schöpfer und R. Grosse im Großen Saal des
Goetheanum während des Umbaus.

«Auch manche Reisen mit Rudolf Steiner zu Vortragszyklen in andere Länder machte er mit, so z. B. war ihm das Dabeisein bei dem Zyklus in Penmaenmawr in England eines der tiefsten und schönsten Erlebnisse seines Erdendaseins.»

«Im Zurückschauen auf das Erdenleben dieses Freundes ersteht in der Erinnerung ein besonderes Erlebnis an diesen Palmsonntag. Da ertönte bei Beginn des Dramas «Die Teilung der Erde» wohl seine letzte Komposition, die er auch selbst dirigierte, das ‹Te Deum laudamus›. Ein von innerer, freudiger, dankbarer Gewissenheit getragens ‹Te Deum laudamus›, eine Lobpreisung der Schöpfung Gottes hat dieses ganze Erdenleben erfüllt.»

Am übernächsten Tag notiert Albert Steffen in sein Tagebuch: 25. April 1956: «Es ist ein Glück, daß Dr. Wachsmuth die frische Schwungkraft seines Wesens bewahrt hat. Sie geht von dem höheren Selbst in ihm aus, das mit seinem Freund verbunden war, wie sich in seiner Kremationsansprache erwies.»

Dennoch heißt es ein wenig später unter dem 18. September 1956: «Wir hören, daß Dr. Wachsmuth an einer Kniegelenksentzündung so schwer erkrankt ist, daß er nicht gehen kann, und sich, als er von Ascona zurückkehrt, von zwei Arbeitern aus dem Auto heben lassen muß. So kann er auch nicht in den nun von Gerüsten gefüllten Goetheanumsaal gehen.»

Das bedeutete, daß der Ausbau des großen Saales bereits im Gange war. Auf Initiative Wachsmuths war zuvor ein Wettbewerb veranstaltet worden, wobei der Entwurf, der am vielversprechendsten erschien, den Zuschlag erhalten sollte. Hierbei hat eine Bemerkung Albert Steffens den Ausschlag gegeben für das Projekt von Professor Schöpfer, der sich schon an der Waldorfschule Stuttgart-Uhlandshöhe versucht hatte.

Im ersten Goetheanum war eine Orgel eingebaut gewesen, deren metallisches Pfeifenmaterial beim Brande wunderbare Farbveränderungen in den Flammen bewirkt hatte. Von vornherein war auch für den zweiten Goetheanum-Bau wiederum eine Orgel vorgesehen. Unter den 1929 zusammenfassend aufgeführten Desideraten wurde eine Orgel ausdrücklich erwähnt. Aber dieses kostspielige Projekt mußte noch sechsundzwanzig Jahre bis zur Verwirklichung warten! Am 16. August 1955 unterzeichnet Guenther Wachsmuth für die Abteilung Administration

Die 1957 eingebaute und fertiggestellte Orgel

des Goetheanum-Baues den Vertrag, der mit der Orgelbaufirma Th. Kuhn AG in Männedorf am Zürichsee über den Bau einer Orgel zustandegekommen war. Die von Ernst Schiess – Orgel- und Glockenexperte in Bern – ausgearbeitete Disposition ergab folgende Stimmenzusammenstellung:

I. *Manual* (Hauptwerk)

Quintatön	16'	Rohrflöte	4'	
Prinzipal	8'	Quinte	2 2/3'	
Hohlflöte	8'	Nachthorn	2'	
Gemshorn	8'	Terz	1 3/5'	
Octave	4'	Mixtur	4–6f.	2'
		Trompete	8'	

II. *Manual* (Positiv)

Suavial	8'	Superoctave	2'	
Gedackt	8'	Larigot	1	1/3'
Principal	4'	Scharf 4–6f.	1'	
Spitzflöte	4'	Dulcian	8'	
Nasat	2 2/3'	Schalmei	4'	

Pedal

Prinzipalbaß	16'	Mixtur	4'
Subbaß	16'	Octave	4'
Prinzipal	8'	Bombarde	16'
Spitzflöte	8'	Zinke	8'

Die Orgel hat Schleifladen und elektrische Traktur, was sie leicht spielbar macht.

Ernst Schiess schreibt nach erfolgtem Einbau als beauftragter Sachverständiger unter dem 13. August 1957:

«Ganz besonders erfreut den Experten das erreichte Klangresultat. Herr Beurtin intonierte das Pfeifenwerk mit künstlerischem Gestaltungsvermögen. Das gesamte Pfeifenwerk spricht sehr sauber und schlackenlos an; der Ton ist klar singend und zeigt eine außergewöhnliche Eigenschaft zur Verschmelzung der Register unter sich. Letztere sind im Charakter gut ausgeprägt und dynamisch in idealer Weise abgestimmt.

In dem akustisch bedeutend verbesserten Raum klingt die Orgel an ihrem guten Aufstellungsort außergewöhnlich schön. Es ist erstaunlich, wie das Werk in seinem Plenum von nur 26 klingenden Stimmen den vollbesetzten Riesenraum spielend beherrscht und von seiner im leeren Saal entwickelten Energie fast nichts einbüßt.»

196

Dies sind Sätze, die sowohl vom passiv Zuhörenden wie von einem auf dieser Orgel Spielenden durchaus als wahr aufgenommen werden können.

An Wachsmuths Geburtstag am 4. Oktober 1957 ergab sich etwas besonders Ausgefallenes: An diesem Tage schickten – durchaus zum Erstaunen aller – die Russen ihr und der Welt erstes Weltraumprojektil, genannt «Sputnik», in die Umlaufbahn. Wachsmuth sei wie persönlich beleidigt gewesen, besonders weil es anscheinend zur feierlichen Markierung seines eigenen Geburtstags geschehen sei. Jedenfalls wird es ihm keinesfalls schwer, sich prinzipiell von dieser Tat zu distanzieren. Er spricht von der «gewissenlosen Handhabung der Erdsatelliten, die das zarteste Organgefüge des Menschenleibes verletzen», wie Steffen am 24. November in seinem Tagebuch notiert. Weitere Tagebuchstellen berichten von neuerlicher Erkrankung Wachsmuths.

17. Mai 1958: «Dr. Wachsmuth telefoniert, daß er sich nach der Pfingsttagung operieren lassen muß.» Durch eine Röntgenuntersuchung hatte sich ein Befund ergeben, welcher einer diagnostischen Abklärung bedürfe. «Seine Reise nach Irland fällt dahin. Vermehrte Sorgen.»

23. Mai 1958 (in Paris): «Brief von Karl von Baltz: Dr. Wachsmuth wird bis Dienstag im Bürgerhospital auf die Operation (durch Prof. Nissen) vorbereitet... Ich bekomme die Nachricht gerade, als wir zu der Ausstellung von Modigliani fahren, und sie begleitet mich den ganzen Tag.»

27. Mai 1958: «An diesem Tag fand die Operation von Dr. Wachsmuth statt, die gut verlief...»

3. Juni 1958: «Dr. Wachsmuth konnte zum erstenmal aufstehen und einen Gang durch das Zimmer machen...»

5. Juni 1958: «Spitalbericht über Dr. Wachsmuth, der Sorgen bereitet wegen des Fiebers, dessen Ursprung man... zu finden hofft.»

7. Juni 1958: «Die Ärzte sind verschiedener Meinung, wo das neuerdings auftretende Fieber herkommt.»

4. Juli 1958: «Um 5 Uhr ins klinisch-therapeutische Institut, um Dr. Wachsmuth zu besuchen. Dessen Gemahlin dort. Er berichtet beinahe die halbe Stunde hindurch mit kräftiger Stimme, die aber zuletzt etwas erlahmt, über seine Operation, Bluttransfusionen, Proben etc., Einspritzungen gegen Thrombosen, Schlafmittel, künstliche Ernährung usw. Es kam ihm vor, als ginge ihn nichts mehr an, was so mit seinem Körper

Der Vorstand der Allgemeinen Anthropsophischen Gesellschaft, März 1958, von links nach rechts: Dr. G. Wachsmuth, R. Grosse, A. Steffen, Dr. H. Poppelbaum

Der Vorstand um 1958, von links nach rechts: Dr. H. Poppelbaum, A. Steffen, Dr. G. Wachsmuth, R. Grosse

198

geschah. Er spürte sich, wenn er ging und sogar wenn er sprach, doppelt, so daß er sich fragte: Bist du es, der diese Schritte tut und Worte sagt? Heute habe er zum erstenmal wieder richtig geschlafen.»

28. September 1958: «16–7 Uhr im Keplerdrama Dr. Wachsmuths.»

4. Oktober 1958: «65. Geburtstag von Dr. Wachsmuth, dem ich ein Phönixbild zuschickte.»

5. Oktober 1958: «Die Tagung legte Zeugnis von der Tätigkeit Dr. Wachsmuths ab, aber er selber leidet. Frau Thut, die ihm die Grüße der Mitglieder brachte, fand ihn liegend...»

21. Juni 1961: «Dr. Wachsmuths dramatischen Entwurf ‹Konzil der Erzengel› gelesen.»

Wachsmuth hatte am 20. Juni seinen Versuch an Herrn Steffen übersandt:

20. Juni 1961

Lieber Herr Steffen,

Seit einiger Zeit hatte ich mich nun doch auf ein Thema für den Versuch eines Dramas konzentriert, mit dessen historischem Hintergrund ich mich schon seit langem beschäftigte. Es fällt jene Zeitepoche auch zusammen mit dem Thema im «Ausblick» dieses Jahres, d. h. den letzten Karmavorträgen Rudolf Steiners, die ja von dem übersinnlichen Konzil an der Wende des 12./13. Jahrhunderts berichteten. Meine historischen Studien hatten sich zunächst insbesondere um die Gestalt Friedrichs II. von Hohenstaufen bewegt, und dieser war ja durch sein seltsames Schicksal, z. B. seine naturwissensch. Interessen, seine Gründung der Universität Neapel, an der Thomas v. Aquino studierte usw. mit der ganzen Zeitgeschichte verflochten, auch mit der gleichzeitigen Schrift Wolframs v. Eschenbach usw., was alles eben die Beziehung zu den Karmavorträgen Rudolf Steiners ergab.

Mein Drama-Versuch erhielt somit im Fortgang der Arbeit den Titel «Erzengel im Konzil», der mir eben das Wesentliche herauszuheben scheint. Ich wage es nun, Ihnen den Entwurf hier vorzulegen, weil mir sehr wichtig ist zu wissen, ob Sie eine derartige Behandlung des historischen Stoffes hier am Goetheanum für richtig halten, und vor allem, was Sie als Meister zu diesem Versuch eines Lehrlings oder Novizen sagen und raten würden, wofür ich Ihnen von Herzen dankbar wäre!

Dr. Guenther Wachsmuth

Dornach b. Basel (Schweiz)
Dornachstrasse 67
Tel. Basel 84 52 25

Lieber Herr Steffen,   20. Juni 1961

Seit einiger Zeit hatte ich mich nun doch auf ein Thema für den Versuch eines Dramas konzentriert, mit dessen historischem Hintergrund ich mich schon seit langem beschäftigte. Es fällt seine Zeitepoche auch zusammen mit dem Thema im „Ausblick" dieses Jahres, d. h. den letzten Karmavorträgen Rudolf Steiners, die ja von dem übersinnlichen Konzil an der Wende des 12/13. Jahrhunderts berichten. Meine historischen Studien hatten sich zunächst insbesondere um die Gestalt Friedrichs II. von Hohenstaufen bewegt, und dieser war ja durch sein seltsames Schicksal, z.B. sein naturwissenschaftliches Interesse, seine Gründung der Universität Neapel, an der Thomas v. Aquino studierte usw., mit der ganzen Zeitgeschichte verflochten, auch mit der gleichzeitigen Schrift Wolframs v. Eschenbach usw., was alles eben die Beziehung zu den Karmavorträgen Rudolf Steiners ergab.

Mein Dramen-Versuch erhielt somit im Fortgang der Arbeit den Titel „Erzengel im Konzil", der mir eben das Wesentliche herauszuheben scheint. Ich wage es nun, Ihnen den Entwurf hier vorzulegen, weil mir sehr wichtig ist zu wissen, ob Sie eine derartige Behandlung des historischen Stoffes hier am Goetheanum für möglich halten und vor allem, was Sie als Meister zu diesem Versuch eines Lehrlings oder Novizen sagen und raten würden, wofür ich Ihnen von Herzen dankbar wäre!

Den seit. Entwurf werde ich selbstverständlich stilistisch noch überarbeiten. Die Gestalten und Geschehnisse sind fast alle historisch real, wobei ja dem Gestalter immer noch viel Freiheit in Gruppierung, Deutung und Ergänzung gewährleistet ist.

Wenn Sie so gütig wären, mir das Exemplar nach Lektüre bald wieder zukommen zu lassen, wäre ich sehr dankbar, da ich es noch den vorhandenen nachsprechen und dann Herrn Günzinger weitergeben möchte, den ich um die urtextlichen Beigaben bitten würde.

Im Bewusstsein des Wagnisses, Sie zusätzlich zu allem Anderen noch damit zu bemühen und mit herzlichen Grüssen

Ihr Guenther Wachsmuth

Den beil. Entwurf werde ich substantiell und stilistisch noch überarbeiten. Die Gestalten und Geschehnisse sind fast alle historisch real, wobei ja dem Gestalter immer noch viel Freiheit in Gruppierung, Deutung und Ergänzung gewährleistet ist.

Wenn sie so gütig wären, mir das Exemplar nach Lektüre bald wieder zukommen zu lassen, wäre ich sehr dankbar, da ich es noch den Vorstands... und dann Herrn Gunzinger weitergeben möchte, den ich um die musikalischen Beigaben bitten würde.

Im Bewusstsein des Wagnisses, Sie zusätzlich zu allem Anderen noch damit zu bemühen und mit herzlichen Grüssen

Ihr Guenther Wachsmuth

Albert Steffen antwortete (ohne Datum):

Lieber Herr Dr. Wachsmuth,

mit großem Interesse und innerer Anteilnahme habe ich Ihr neues Drama gelesen. Es hat einen universellen Zug und vereinigt in sich alle irdischen Bezüge der Naturwissenschaft, Geschichte, Künste. Ich könnte mir denken, daß es die Kulmination einer entsprechenden Tagung wäre mit darauf hingeordneten Vorträgen (vielleicht sogar Seminarien), dankbar auch für den Bühnenbildner und Komponisten. Wie gerne möchte ich ins Einzelne gehen. Aber meine rechtshändige Behinderung der Hand macht mir jeden Schriftzug schmerzhaft-schwer. Ich kann nur den Daumen und Zeigefinger benutzen.

Ich erinnere mich gut an ein Gespräch, worin Sie sagten, Sie möchten den übersinnlichen Verlauf der Geschichte – die Konzilien – dramatisiert darstellen. Das war gewiß schon vor drei Jahrzehnten. Nun ist es in trefflichen Abbreviaturen gelungen, sie einzubeziehen. Ich gratuliere auf das Herzlichste

Ihr A. Steffen.»

Die 1956 durch Wilhelm Lewerenz' Tod entstandene Wunde auf dem Gebiet der Freundschaften dürfte sich nunmehr – 1959 – so weit geschlossen haben, daß Guenther Wachsmuth zu einer neuen Freundschaft fähig sein mochte. Im Frühjahr 1959, als er von April bis Mai in Bordighera weilte, lernte er den in München ansässigen Hermann Abele kennen. Dieser – ein sehr ernstzunehmender alter Anthroposoph – mochte

Lieber Herr Dr. Waassmuth,

mit grossem Interesse und meiner Anteilnahme
habe ich Ihr neues Drama gelesen. Es hat einen
universellen Zug und vereinigt in sich alle
wichtigen Bezüge, der Naturwissenschaft, Geschichte,
Künste. Es könnte mir denken, dass es die
Kulmination einer entsprechenden Tagung wäre
mit darauf eingeordneten Vorträgen (vielleicht
sogar Seminarien), dankbar auch für den
Bühnenbildner und Komponisten. Wie gerne
möchte ich ins Einzelne gehen. Aber meine recht6-
sändige Kenntnis macht mir jeden Schriftzug
schmerzhaft-wert. Ich kann nur den Daumen und
Zeigefinger benützen.

Ich erinnere mich gut an ein Gespräch, wenn
Sie sagten, sie wollten den übersinnlichen
Verlauf der Geschichte – die Konzilien –
dramatisch darstellen. Das war gewiss schon
vor drei Jahrzehnten. Nun ist es in
trefflichen Abbreviationen gelungen, sie einzubeziehen, partikuläre auf das Herzlichste

Ihr
A. Steffen

202

sich gut zu einer Freundschaft mit Guenther Wachsmuth eignen. Jedenfalls haben sich die beiden gefunden, so daß Hermann Abele bald äußern konnte: «Alles konnte ich ihm sagen, er hat mir nichts krumm genommen.» Und welchen Rang diese Freundschaft in den Augen Guenther Wachsmuths selbst hatte, geht vor allem daraus hervor, daß Hermann Abele ihn – Wachsmuth – als er kurz vor seinem Tode niemand mehr sehen wollte, noch einmal besuchen durfte mit dessen ausdrücklicher Zustimmung.

Da es sehr viele Menschen gibt, die Horoskopzeichnungen aus der Feder von Guenther Wachsmuth besitzen, soll hier an dieser Stelle eine solche Zeichnung stellvertretend abgebildet werden. Beim linksseitig abgebildeten erfolgt die Ausrichtung auf die «Weltachsen», das heißt die milchstraßennahen Zeichen Schütze und Steinbock, Zwillinge und Krebs sind abgegrenzt von den übrigen milchstraßenfernen Zeichen; beim rechtsseitigen Horoskop ist die Zeichnung auf Aszendent und Medium coeli ausgerichtet – es handelt sich also um ein konventionelles Horoskop. Hervor tritt das große Trigon Merkur-Uranus-Saturn neben dem Trigon Mars zu Venus, ferner die Opposition von Uranus und Neptun, welche durch Saturn und Merkur sextilisch-trigonal entspannt ist. Schließlich beendet ein Sextil zwischen Sonne und Jupiter den Reigen der harmonischen Aspekte, die das erreichte hohe Alter des Horoskopeigners kennzeichnen.

Nun war das literarische Gesamtwerk Guenther Wachsmuths ja abgeschlossen. Es bedurfte keines weiteren wissenschaftlichen Werkes. Lediglich ein poetisch-dramatisches Werk hätte sich als würdiger Abschluß noch gut eingeordnet. In diesem Zusammenhang möchten wir erwähnen, daß alle die ihn näher kannten, einschließlich Hermann Abele, berichten, Rudolf Steiner habe geäußert, daß Wachsmuth, so, wie dessen Ätherleib beschaffen war, eigentlich hätte größer werden müssen. Diese qualitative Eigenschaft seines Ätherleibes sei bei einer Gelegenheit von Rudolf Steiner bemerkt worden, wo sie eines Tages – auf Reisen – gemeinsam zum Essen einkehrten. Wachsmuth bestellte zwei Portionen Spaghetti. Er fing auch sogleich, als die Bedienung das Essen brachte, an zu essen, während Rudolf Steiner ruhig zuschaute. Als Wachsmuth ihn darauf ansprach und aufforderte, doch auch zu essen, sagte Rudolf Steiner nur: «Haben Sie aber einen Ätherleib.» Wir dürfen nach etwaigen karmischen Gründen für sein Verharren bei seinem Körpermaß fragen. Gab es

Hermann Abele, Ascona 1960

Ehepaar Wachsmuth mit Hermann Abele, Ascona 1960

jemanden, dem er in der Statur glich, war er einer historischen Persönlichkeit ähnlich? – Die Frage wäre prinzipiell zu stellen, ob die karmische Dimension überhaupt einbezogen werden soll oder darf. Es gibt da in gewisser Parallelsituation den Umstand, daß gerüchteweise Verbreitetes beredet, unsachgemäß erwähnt wird. Das kann hinreichend Begründung für eine öffentliche Behandlung sein. Hier ist der Punkt erreicht, wo gefragt werden muß, ob es diesbezügliche Äußerungen Rudolf Steiners gibt.

Der Überlieferung nach gibt es offenbar einen kurzen Hinweis Rudolf Steiners. Es spricht für Guenther Wachsmuths Diskretion, daß dies so wenig bekannt wurde. Der Überlieferung zufolge lautet der Hinweis: «Süditalien, dreizehntes Jahrhundert – ein Ritter.» Es ist nur eine äußerliche Unstimmigkeit, daß der «Ritter» nicht zu der Persönlichkeit paßt, an die Guenther Wachsmuth denken mußte. Es gibt bis in unsere Jahrzehnte hinein von Historikern verfaßte Schriften, welche den Gemeinten durchaus als Ritter akzeptieren, selbst wenn er rangmäßig weit darüber gestiegen ist. Dieses war zweifellos der Fall. Guenther Wachsmuth hatte in sich die Überzeugung, als Friedrich II. von Hohenstaufen im 13. Jahrhundert gelebt zu haben. Diesem sah er von der Statur her in der Tat ähnlich. Um diesen Umstand zu prüfen, müßte gefragt werden: was ist die Haupt-Tat Guenther Wachsmuths in diesem Leben des zwanzigsten Jahrhunderts gewesen? Man muß alle Zurückhaltung, der sich Guenther Wachsmuth ständig selbst unterwarf, subtrahieren um diese zentrale Tat, um die es geht, überhaupt in den Blick zu bekommen. Aber es konnte ja herausgearbeitet werden, daß er *die* zentrale Rolle beim Bau des zweiten Goetheanum gespielt hat.

«Der Chronist der Baugeschichte» – wir dürfen diese Worte von Rex Raab nochmals wiederholen – «der Einblick in sein vielseitiges Wirken gewinnt, muß aber eine echte Bewunderung für die Art empfinden, wie der unermüdliche Diener der Sache, neben der Erledigung seiner anderen Pflichten, von sich einen so großen Einsatz für den Bau abverlangte. Dank ihm – es ist nicht zuviel gesagt – ist das Goetheanum kein Torso ohne Westfront geblieben.» Dies war eine Leistung gegen harten Widerstand.

Was aber war damit gewonnen? Einmal das hatten wir bereits festgestellt – daß das Goetheanum überhaupt fertiggestellt wurde, denn schon von 1929 an wäre das kaum noch möglich gewesen wegen der wirt-

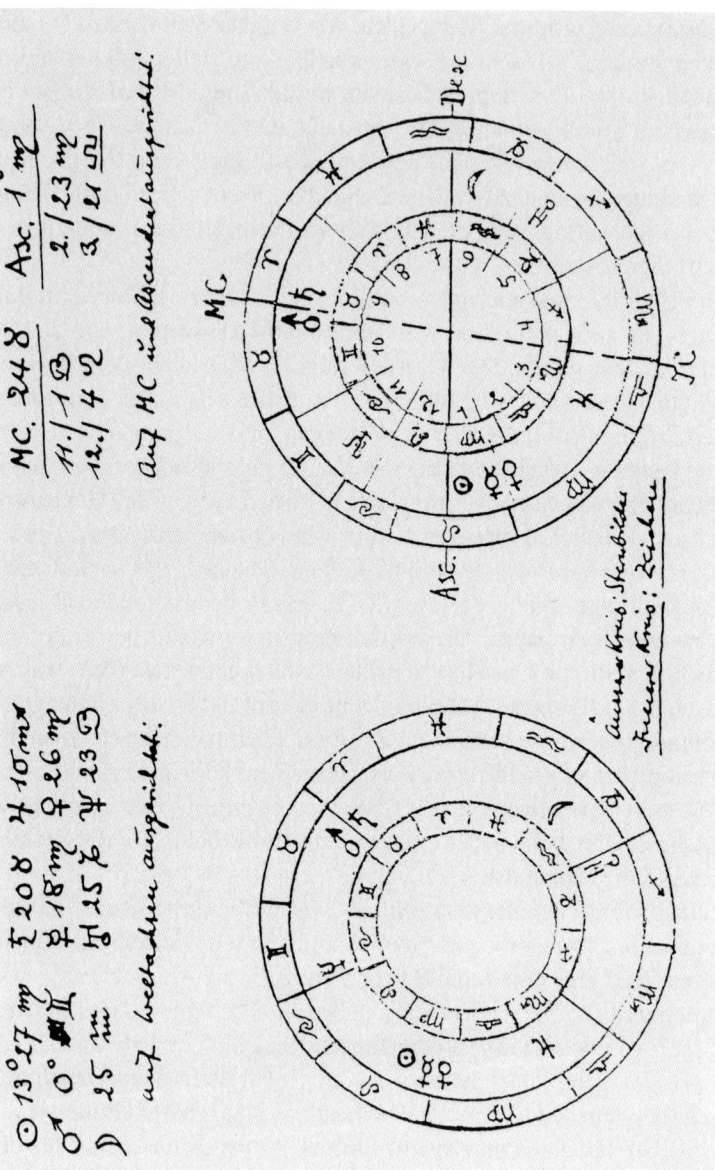

Von G. Wachsmuth erstelltes Horoskop Hermann Abeles

schaftlichen und unmittelbar danach wegen der politischen Verhältnisse. Wachsmuth hat also bewirkt, daß der Wille zum Hochschulwesen von dem Bau ausgehen konnte, der von Rudolf Steiner impulsiert wurde. Was steht dem im 13. Jahrhundert karmisch gegenüber? Damals handelte es sich darum, erstmals in Süditalien – Neapel – eine Hochschule, ein Studium generale, zu begründen, die auf dieselbe Individualität, welche jetzt im 20. Jahrhundert hochschulgründend tätig werden würde, wirkt; wirkt im Sinne des Aristoteles. Die dadurch beeinflußte Individualität – auch das hat Wachsmuth in seinem Buche «Kosmische Aspekte von Geburt und Tod» publiziert – war die des jugendlichen Thomas von Aquino, der hier durch den Magister Petrus von Hibernia mit dem Werk des Aristoteles bekannt gemacht wird. Seine Berührung mit Aristoteles setzt sich später in Paris bei Albertus Magnus fort.

Es stehen sich also gegenüber: Gründung eines Studium generale durch Friedrich II., 1224 als gewissermaßen einhüllender Träger aristotelischer Impulse wirkend auf Thomas von Aquin und neuzeitlich: Hochschulimpuls zentral-willenswirkend ausgehend von Rudolf Steiner (in dem der Thomas des Mittelalters wiedergeboren ist) als Träger erneuerten Mysterienwesens in aristotelischem-platonisierendem Gewande. An beiden Stationen ist die Individualität, die in Friedrich II., die in Guenther Wachsmuth wirkt, zentral veranlassend beteiligt. In solchem Sinne ist es berechtigt, von karmischer Wirkung und karmischer Gegenwirkung zu sprechen.

So ist es tief verständlich, daß zum Nachlaß Guenther Wachsmuths eine Sammlung von plastischen Darstellungen Friedrich II. gehört – vom Brückentor zu Capua über De arte venandi cum avibus bis hin zu mehreren Gold-Augustalen. Und so ist der Wunsch verständlich, die Landschaft kennenzulernen, die zur eigentlichen Heimat des Staufenkaisers wird: Apulien. Sizilien, das Land seiner Jugend, kennt Wachsmuth schon. Jetzt tritt Apulien in seinen Möglichkeitsbereich. 1960 und 1961 hatte man beide Male im Mai – in der Casa Andrea Cristofero zur Kur geweilt. Jetzt wird ein Plan entworfen, mit dem man im Jahre 1962 den Spuren Friedrichs in Apulien nachgehen will. Leider ist es dazu aus Gründen des Krankseins nicht gekommen. Aber es sei erlaubt, diesen Plan hier einzurücken, um zu sehen, mit welcher Liebe, Genauigkeit und Kenntnis hier vorgegangen wurde:

207

Rom – Roccasecca – Cassino (140 km) – Capua – Neapel (95)

Neapel – Avellino – Troia – Lucera – Foggia (166) – Manfredonia, (38)

Manfredonia – Vieste (62) – San Severo (110) – Foggia (30) – Manfredonia (38) 12 km Fiorentino (2x12)

Manfredonia – Foggia (38) – Lucera (18) – Troia (18) – Foggia (39) – San Leonardo – Siponto (33) – Manfredonia (5)

Manfredonia – Barletta (60) – Canosa di Puglia (22) – Castel del Monte (40)

Andria (17) – Trani (12) – Ruvo di Puglia (21) – Bitonto (18) – Bari (16)

Bari – Grotte Castellana (50) – Monopoli (15) – Brindisi (70) – Lecce (40) – Otranto (45) – Lecce (45).

Lecce – Taranto – Alberobello (Trulli) – Gioia del Colle – Altamura – Abstecher n. Matera – Gravina – Potenza – Salerno – Amalfi.

Zu einigen Stationen der nicht zustandegekommenen Reise sollen gleichwohl einige Erläuterungen gegeben werden:

Roccasecca («trockener Fels»): etwa 700 m hoher Fels am nördlichen Abhang des Monte Cairo (1600 m), hier lebte in einem burgähnlichen Gebäude die Familie von Aquino mit Gesinde und Pferden.

Cassino: auf einer 600 m hohen Erhebung südöstlich des Monte Cairo gelegenes 529 vom Heiligen Benedikt von Nursia gegründetes Benediktinerkloster. Hier wurde das Kind Thomas im Alter von fünf Jahren als Oblate («Dargebrachtes») untergebracht. Sein Onkel Sinibald war daselbst zu dieser Zeit Abt († 1235).

Capua: Stadt im Nordosten und landeinwärts von Neapel. Heimat von Petrus a vineis, dem «Logotheten» der Kanzlei Friedrichs II. Logothet = einer der die Wörter setzt, das heißt in diesem Falle: guter, vorzüglicher Lateiner.

Lucera: Stadt im Nordosten von Apulien mit großem staufischem Kastell mit Turm. Hier lebten die von Friedrich II. im ganzen Lande aufgelesenen ca. 20 000 sarazenischen Bogenschützen, ein ständiger Zankapfel mit dem Papst, weil Friedrich II. keine Anstalten machte, diese Heiden taufen zu lassen. Im Turm der Kronschatz und – in einer besonderen Abteilung – die sarazenischen Tänzerinnen.

Foggia: Stadt mit kaiserlichem Kastell. Häufiger Aufenthaltsort Friedrichs II.

Fiorentino: Kleines Kastell, in das sich der Kaiser – erkrankt an Ruhr und Darmentzündung – während einer Jagd Anfang Dezember 1250 zurückzog. Eine frühe Weissagung hatte vor Orten gewarnt, in deren Namen «Blume» vorkommt, außerdem bezog sich die Weissagung auf eine Wand aus Eisen. Das der Grund, weshalb er Florenz immer gemieden hatte. Fiorentino wurde sein Sterbeort.

Barletta: Hier wird die Statue des jugendlichen Friedrich II., die erst in unserem Jahrhundert von A. Praendl aufgefunden wurde, gezeigt.

Castel del Monte: Auf der Murgie westlich Andria von Friedrich II. selbst geplantes achteckiges Kastell mit zwei Stockwerken und ursprünglich reicher Ausstattung. Begonnen ca. 1231, beendet 1240. Größter und eindrucksvollster Kastellbau der staufischen Periode.

Andria: Besonders kaisertreue Stadt; in der Krypta der Kathedrale sind zwei Gattinnen Friedrichs II. sitzend im Mauerwerk beigesetzt.

Trani: Stadt mit Stauferkastell am Hafen.

208

Lecce: Altes Zentrum der gleichnamigen Grafschaft, welche schon früh normannischer Besitz war.

Otranto: Ausgangsort des Kreuzzugs Friedrichs II.

Gioia del Colle: Kleines Kastell von intimem Zuschnitt. Womöglich errichtet um die Straße von Bari nach Taranto zu schützen. Hier wurde im Thronsaal der Leichnam Friedrichs II. aufgebahrt auf dem Rücktransport von Fiorentino nach Palermo.

Salerno: Standort einer alten medizinischen Hochschule. Sterbeort Hermanns von Salza.

Amalfi: bis 1135 führendes Seehandels- und Flottenzentrum.

So weit der Reiseplan.

Das letzte Drama, das Guenther Wachsmuth geschrieben hat, heißt «Erzengel im Konzil», wobei hervorgehoben werden muß, daß das Konzil nicht allein im Irdischen stattfindet, sondern in beiden Welten – irdisch und überirdisch – vonstatten geht.[120]

Es ist das nur demjenigen verständlich, der durch die Karmavorträge Rudolf Steiners aufgenommen hat, daß Ende des zwölften, Anfang des dreizehnten Jahrhunderts, tatsächlich ein solches Konzil stattfand. Wer war daran beteiligt? Teilnehmer waren die Platoniker des zwölften Jahrhunderts, die nach ihrer Exkarnation wieder in die geistige Welt hinaufstiegen und andererseits die Aristoteliker, die sich anschickten, ins dreizehnte Jahrhundert auf die Erde niederzusteigen. Beide Gruppen versammelten sich nun.

«Bei uns steht Platos Werk in letzter Blüte,
Ihr aber sucht in Aristoteles
den Wegbegleiter. – Wo nun stehe ich?
So fragte ich den Engel, der mich führt.
Da weckte er Erinnerung in mir,
den Drang, als eine Botschaft Euch zu sagen,
was mir ein Toter, der im Geiste lebt,
als Auftrag anvertraute: Horcht nach oben
– so sprach Alanus –, denn wir sind mit Euch
(zögernd)
– nun folgt das Rätselhafte – im Konzil,
das jetzt im Himmel und auf Erden tagt,
vereint am Werk, zwei Welten zu vereinen.
Und Thomas wird am Strom die Taufe geben. –
Versteht Ihr das?
Thomas:
Ich werde Dir den Sinn
im Gang des Erdenlebens deuten können.

«Erzengel im Konzil», Drama in 8 Bildern. In den im irdischen Bereich spielenden Bildern geht es um die Biographie Friedrichs II. Hier — im 2. Bild — wird
eine Szene aus dem Zeltlager vor Aachen 1215 vorgeführt.

Im Nachspiel zum Drama «Erzengel im Konzil» erleben wir die
Lebensrückschau Friedrichs II. mit.

Und nun folgt das meisterhaft gefügte Nachspiel «im kleinen Bergkastell Fiorentino» am 13. Dezember 1250. «Auf dem Bett liegend Friedrich (sechsundfünfzigjährig) im Mönchsgewand der Zisterzienser». Der Reihe nach erscheinen vor ihm Nahestehende und Nächststehende. Friedrich versucht einzutauchen in den Geist der Rückschau, sein Engel ist in Hilfestellung dabei. Zuerst aber gibt Erzbischof Berard – der Freund und Begleiter seines Lebens ihm den Rat, er solle «in Fiorentiono nun die ‹Blume› am Tage des Todes in sich auferstehen» lassen.

Friedrich darauf:
«Die ‹Lotosblume› – Schau in Geisteswelten –
durch Sinne, die der Mensch in sich erweckt?
Werd' ich das je erlernen?»

Später Bianca:
«Willst Du mir diesmal folgen, Federico?
Dann wirst Du alle finden, die Du suchst.»

Nun steht Petrus Vinea vor ihm:
«Du! Petrus Vinea. Warst mir ein Freund
durch soviel Jahre. – Und am Ende doch
ein Helfer für die Feinde. – Sag, warum?»

Der Engel (zu Friedrich, den Arm in abwehrender
Geste erhebend, aber gütig):
«Die Rückschau dient nur Fragen an Dich selbst. –
auch wenn er sündigte. – Was tatest Du,
aus Willen oder Schicksal?»
(auf Petrus weisend)
«Er darf schweigen
der seine Buße selbst gewählt – die schwerste.
Wer seinen eignen Leib getötet hat,
Muß lange Zeit am Leib der Erde haften.»

Nun folgt Heinrich VII, Friedrichs Sohn – (Friedrich
schaut ihn an, ohne ihn zu erkennen:
Der Engel:
«Er geht den eignen Weg der Beichte, Sühne.
War seine Seele finster – frage Dich:
Wer sprach das Urteil, warf ihn in den Kerker?
Friedrich (die Hände vor das Gesicht legend):
«Du bist gerecht. Denn wie ich ihn bestrafte,
war grausam, unerbittlich, hier sprach Haß
aus meiner Seele,
(er schaut wieder auf)

doch nur weil der Sohn
schandbar des Kaisers und des Reiches Ehre
verraten hat –

Der Engel (wieder abwehrend)
Was tatest Du ihm an?

Friedrich (leise):
Hab' ihn gedemütigt, hab' ihn gequält –

Der Engel:
ihm nicht vergeben, bis er seinen Tod als Ausweg
wählte. – Darum hilf ihm jetzt…»

Es folgt Isabella von Jerusalem:

«…Doch als dann unser Sohn geboren wurde,
Da mußt' ich sterben, gleich nach der Geburt.
Warum?

Friedrich (blickt zweifelnd zu seinem Engel):
Bin ich an ihrem Tode schuld?

(Der Engel rührt sich nicht. Friedrich zu Isabella):
Ich liebte Dich. Das Schicksal trieb mich fort. –

Der Engel:
War Dir am Wege nach Jerusalem
ihr Ich so wertvoll wie das Königreich?

Friedrich:
Du bist gerecht. Mein Mitleid war zu schwach.
Weil mich das Ziel verlockte, bin ich oft
an Menschen auf dem Weg vorbeigeeilt.»

Als letzte – nach den Freunden («Jetzt führt mich Rückschau zu dem
Glück des Lebens») Michael Scotus und Fahr ed-Din – und nach dem
besten Freund Hermann von Salza – erscheint Adelheid-Alayta, die Mutter seines Sohnes Enzio und zu ihr darf er sagen:

«In meiner Seele aber klingt ein Lied,
Alayta, Deine Stimme tönt in ihm.
Sing es noch einmal, nun für uns allein –
im Reich der Sphären – führst Du mich dorthin?

Alayta (leise, in singendem Ton):

Wanderst einsam Du zum Grale,
wartend steh' ich vor dem Tor.
Folge mir – die Mondenschale
trägt zur Sonne uns empor.
Tauchend in die Silberfluten
gleitet Erdgewand zum Grunde.
Sonnenbarke, voll des Guten,
steigt zu Sternen, wo im Bunde
Freunde, Engel, Urbeginne
harren Dein in Gottes Minne…»

Nun ertönen von einem unsichtbaren Chor gesungen die Worte, die in den «Zwölf Stimmungen»[121] Rudolf Steiners dem Himmelszeichen der Waage entsprechen. Am Tage von Goethes Geburtstag hatte Rudolf Steiner 1915 das zwölf-strophige Gedicht «Zwölf Stimmungen» vor die Mitgliedschaft gebracht mit einer Einführung, aus der hervorgeht, daß in jeder Strophe Zeile eins von der Sonne spricht, Zeile zwei von der Venus (Hinweis an Frau de Jaager), Zeile drei von Merkur; die vierte Zeile ist Mars gewidmet, die fünfte dem Jupiter, die sechste dem Saturn und Zeile sieben wendet sich an den Mond.

Während des Gesanges der ‹Waage› treten die Planetengeister von Merkur, Sonne und Mars etwas vor ihre Reihe und begleiten den Gesang stehend mit einigen eurythmischen Bewegungen.

Chor:
«Die Welten erhalten Welten,
In Wesen erlebt sich Wesen,
Im Sein umschließt sich Sein.
Und Wesen erwirket Wesen
Zu werdendem Tatergießen,
In ruhendem Weltgenießen.
O Welten, traget Welten!»

Wir wissen, daß das Schicksal Friedrichs durch eine Planetengruppe im Steinbock geprägt war bei einem Aszendenten in der Waage. In diesem Drama, das so manches historisch-richtige Wort tradiert wie «bisher war ich der Amboß, in Zukunft werde ich der Hammer sein», sind auch die weltanschaulichen Haltungen richtig gezeichnet. Über Neapel sagt Thomas von Aquin im achten Bild: «Ihr wißt, ich kam dorthin mit fünfzehn Jahren, studierte an der Universität, die Kaiser Friedrich gründete. – In Wahrheit verdanke ich das neue Weltbild ihm.»

Und abermals Thomas:
«Ich weiß, die Stunde der Entscheidung sagt:
Wähl dir das Tor, durch das du schreiten willst.
Tor der Vergangenheit – zu Platos Werk.
Das Tor der Zukunft Aristoteles
und die Synthese mit dem Christentum.
Nun hat die Führung Gottes es gefügt,
daß in Neapel suchend ich den Weg
gefunden habe, den mir Friedrich baute.»

Worin – wenn dieses alles richtig und wahrheitsgemäß gezeichnet ist – liegt nun das richtige der Waage-Zeilen, welche dann am Ende des Dramas erscheinen? Es muß doch, wenn alles richtig und wahrheitsgemäß war, auch dieses Wahrheit fassen können.

Guenther Wachsmuths Geburtsgestirn war deutlich waagegeprägt: Sonne 11 Grad Waage, Mars 1 Grad Waage und Merkur 21 Grad Waage, wozu noch Saturn tritt mit 15 Grad Waage. Wenn dies eine realistische Form der Darstellung wäre, so würde sich darin als an einer einzigen Stelle in diesem Drama ein Zusammenhang zwischen Friedrich II. und Guenther Wachsmuth zeigen. In äußerst diskreter Weise würde sich auf solche Weise dieser Zusammenhang andeuten.

In den folgenden Tagebuchstellen Albert Steffens bekommt man einen Einblick in die letzte Krankheitszeit von Guenther Wachsmuth.

24. Dezember 1961: «Um 2½ Uhr mit H. Estermann und Frau Hahn durch die graue Landschaft, um Dr. Wachsmuth eine Mappe der Gedenkbilder [Albert Steffen, Gedenkbilder für Elisabeth Steffen, Dornach 1961] zu bringen. Er tritt an das Auto hinaus, mich zu begrüßen.»

16. Januar 1962: «Dr. Wachsmuth telephonierte, daß er um 3 Uhr ins Bürgerhospital gehe, um sich von Prof. Nissen untersuchen zu lassen, ob eine Nachoperation nötig sei. Seine Stimme hatte einen Unterton von Traurigkeit. Ich sagte, daß ich ihn im Geist begleiten werde, und fühlte, wie er, etwas langsamer sprechend, Gedanken daran knüpfte, die über die Schwelle hinreichten. Danke, sagt er.»

19. Februar 1962: «Um 3¾ Uhr läutete H. Grosse an, daß Dr. Wachsmuth, während er ihm und Dr. Gimmi sein Testament vorlas, plötzlich nicht mehr weitersprechen konnte, stöhnte und das Bewußtsein verlor. Es stellte sich heraus, daß er rechtsseitig gelähmt war. Er wurde dann in das klinisch-therapeutische Institut gebracht. Ich verbrachte die Nacht in großer Sorge.»

20. Februar 1962: «Gerhard Schmidt läutete an, daß die Nacht befriedigend verlief… Dr. Wachsmuth wird eine neue Lebensweise beginnen müssen (gerade wie ich nach meiner Operation), und seine Frau darf so erhoffen, jetzt mehr von ihm zu haben – da nun beide siebzig Jahre alt sind. Er mußte der Gesellschaft wegen auf sein ganzes Künstlertum verzichten, was er doch mit ins Leben brachte und wozu seine Erziehung (Glarisegg, Oxford und München) hintendierte… Er soll mich, der ich mich endgültig auf mein Dichtertum zurückzog, von nun an zum Vorbild nehmen.»

2. März 1962: «Nachmittags um 4¾ Uhr Besuch bei Dr. Wachsmuth in dem klinisch-therapeutischen Institut. Die Lähmung der rechten Seite war nicht zurückgegangen, aber die Sprache in einigen Worten wollte wiederkommen. Zunächst verstand sie nur seine Gemahlin, die still an seinem Bette wacht. Er lächelte, und seine Augen leuchteten, was mich tief rührte. Sein Mund fern jeder Klage, schien sein Schweigen-Müssen zu entschuldigen. Es tat mir weh, ihn gelähmt zu sehen. Ich sagte, daß er, wenn er gesund ist (welche Gewißheit mich ganz erfüllte), er mehr dichten müßte, was doch wohl seine ursprüngliche Bestimmung war, von der ihn aber das Leben immer wieder abdrängte, seitdem er im ersten Weltkrieg einen Säbelhieb von einem russischen Kosaken erhielt, der ihm den Arm lähmte. Indem ich sagte, daß sein Drama ‹Erzengel im Konzil› als geistige Zielsetzung eine Tat sei, machte ich ihm gewiß Freude. Indessen durfte ich nicht zu lange bleiben.»

13. Mai 1962: «Als ich Dr. Wachsmuth in seinem Krankenzimmer besuchte, fand ich ihn mit einer fast überirdischen Heiterkeit lächelnd, aber doch wehmütig auf seine gelähmte Hand weisend, die bis auf die Finger eingebunden war. Er sprach bewußt und verständlich, aber mit sehr schwerer Stimme. Ich hatte das Gefühl, daß unser jetziges Befinden einen gemeinsamen Schicksalsgrund hat, daß vielleicht ein gleichzeitiges Weggehen bevorsteht.»

Mitte August stürzte dann Wachsmuth beim Aufstehen und brach sich das gelähmte Bein.

8. September 1962: «Frau Dr. Wachsmuth läßt sagen, daß Dr. Wachsmuth, als er das Michaeli-Programm mit der Ansage der Uraufführung seines Dramas zu sehen bekam, in eine verhängnisvolle Aufregung geriet und daß ich ihn doch besuchen möge.»

9. September 1962: «Um 5 Uhr fährt mich Herr Estermann zum Bezirksspital, vor dessen Haupttor uns Frau Dr. Wachsmuth erwartet, die im hellen Nachmittagslicht sehr abgehärmt erscheint, aber sich tapfer gibt. Dr. Wachsmuth läßt sich auch nicht merken, wie sehr er leidet... Er fragt, wie es meiner Hand ergehe, wonach sich sonst kaum mehr ein Mensch erkundigt. Das zeigt, daß ihn das Leiden nicht auf sich selbst zurückgewiesen hat und daß er ganz selbstlos ist...»

30. September 1962: «Uraufführung von Dr. Wachsmuths ‹Erzengel im Konzil›, von deren erfolgreichem Verlauf H. Grosse ihm noch am gleichen Abend berichtet. Er hatte den Tag in großer Traurigkeit verbracht. Nun schien er, schon aus dem Schlaf aufgeweckt, glücklich.»

4. Oktober 1962: «Mit Dr. Poppelbaum und R. Grosse Dr. Wachsmuth im Spital besucht und eine Aquarellskizze zur Erinnerung an die ‹Erzengel im Konzil› als Geburtstagsgeschenk hingebracht... Sein Zimmer war voller Blumen.»

14. Dezember 62: «Nachmittags zu Dr. Wachsmuth. Er sagt heiter, es läßt sich nicht ändern und muß durchgetragen werden. Ihm gegenüber das Jugendbild seiner Gattin. Ringsum seine Bücher.»

1. März 1963: «Trotzdem er keine Besuche wünscht, soll ich hingehen...»

2. März 1963: «Um 1 Uhr ans Krankenbett Dr. W's. Er sagt immer: Aufgaben, Aufgaben, Aufgaben. Gegen neun Uhr wird mir angerufen, daß er gestorben ist. Ich fahre mit H. Estermann hinauf. In der Nacht skizziere ich meine Gedenkworte. Die vier Jahrzehnte unseres Zusammenwirkens ziehen an mir vorüber.»

4. März 1963: «Ich vertiefe mich in das Lebenswerk G. Wachsmuths. Sein Gang bei Sonnenuntergang ins Goetheanum und beim Sternenhimmel wieder heimwärts. So kommt man seinen kosmischen Einsichten und damit auch seiner Entelechie nahe.»

6. März 1963: «$10^1/_2$ Uhr Kremationsfeier von Dr. Wachsmuth. Ansprache. Ich saß neben Frau Dr. Wachsmuth. Als ich davon sprach, daß Dr. W. an Dr. Steiners Sterbebett kniete, wollte mir die Stimme versagen. Die Nebenhallen und die Treppenstufen von Menschen überfüllt. Nachmittags Vortragslektüre über das Karma der A. G. Abends im großen Saal. ...Es waren die sieben Siegel zwischen den Lorbeerbäumen und Rosenbüschen aufgestellt. Händelchor. Lewerenz-Sonate. Vor sieben

Jahren starb er, der beste Freund von Dr. W. Ansprache von R. Grosse, der auf die drei Aufgaben wies, die Dr. W. noch erfüllen wollte: Ausbau des Saales, Erhaltung des Ateliers und der Schreinerei, worin die Neubegründung der Allgemeinen Anthroposophischen Gesellschaft geschah, Eröffnung des Westportals... Der Beginn eines neuen Schicksals durch seine Krankheit. Im Geist gehen und sprechen lernen. Hernach sprachen noch Dr. Kempter und P. E. Schiller.»

Im Andenken an die Michaeli-
Tagung 1960

Guenther Wachsmuth, Altersbild

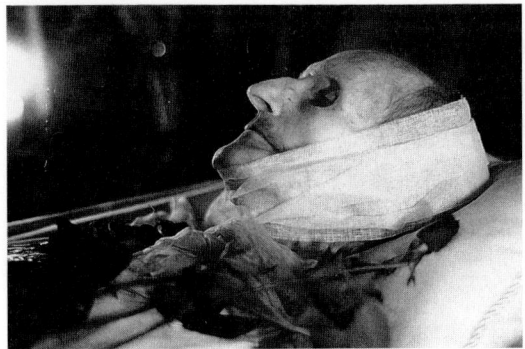

Guenther Wachsmuth, * 4. Oktober 1893, Dresden,
† 2. März 1963, Dornach

14. Kapitel
Ausblick

Kompetente Leser des Manuskripts haben dem Autor vorgeschlagen, das ganze Lebensbild Guenther Wachsmuths unter Einbezug aller greifbaren astrologischen Gesichtspunkte neu zu fassen, was gewiß die Lebendigkeit der Schilderungen und das Profil der Aussagen erhöhen würde. Obwohl dies grundsätzlich möglich wäre und sicher im Sinne Guenther Wachsmuths sein könnte, erscheint es aber zum gegenwärtigen Augenblick nicht sinnvoll zu sein, weil die hierfür nötige Vorbildung bei den meisten Lesern dazu noch fehlt.

Aber eine kurze Schlußbetrachtung sei unter astrologischen Motiven auf Hinweise Rudolf Steiners hin angestellt. Und zwar sollte untersucht werden, ob eine Aussage Rudolf Steiners aus dem Jahre 1912 (genauer: vom 26. November 1912) hier anwendbar ist. Diese Aussage hat zum Inhalt den Zusammenhang zweier Inkarnationen. Ein solcher sei sichtbar anhand des Todeshoroskops und des darauf folgenden neuen Geburtshoroskops. Solche Zusammenhänge sind ja in Guenther Wachsmuths Studie «Kosmische Aspekte von Geburt und Tod» im einzelnen betrachtet. Hier handelt es sich um einen eventuellen Zusammenhang zwischen der Inkarnation des Kaisers Friedrich II. und dem Leben von Guenther Wachsmuth.

In Guenther Wachsmuths Geburtshoroskop gibt es eine deutlich hervorgehobene Planetengruppe, nämlich Mars in Konjunktion mit der Sonne, diese wiederum steht in Konjunktion bei Saturn, und Saturn hat eine Konjunktion mit Merkur und dies alles in der Waage. Und zwar befindet sich Mars auf $1°$, Sonne auf $11°$, Saturn auf $15°$, Merkur auf $22°$. Es ist also eine Strecke von $21°$ mit dieser Gruppe besetzt.

☉ ♂ ♂: würde bedeuten: Tatkraft, Männlichkeit, Entschlossenheit, Durchsetzungskraft, Kampfesmut, Strebsamkeit, Ehrgeiz, Machtstreben, Führungswille.
Man erlebt solche Eigenschaften bei Soldaten, Kämpfern, Geisteskämpfern.
Man erlebt ferner: Emporkommen durch eigene Kraft, Übernahme von führenden Stellen, Überwindung von Schwierigkeiten und Gefahren, Erfolge im Beruf, außergewöhnliche Leistungen.

☉ ♂ ♄: heißt: Festigkeit, Entschiedenheit, Beharrlichkeit, Vertiefung, Selbstbehauptung, ferner: schwer zu erkämpfender Aufstieg.

☿ ♂ ♄: heißt: Gedankentiefe, Gedankenarbeit, logisches Denken, Gründlichkeit, Konzentration, Sachlichkeit, Organisationstalent, Fleiß, Methodik, philosophisches Denken.
Man erlebt diese Eigenschaften bei Denkern und bei Philosophen.

♂/♄ = ☉ (das heißt: Mars und Saturn nehmen Sonne in die Mitte) an sich nicht besonders hohe Lebenskraft, nicht immer allen Anforderungen gewachsen sein, Krankheiten überwinden müssen. Mars und Saturn alleine entsprechen der Knochentätigkeit im ganzen, den Gelenken bis hin zur Knochenentzündung. Außerdem erlebt man unter ihnen Schwerarbeiter, Energiemenschen, die auch die größten Schwierigkeiten überwinden können. Dabei wächst die Energie mit der Überwindung von Schwierigkeiten.

☉/☿ = ♄: Lebensernst und Philosoph.

☿/♂ = ☉ bedeutet mannhaftes Denken und Handeln, positives Auftreten, Entschlossenheit und Durchsetzungsfähigkeit, Erfolge durch Unternehmungslust und Entschlossenheit, bedeutet auch Diskussionslust, Urteilsfähigkeit, Geschicklichkeit, Schlagfertigkeit und eindrucksvolles Reden.

☿/♂ = ♄ ist tiefschürfendes Denken, sich gut Konzentrieren.
Die entsprechenden Zeilen in Rudolf Steiners Dichtung «Zwölf Stimmungen» lauten:

♂ in Waage: «Und Wesen erwirktet Wesen»,

☉ in Waage: «Die Welten erhalten Welten»,

♄ in Waage: «In ruhendem Weltgenießen»,

☿ in Waage: «Im Sein umschließt sich Sein».

Gehen wir nunmehr zurück zum 13. Dezember 1250 ins Bergkastell Fiorentino bei Foggia, da haben wir eine Tages-Konstellation (denn die Stunde des Todes ist nicht bekannt), die wie folgt aussieht:

Sonne steht auf 29 Grad Schütze,

Mond steht auf 0 Grad Löwe (12^h Mittags),

Merkur steht auf 26 Grad Schütze,

Venus steht auf 0 Grad Wassermann,

Mars steht auf 18 Grad Schütze,

Jupiter steht auf 20 Grad Wassermann,

Saturn steht auf 9 Grad Schütze,

Uranus steht auf 2 Grad Fische,

Neptun steht auf 9 Grad Krebs,

Pluto steht auf 20 Grad Skorpion.

Wir bemerken, daß die Gruppe, welche am 4. Oktober 1893 in so kennzeichnender Weise zusammenwirkte, nämlich Sonne, Merkur, Mars und Saturn, sich schon damals – 1250 – zusammengefunden hatte, damals aber im Schützen:

Saturn stand auf 9 Grad Schütze,

Mars stand auf 18 Grad Schütze,

Merkur stand auf 26 Grad Schütze,

Sonne stand auf 29 Grad Schütze.

Wieder besetzen die gleichen Planeten einen Abschnitt von 20 Grad.

Die entsprechenden Zeilen in den «Zwölf Stimmungen lauten:

Sonne: «Das Werden erreicht die Seinsgewalt»,

Merkur: «Erreichtes beschließt die Strebelust»,

Mars: «In waltender Lebenswillenskraft»,

Saturn: «Gestalten verschwinden in Gestalten».

So findet sich eine enge Anbindung beider Horoskope, des Sterbehoroskopes Friedrichs II. und des Geburtshoroskopes Guenther Wachsmuths aneinander.

Dazu nun Rudolf Steiner am 26. November 1912: «Wenn ein Mensch stirbt, also durch die Pforte des Todes geht, dann stirbt er unter einer gewissen Sternenkonstellation. Und diese Sternenkonstellation ist in der Tat wesentlich für unser weiteres Seelenleben insofern als sie sich in das Seelenwesen abdrückt und als Abdruck wirklich bleibt. Und es bleibt das Bestreben in dieser Seele, mit dieser Sternenkonstellation wieder hineinzukommen bei der neuen Geburt, wiederum gerecht zu werden den Kräften, die man aufgenommen hat im Todesmoment, wiederum hineinzukommen in dieser Sternenkonstellation. Und das ist so interessant. Wenn man so versucht die Sternenkonstellation herauszubekommen für einen menschlichen Tod, so stimmt die Sternenkonstellation der späteren Geburt in hohem Maße überein mit der Sternenkonstellation des früheren Todes...

Es wird der Mensch in der Tat dem Kosmos angepaßt, fügt sich hinein in ihn, und so gibt es in der Seele eine Art von Ausgleich zwischen dem individuellen und dem kosmischen Leben.»[123]

Anhang
Dokumentarisches
Bibliographie. Anmerkungen

Kremations-Feier für

Guenther Wachsmuth

5. März 1963
10 Uhr 30

Adagio aus dem Divertimento in Es-Dur für Streich-Trio	Mozart
Christ ist erstanden	aus «Faust»
Handlung der Christengemeinschaft Ansprache von Herrn Albert Steffen	
Choralsatz über den Text «Laßt uns ein Schiff für Christi Jünger bauen» von Albert Steffen	J. Gunzinger
Im Lichte der Weltgedanken	Rudolf Steiner
Du meines Erdenraumes Geist	Rudolf Steiner
Ich war mit euch vereint	Rudolf Steiner
Durch Licht und Finsternis	Rudolf Steiner
Adagio aus der Sonate in D-Dur für Violine und Orgel	Händel

Ansprache an der Kremationsfeier für Dr. Guenther Wachsmuth von Herrn Albert Steffen

Hörnli-Gottesacker,
Mittwoch, den 6. März 1963

Verehrte Anwesende,
lassen Sie mich zu allererst im Namen des Goetheanum den verehrten Angehörigen und lieben Freunden unseres Verstorbenen, vor allem aber der hochverehrten Gemahlin Dr. Wachsmuths unsere innigste Teilnahme an ihrer Trauer sagen, und lassen Sie mich danken für die aufopferungsvolle Pflege, die unserem Freunde zuteil wurde, für die Hilfe und den Beistand der Ärzte und Krankenschwestern in der Klinik, im Spital und zu Hause während seiner langen Krankheit, die er so heroisch und so heiter auch ertragen hat, wie es seinem Wesen gemäß gewesen ist, seinem Wesen als einem echten Geistesritter.

Es sind nun über 42 Jahre, daß Guenther Wachsmuth in Dornach gewesen ist zum ersten Male, zum Besuch jener ersten Hochschulveranstaltung im alten Goetheanumbau. Er hörte Rudolf Steiners Ausführungen über die Synthese von Kunst, Wissenschaft und Religion durch Geisterkenntnis, die für ihn in einem kosmischen Christentum kulminierte. Und er beschloß, von diesem Augenblicke an sein Leben diesem Geistimpulse zu widmen.

Ich begegnete ihm – und bitte nehmen Sie diese Worte, die ich jetzt sage, nicht persönlich, sondern so, daß sie als Hinweise aufgefaßt werden sollen auf gewisse Wesenszüge Guenther Wachsmuths, vielleicht auch auf gewisse Stadien in seinem Entwicklungsweg; nehmen Sie diese Worte nicht persönlich! – ich begegnete ihm schon, ohne daß er es wußte, als Knabe im Landerziehungsheim Glarisegg, als ich meinen alten Deutschlehrer, Otto von Greyerz, besuchte, der nun auch der seine geworden war, in diesem Landerziehungsheim, aus dem ja viele bedeutende Persönlichkeiten hervorgegangen sind. Eine derselben war ja sein Zimmerkamerad, Carl J. Burckhardt, der uns auch heute seine Teilnahme an der Trauerfeier zukommen ließ. – Dann sah ich Guenther Wachsmuth in dem Hause

seiner kunstbegeisterten Mutter, als dort die «Manichäer» vorgelesen
wurden; ich sah ihn in einem Musiksalon mit Holbeinbildern – er selber
hatte ja viel von einem Holbeinporträt im Antlitz –, ich sah ihn dort, wie
er am Flügel saß und seinen Lieblingskomponisten, Händel, spielte. Und
dann begegnete man sich in den Vorträgen des Afrikaforschers Leo Fro-
benius, mit dem er ja bekannt geworden war – ich glaube, es war zur Zeit
seiner großen Ägyptenreise – und auch in vielen Symphonie-Konzerten,
aber immer ohne jemals ein Wort mit ihm gewechselt zu haben.

Im Jahre 1920, im Herbst, da saß er also in der Schreinerei, meist ganz
einsam, und schon damals schrieb er an seinem ersten großen Werke,
«Die ätherischen Bildekräfte in Kosmos, Erde und Mensch», ohne daß
irgend jemand davon wußte, auch ich nicht. Rudolf Steiner hat mir dann
selber davon erzählt und gesagt: ich werde Guenther Wachsmuth ein
eigenes Arbeitsfeld schaffen. Er sah in ihm den Goetheanisten der Tat
zum voraus. Er hat ihn dann bei der Weihnachtstagung, der Neubegründung der Allgemeinen Anthroposophischen Gesellschaft zum Leiter der
Naturwissenschaftlichen Sektion ernannt.

Diesem Werk, das ich nannte, folgte ja eine ganze Fülle von anderen
entscheidenden Werken. Ich darf Ihnen vielleicht doch einige Titel davon
nennen, weil schon in diesen Titeln der Duktus seiner wissenschaftlichen
Methode zum Ausdruck kommt. Das zweite Werk hieß «Die ätherische
Welt in Kunst, Wissenschaft und Religion», hierauf: «Die Reinkarnation
des Menschen als Phänomen der Metamorphose», dann «Bilder und Beiträge zur Mysteriengeschichte», hierauf «Erde und Mensch, ihre Bildekräfte, Rhythmen und Lebensprozesse», nun «Die Entwicklung der Erde,
Kosmogonie und Erdgeschichte, ein organisches Werden», «Werdegang
der Menschheit», «Kosmische Aspekte von Geburt und Tod». – Sie sehen
also, wie in diesen Werken ein Niederstieg ist vom Kosmischen zur Erde
hin, von einer Auffassung kosmischer Gesetzmäßigkeiten bis hinunter zu
dem Menschen hin, in dem sich das Schicksal abspielt. Es ist dies das
Prinzip der Bildekräfte, wie es schon von Goethe inauguriert worden war
in der Metamorphose der Pflanze. Aber Guenther Wachsmuth wendet
dieses nun an in origineller Weise auf die ganze Weltgeschichte, den
Kosmos, auf die Erdgeschichte mit ihren Perioden, dann auf die Kultur-
geschichte, die Hochkulturen und ihre Metamorphose, und schließlich
auf das menschliche Schicksal selbst, und verband so den Himmel mit

dem Herzen. Es ist dies eine ganz erstaunliche Leistung eines Menschen, die wohl einzigartig ist und nur deshalb möglich, weil sich Guenther Wachsmuth die Devise zu eigen gemacht hatte, die Rudolf Steiner in die Worte kleidete: Rhythmus ist Kraft. Er war immer an der Arbeit, tagelang, nächtelang, emsig und auch einsam.

Aber er war doch ein geselliger Mensch, hatte gern Feste, hatte gern Gäste in seinem Haus, und ein gutes Schicksal hat ihm eben seine Gemahlin zur Seite gegeben. Und wiederum, wie eigentümlich war es doch, daß diese Gemahlin, Frau Dr. Wachsmuth, die schönste Rolle im ersten Mysteriendrama von Rudolf Steiner verkörpern durfte, nämlich die Theodora, die Seherin, die Verkünderin eines neuen Christentums im ätherischen Bereich – für ihn den Forscher und Erforscher der ätherischen Welt. – Es war wohl eines der schönsten Feste, das wir in Dornach hatten, als diese beiden idealen Menschen die Hochzeit feierten, und es war, als ob nicht nur zwei Persönlichkeiten sich die Hände reichten, sondern die Wissenschaft und die Sprachgestaltung. Es ist unvergeßlich gewesen. Das war ja schon nach dem Tode von Rudolf Steiner.

Rudolf Steiner hatte die größte Genugtuung an diesem idealen Mitarbeiter. Er war beglückt durch dieses enthusiastische Wesen Guenther Wachsmuths, ja sogar durch dieses Tempo, durch dieses ständige In-die-Zukunft-Hineinschauen und -Wollen. Das hat ihn wirklich im tiefsten erfreut. Das kommt zum Ausdruck wohl am schönsten auf jener Reise nach Torquay, wo Rudolf Steiner seinen letzten Zyklus hielt «Über Wahrheit und Irrtum in der geistigen Forschung», «Initiaten-Bewußtsein», wie es jetzt heißt, und wo er mit Guenther Wachsmuth auf jenem Felsenhügel stand und auf das brandende Meer hinunterschaute, hinaufschaute in die Sonne, die ihre Strahlen hinunterwarf – vielleicht gab es auch einen Regenbogen in der Gischt. Das hat Rudolf Steiner in Worte gefaßt, Worte, die der Ätherchronik entziffert waren und die er nach Dornach geschickt hat. Diese Worte lauteten:

> Von vielsagenden Burgestrümmern kommen wir,
> Hier saßen einst die alten Dämonenbesieger
> Verstärkend des Führers Kraft durch die Sternen-Zwölf.
> Die Burgen sind in Trümmern,
> Die Astralmoral ist verstummt;
> Doch Geisteskraft wuchtet um den Berg,

Und Seelenbildemacht stürmt vom Meer. –
Zaubrisch wechselnd sind Licht- und Lüfteringen,
Die kräftig zu der Seele dringen
Auch heute nach dreitausend Jahren;
Und aus der Elemente Erinnerungsbildern
Senden wir Ihnen in treuer Gesinnung
Und Herzlichkeit liebevolle Grüße.

Es ist ein Briefgedicht, und dann folgen eben die Unterschriften der Mitarbeiter. Und, ich glaube, es wird nicht mißverstanden, daß ich diese Worte hier zitieren durfte, denn es lebt in ihnen ja die Güte Rudolf Steiners, der sich unter diesen Mitarbeitern glücklich fühlte.

Aber kaum acht Monate später, da kniete Dr. Wachsmuth am Sterbebett Rudolf Steiners, und er tat wohl ein stilles Gelöbnis. Und er hat dieses Gelöbnis erfüllt. Die Treue zu Rudolf Steiner war es, die er durchgehalten hat bis zum letzten Augenblick. Und seine letzten Worte, die ich selber von ihm hören durfte und seine Gemahlin, die auch dabei war, und der Arzt, diese Worte lauteten: «Aufgaben, Aufgaben, Aufgaben!»

Was verstand wohl Guenther Wachsmuth unter diesen Aufgaben?

Liebe Freunde, es hängt über der Erde eine finstere Wolke, unheilbeladen, alpbeschwert, gebildet aus den geistfeindlichen Raumanschauungen der Gegenwart, wie sie in der Technik zum Ausdruck kommen und in den Weltraumfahrten gipfeln, in einer Technik, die in ein wüstes Fahrwasser geraten ist, die dazu dient, den Expansionstrieb der Nützlichkeit zu vermehren, die sich dem Wahn hingibt, daß das Weltall durch irdische Kräfte, durch geistfeindliche, antichristliche, erobert und ausgenutzt werden könnte. – Das ist dasjenige, was dem Impuls, dem Wachsmuth diente, gerade entgegengesetzt ist. Und dagegen hat er sich mit seinem ganzen Wesen, als Forscher, als Künstler, als Mann der Tat, gewehrt.

Erinnern Sie sich an das Wort Goethes – ich will es wörtlich sagen: «Wir sind von einer Atmosphäre umgeben, von der wir noch gar nicht wissen, was in ihr ist, in ihr sich regt, und wie es mit unserem Geiste in Verbindung steht.» Das war ein Satz, der Guenther Wachsmuth zur Devise geworden war. Er hat diese Atmosphäre erforscht und er fand eben mit Hilfe der Geisteswissenschaft, daß die Erde nicht nur ein totes Wesen ist, wie es die Geologen schildern und wie es zunächst dem physischen Anblick erscheint als alterndes Gesicht, mit Falten, Runzeln, Symptomen des Sterbeprozesses, wie es Eduard von Süess etwa schildert, sondern daß diese Erde ein atmendes Wesen ist, daß es eine Lebensstruktur hat, einen eigenen Rhythmus, ja daß es Seele und Geist in sich hat, wie Kepler sagt, sogar ein Tierwesen, allerdings ein himmlisches, nicht ein irdisches, ein göttliches Tierwesen. Wachsmuth kam eben durch die Geisteswissenschaft zur Überzeugung, daß die Erde selber ein geistbeseeltes Wesen ist, das lebt, das aber auch stirbt, das aber in sich den Auferstehungskeim trägt. Diesen Auferstehungskeim, den erkannte eben Guenther Wachsmuth durch Rudolf Steiner in dem Ereignis von Golgatha. – Guenther Wachsmuth kam vom Kosmos her, er war eigentlich noch erfüllt, ohne daß er sich darüber ja vielleicht völlig ausgesprochen hätte, von den alten Mysterienimpulsen der Menschheit, der Ägypter und der Perser, für ihn war die Sonne ein göttliches Wesen, wie Plato sagt, sie war der sol invictus, die unbesiegte Sonne, die sich aber zur Erde neigte und durch das Mysterium von Golgatha der Erde einverleibt wurde. Von diesem Augenblick war ja die Erde etwas anderes, sie leuchtete nun, sie hatte ein Geistlicht in sich. Und Wachsmuth ging diesem Leuchten nach. Wo fand er es z. B.? Er fand es, wenn er einen Kristall vor sich hatte und sich in ihn versenkte und ihm aus diesem Kristall ein bläulichviolettes Licht entgegenstrahlte, ein Empfindungslicht; oder wenn er eine Biene anschaute – war sie nicht von einer Goldsphäre umgeben, von einer gelbgoldenen Sonnenaura? Oder wenn er eine Pflanze anschaute, sie begann von innen sich zu wandeln, ein zartes Rosa kam aus ihr hervor. Wachsmuth sah die Erde durchleuchtet, und er wollte dieser finsteren Wolke über der Erde etwas entgegensetzen, was die Wolke vielleicht zerstreuen konnte. Deshalb war er wohl auch mit dem landwirtschaftschaftlichen Versuchsring so vertraut, war er sein Betreuer und Leiter geworden, denn die Methode, wie die Erde gepflegt werden soll, von Rudolf Steiner angegeben in der biologisch-dynamischen Wirtschaftsweise – in der Düngung sogar, (in Präparaten) aus Heilpflanzen, aus reiner Quarzsubstanz, aus der Gottnatur genommen, war ja ein Impuls, und dadurch begann eben dieser innere Kampf in Guenther Wachsmuth, den er gegen diese finstere Wolke führen wollte. Er spürte auch im Menschen, nicht nur in Stein, Pflanze und Tier, diese Gottnatur, er spürte im Menschen eben das, was durch Christus hineingekommen war durch die Überwindung des Todes, durch die Wiedergeburt im Geiste, er spürte im

Menschen etwas Unsterbliches. Das ist das Große, das aus seinen Werken hervorgeht und das so wenig noch beachtet wird.

Stellen wir uns einmal vor einen Tag von Guenther Wachsmuth. Er war ja auch Schatzmeister und hat diesem Amt vielleicht den ganzen Künstler opfern wollen und ist doch Künstler geblieben, vielleicht mit Hilfe seiner Gattin. Er hat dafür geworben, gedrängt, ja ist im Sturmschritt immer vorangegangen, daß doch das Wahrzeichen dieser Weltanschauung, der Bau, möglichst bald vollendet würde. Ihm haben wir es doch zu verdanken, daß er durch die Kriegsjahre und die andern dunklen Krisen hindurchgeführt werden konnte. Er konnte diesen Bau nicht anders ansehen als: es muß vorwärts gehen! Aufgaben, Aufgaben! – Da kam er von seinem Hügel, wo sein Haus steht, herunter durch eine Talsenke, stieg wieder hinauf zum Bau, einen Vortrag zu hören. Vielleicht ging die Sonne unter, er sah ins Abendrot, er sah vielleicht auf der andern Seite schon den Mond emporsteigen, vielleicht sah er einen Regenbogen, vielleicht sah er eine Schneeflocke auf seinem Ärmel. Er sah den ganzen Kosmos. Und dann hörte oder hielt er einen Vortrag und ging wieder nach Hause. Die Sterne waren aufgegangen, er schaute hinauf, und da fühlte er seine wahre Heimat. Dann ging er in die Nacht hinüber und holte sich auch Kräfte, um seine Krankheit, die mehr als ein Jahr dauerte, so heroisch und so heiter zu überwinden.

Ich möchte mit einem Wort Rudolf Steiners schließen. Er sagte: verbinden wir uns mit dem Gedanken eines gestorbenen Menschen – mit dem Gedanken, nicht mit dem Gefühl – verbinden wir uns damit, dann können wir diesem Gestorbenen begegnen im Geiste. Er wird uns gegenwärtig. Wenn wir Guenther Wachsmuth auf seinem Gang zum Bau und wiederum zurück begleiten – er ist uns immer gegenwärtig. Aber in dieser Gegenwart lebt etwas ganz Besonderes, da lebt schon der kosmische Christus darin, aber er lebt so darin, daß er nun auf der Erde im Ätherischen wirkt und erlebbar ist. Und das sollen diese Worte Rudolf Steiners noch bekräftigen! Erfüllen Sie den Christusausspruch, nicht nur anzuknüpfen an die Leiber mit dem Blut, sondern an die Seelen mit dem Geiste, dann machen Sie wirksam, unmittelbar wirksam den Gedanken der Auferstehung. Wenn Sie einmal das Erlebnis haben, Sie haben angeknüpft an irgendeinen Gedanken eines Menschen, der bereits durch den Tod gegangen ist, dessen physischer Leib der Erde einverleibt worden ist, und der Gedanke mit Ihnen weiterlebt, dann kommt eines Tages das über Sie, daß Sie sich sagen: so wie der Gedanke lebt, wie er mir lebendig ist, so ist er mit dem Christus lebendig und hat niemals so lebendig werden können, bevor Christus auf der Erde war.

In diesem Sinne spreche ich die Worte:

Ex Deo nascimur
In Christo morimur
Per Spiritum Sanctum reviviscimus.

Brief Carl Jacob Burckhardts an Albert Steffen

Carl Jacob Burckhardt

La Bàtie Vinzel
Tel. 10 21 74 11 45 Vaud

1963, 4. März.

Sehr verehrter Herr Steffen,

Es hat mich sehr bewegt, die Nachricht vom Tode Guenther Wachsmuths zu erhalten. Wir waren in Glarisegg Zimmerkameraden. Seither haben wir uns nur sehr selten wiedergesehen. Ich las seine Bücher, hin und wieder wechselten wir einen Brief. In den vierziger Jahren hat er mich einmal in Genf besucht. Sein stetiges inneres Wachstum hat mir Eindruck gemacht. Er hatte seine geistige Heimat gefunden, in ihr hat er gewirkt, in ihr hat er sich erfüllt. Ich glaube zu wissen, was Sie für ihn bedeuteten und was er für Sie gewesen ist. So darf ich als Unbekannter Ihnen in warmer Teilnahme die Hand drücken.

Hochachtungsvoll
Ihr ergebener

Carl Burckhardt

Sehr verehrter Herr Stefer,

Es hat mich sehr bewegt die Nachricht vom Tode Guenther Wachsmuths zu erhalten. Wir waren in Flanisegg Zimmerkameraden. Seither haben wir uns nur sehr selten wiedergesehen. Ich las seine Bücher, hin und wieder wechselten wir einen Brief. In den dreißiger Jahren hat er mich einmal in Genf besucht. Sein stetiges inneres Wachstum hat mir Eindruck gemacht. Er hatte seine geistige Heimat gefunden, in ihr hat er gewirkt, in ihr hat er sich erfüllt. Ich glaube zu ahnen, was Rudolf Steiner ihm bedeutete und was er für

Sie gewesen ist. So darf ich als Unbekannter Ihnen in warmer Teilnahme die Hand drücken.

Hochachtungsvoll
Ihr ergebener

Carl J. Burckhardt.

Bibliographie

- Die Reinkarnation des Menschen, Dornach 1935

(St., - Die ätherische Welt in Wissenschaft, Kunst und Religion. Vom Weg des
Menschen zur Beherrschung der Bildekräfte, Dornach 1927, 258 S.,
13 Taf. zahlr. Abb.

Arche Noah. Dramatische Skizze in 7 Bildern, Dornach 1948, 58 S.

St., - Die ätherischen Bildekräfte in Kosmos, Erde und Mensch. Ein Weg zur
Erforschung des Lebendigen, Stuttgart 1924, 285 S., zahlr. Abb. Dornach ²1926, 273 S.

Aus den grundlegenden Gedanken und Impulsen Dr. Rudolf Steiners zur
‹Dreigliederung des sozialen Organismus›. Kurze Zusammenfassung, Dornach 1937, 22 S.

Bibliographie der Werke Rudolf Steiners, Dornach 1942, 64 S.

Bilder und Beiträge zur Mysterien- und Geistesgeschichte der Menschheit, Dresden 1938, 409 S., 131 Abb.

Die Entwicklung der Erde. Kosmogonie und Erdgeschichte, ein organisches Werden, Dornach 1950, 201 S., 120 Abb., XIII Taf. do. ²o. J.,
175 S., do.

St., Erde und Mensch. Ihre Bildekräfte, Rhythmen und Lebensprozesse.
Grundlinien einer Meteorobiologie der Naturreiche, Kreuzlingen
1945, 492 S., 118 Abb., z. Teil farbig, do. ²1952, 448 S., 116 Abb., z.
Teil farbig, Dornach ³(1965), 451 S., do. Dornach ⁴1980, do. +
IV Taf.

Erzengel im Konzil. Drama in 8 Bildern mit Vorspiel und Nachspiel,
Dornach 1961, 123 S.+ IV. Taf.

Die Geburt der Geisteswissenschaft. Rudolf Steiners Lebensgang von
der Jahrhundertwende bis zum Tode (1900–1925). Eine Biographie,
Basel 1941, VI + 611 S., 26 Abb.

danach:
Rudolf Steiners Erdenleben und Wirken. Von der Jahrhundertwende bis
zum Tode. Die Geburt der Geisteswissenschaft. Eine Biographie,
Dornach [2]1951, VIII + 643 S., 46 Abb. do. [3]1964.

mit Otto Fränkl:
Das Goetheanum., Dornach o. J., 20 S., 7 Abb.

Keplers Weltgeheimnis. Drama. Dornach 1946, 159 S.
Kosmische Aspekte von Geburt und Tod. Beiträge zur Karma-For-
schung. Dornach 1956, 184 S., 61 Taf. [2]1974, [3]1990.
Die Reinkarnation des Menschen als Phänomen der Metamorphose,
Dornach 1935, 310 S., einige Abb. Dornach [2]1983, 325 S., do.
Die Teilung der Erde. Drama einer Zeitenwende, Dornach 1954, 93 S. +
32 Abb. auf Taf.
Werdegang der Menschheit. Kosmische Evolution, Erdenverkörperung,
Völkerwanderung, Geistesschulung, Dornach 1953, 271 S., 114 Abb.,
XI Taf. [2]1973.
Zur Information über die Anthroposophische Hochschularbeit, Stuttgart
(1920), 15 S.

als Herausgeber:
Beiträge zur Substanzforschung, Dornach 1952, 181 S. + 1 Taf.
Goethe in unserer Zeit. Rudolf Steiners Goetheanismus als Forschungs-
methode, Dornach 1949, 243 S., 58 Abb. + 6 Taf.
Gäa Sophia. Jahrbuch der Naturwissenschaftlichen Sektion der Freien
Hochschule für Geisteswissenschaft am Goetheanum Dornach
Bd. I: Dornach 1926, 426 S.
Bd. II: Dornach 1927, 444 S.
Bd. III: Stuttgart 1929, 388 S.
Bd. IV: Stuttgart 1929, 259 S.
Bd. V: Stuttgart 1930, 373 S.
Bd. VI: Basel 1932, 169 S.
jeweils zahlr. Abb.

als Übersetzer:
Edward Bulwer-Lytton, Vril oder eine Menschheit der Zukunft, Stuttgart 1922, 234 S. Dornach [2]1958, 143 S.; [3]1981, [4]1990.

Aufsätze
Einleitung in: Heinrich Deinhardt, Beiträge zur Würdigung Schillers, Stuttgart 1922, S. I–XXII
Einleitung in: F. Grävell, Goethe im Recht gegen Newton, Stuttgart 1922, S. V–XIX
Die Entwicklung im Osten, in: Roman Boos (Hrsg.), Soziale Zukunft. Der Weg zum Staat, Stuttgart 1921, S. 108–114
Die Erde als lebender Organismus, in: Goethe in unserer Zeit, Dornach 1949, S. 29–50
Erden-Antlitz und Menschheits-Schicksal. Vortrag, Dornach, 27. Dezember 1923, in: Gäa-Sophia, Bd. I., Dornach 1926, S. 26–39
Zur Mythologie der Atlantis, in: Gäa Sophia, BD. II., Dornach 1927, S. 21–35, 4 Abb.
Geleitwort und: Afrika als Organ der Erde. Kindheitsstadien der Menschheit, in: Gäa Sophia, Bd. III., Stuttgart 1929, S. 5–7 bzw. 39–58, 5 Abb., 2 Karten

Weitere Aufsätze
Vorwort und: Die Bildekräfte des Tieres, in: Gäa Sophia, Bd. V., Stuttgart 1930, S. 7–8 bzw. 27–41.
Vorwort und: Über die Wirksamkeit der Kräftewelt in der Landwirtschaft, in: Gäa Sophia, Bd. IV., Stuttgart 1929, S. 7–8 bzw. 9–14.
Goethes Metamorphosenlehre und die wiederholten Erdenleben des Menschen, in: Gäa Sophia, Bd. VI., Basel 1932, S. 23–31
Wie alt ist die Erde? (Zeitphasen der Substanzverwandlung), in: Beiträge zur Substanz-Forschung, Dornach 1952, S. 7–18.
Die letzten Jahre, in: M. J. Krück von Poturzyn (Hrsg.), Wir erlebten Rudolf Steiner, Stuttgart 1956, S. 227–248
Ernst Uehli und die Vorgeschichte von Erde und Mensch, in: Ernst Uehli, Leben und Gestaltung, Festschrift, Bern 1945, S. 134–136

Anmerkungen

1 Rudolf Steiner, Das Johannes-Evangelium im Verhältnis zu den drei anderen Evangelien, GA 112, Dornach 1984, Vortrag vom 25. Juni 1909 in Kassel.
2 Esther Harlan-Gramsch, Was mir die Mutter erzählt hat, unveröffentlicht.
3 Siehe Das Goetheanum, Wochenschrift für Anthroposophie, 24. Jahrgang, Dornach 1945, S. 235 f.
4 Siehe Nachrichtenblatt, Beilage zur Wochenschrift Das Goetheanum, 53. Jahrgang, S. 134, Dornach 1976.
5 Carl Jacob Burkhardt, Memorabilien, o. O. 1977, S. 94 ff.
6 Guenther Wachsmuth im Nachrichtenblatt, 33. Jahrgang, Dornach 1956, S. 91.
7 Musik in Geschichte und Gegenwart, Kassel 1985, Artikel August Halm.
8 Guenther Wachsmuths Studienbuch, unveröffentlicht.
9 Albert Steffen, Dornach 1943, S. 315 ff.
10 Marie Steiner, Nachruf auf Otto Graf Lerchenfeld im Nachrichtenblatt, Jahrgang 15, Dornach 1938, S. 161.
11 Guenther Wachsmuth, Die Geburt der Geisteswissenschaft. Rudolf Steiners Lebensgang von der Jahrhundertwende bis zum Tode (1900–1925). Eine Biographie, Basel 1941, S. 406.
12 Alle Zitate aus Edward Bulwer-Lytton, Vril oder eine Menschheit der Zukunft, übersetzt von Guenther Wachsmuth, Stuttgart 1922, [4]Dornach 1990.
13 Karl Lang, Lebensbegegnungen, Bomlitz-Benefeld, o. J.
14 Alice Wachsmuth, Tagebuch 1924. Die Tagebücher sind unveröffentlicht.
15 Alla Selawry, Ehrenfried Pfeiffer, Dornach 1987.
16 Ebenda.
17 Verlag Max Altmann, Leipzig o. J.
18 Karl Day, Nachrichtenblatt, Jahrgang 1940, Dornach 1940, S. 46.
19 Guenther Wachsmuth, Die ätherischen Bildekräfte in Kosmos, Erde und Mensch, Stuttgart 1924, S. 42.
20 Alla Selawry, a. a. O.
21 Ebenda.
22 Guenther Wachsmuth, Die ätherischen Bildekräfte..., a. a. O.
23 Gisbert Husemann, in: Beiträge zu einer Erweiterung der Heilkunst, 16. Jahrgang, Stuttgart 1963, S. 171 ff.
24 Guenther Wachsmuth, Die Geburt der Geisteswissenschaft... a. a. O., S. 504. Die im folgenden zitierten Stellen *in diesem Kapitel* stammen aus demselben Zusam-

menhang, sofern nicht anders bezeichnet.

25 Guenther Wachsmuth, Rudolf Steiners Erdenleben und Wirken. Von der Jahrhundertwende bis zum Tode. Die Geburt der Geisteswissenschaft. Eine Biographie, Dornach 1964, S. 515 ff.
26 Ebenda, S. 516 ff. Die folgenden Zitate stammen aus demselben Zusammenhang.
27 Später abgedruckt in Gäa-Sophia, Jahrbuch der Naturwissenschaftlichen Sektion der Freien Hochschule für Geisteswissenschaft am Goetheanum, Band 1, Dornach 1926.
28 Rudolf Steiner, Die Weihnachtstagung zur Begründung der Allgemeinen Anthroposophischen Gesellschaft 1923/24, GA 260, Dornach 1985, Sitzung vom 24. Dezember 1923, S. 58.
29 Ebenda, Sitzung vom 28. Dezember 1923, S. 144.
30 Friedrich Hiebel, Entscheidungszeit mit Rudolf Steiner, Dornach 1986, S. 258.
31 Guenther Wachsmuth, Rudolf Steiners Erdenleben und Wirken, a. a. O., S. 543.
32 Ebenda, S. 544.
33 Ita Wegman, zitiert nach Rex Raab u. a., Sprechender Beton, Dornach 1972, S. 47.
34 Albert Steffen, ebenda.
35 Brief Rudolf Steiners vom 30. Dezember 1924, zitiert nach Guenther Wachsmuth, Rudolf Steiners Erdenleben..., a. a. O., S. 616.
36 Rudolf Steiner, Marie Steiner – von Sivers, Briefwechsel und Dokumente, GA 262, Dornach 1967, S. 227.
37 Ebenda, S. 239.
38 Ebenda, S. 249/50.
39 Guenther Wachsmuth, Rudolf Steiners Erdenleben..., a. a. O., S. 613
40 Ebenda, S. 614/15.
41 Christoph Lindenberg, Rudolf Steiner – Eine Chronik, Stuttgart 1988 S. 622/23.
42 Albert Steffen, Tagebuch. Die in dieser Biographie zitierten Tagebuchstellen sind *nicht veröffentlicht, soweit nicht anders angegeben.*
43 Guenther Wachsmuth, Rudolf Steiners Erdenleben..., a. a. O., S. 624.
44 Rex Raab u. a., a. a. O., S. 72
45 Ebenda, S. 74/75. Die weiteren Zitate *in diesem Kapitel* sowie die Zahlenangaben über den Bau stammen aus dieser Quelle.
46 Guenther Wachsmuth, Briefe an seine Verlobte vom 20. und 26. Mai 1927. Die Briefe, falls nicht anders bezeichnet, sind unveröffentlicht.
47 Albert Steffen, Tagebuch. Die Vase befindet sich seit dem Tod Wachsmuths in der Albert Steffen Stiftung.
48 Briefe und Postkarten an Wachsmuths Frau, vom 26. und 31. Mai, 3. Juli und 2. November 1927; sowie vom 30. Mai, 5. Juni und 19. Juni 1929.
49 Nachrichtenblatt, Jahrgang 16, Dornach 1929, S. 194 f.
50 Postkarte an seine Frau vom 9. Dezember 1929.
51 Wachsmuth an seine Frau, am 14. Juni 1930.
52 Dito, am 3. Juni 1931.
53 Dito, Anfang Juni 1931 aus Chartres.
54 Nachrichtenblatt, 8. Jahrgang, Dornach 1931, S. 97 f.
55 Ebenda, S. 98.
56 Nachrichtenblatt, 9. Jahrgang, Dornach 1932, S. 114 f.
57 Nachrichtenblatt, 10. Jahrgang, Dornach 1933, S. 101 ff.
58 Alice Wachsmuth, Tagebuch 1934.
59 Nachrichtenblatt, 12. Jahrgang, Dornach 1935, S. 6 f., 10 f. und 13 ff.

60 Brief an seine Frau am 13. Oktober 1934.
61 Postkarte vom 16. Oktober 1934 an seine Frau.
62 Nachrichtenblatt, 12. Jahrgang, Dornach 1935, S. 14.
63 Guenther Wachsmuth, Die ätherische Welt in Kunst, Wissenschaft und Religion, Dornach 1927, S. 86ff.
64 Brief an seine Frau vom Oktober 1934.
65 Dito, vom 29. Oktober 1934.
66 Dito, vom 3. November 1934.
67 Dito, vom 5. November 1934.
68 Dito, vom 28. November 1934.
69 Dito, vom 2. Dezember 1934.
70 Nachrichtenblatt, 12. Jahrgang, Dornach 1935, S. 6f.
71 Nachrichtenblatt, 7. Jahrgang, Dornach 1930, S. 30ff.
72 Nachrichtenblatt, 8. Jahrgang, Dornach 1931, S. 42ff.
73 «Man sieht es genau, dieser Effekt ist viel wichtiger als Einsteins Relativitäts-theorie.» In Beiträge zur Rudolf Steiner-Gesamtausgabe, Heft 95/96, Dornach 1987, S. 11.
74 Nachrichtenblatt, 9. Jahrgang, Dornach 1932, S. 37ff.
75 Ebenda.
76 Brief an seine Frau vom November 1935.
77 Nachrichtenblatt, 14. Jahrgang, Dornach 1937, S. 42.
78 Nachrichtenblatt, 15. Jahrgang, Dornach 1938, S. 47.
79 Nachrichtenblatt, 17. Jahrgang, Dornach 1940, S. 39.
80 Ebenda, S. 37.
81 Albert Steffen, Tagebuch.
82 Alle vorhergehenden Zitate aus H. H. Schöfflers Aufzeichnungen seines Gesprächs mit Jakob Streit, veröffentlicht in: Mitteilungen aus der anthroposophischen Arbeit in Deutschland, Stuttgart 1990.
83 Nachrichtenblatt, 19. Jahrgang, Dornach 1942, S. 41.
84 Nachrichtenblatt, 20. Jahrgang, Dornach 1943, S. 42.
85 Nachrichtenblatt, 21. Jahrgang, Dornach 1944, S. 42.
86 Nachrichtenblatt, 23. Jahrgang, Dornach 1946, S. 130.
87 Ebenda.
88 Albert Steffen, Tagebuch.
89 Ebenda.
90 Guenther Wachsmuth, Keplers Weltgeheimnis. Drama in zwölf Bildern, Dornach 1946.
91 Nachrichtenblatt, 25. Jahrgang, Dornach 1948, S. 41.
92 Nachrichtenblatt, 26. Jahrgang, Dornach 1949, S. 47.
93 Nachrichtenblatt, 29. Jahrgang, Dornach 1952, S. 48.
94 Nachrichtenblatt, 32. Jahrgang, Dornach 1955, S. 42.
95 Nachrichtenblatt, 34. Jahrgang, Dornach 1957, S. 43.
96 Guenther Wachsmuth, Die Reinkarnation des Menschen als Phänomen der Meta-morphose, Dornach 1935.
97 Ders., Bilder und Beiträge zur Mysterien- und Geistesgeschichte der Menschheit, Dresden 1938.
98 Ders., Die Geburt der Geisteswissenschaft, a. a. O.
99 Ders., Bibliographie der Werke Rudolf Steiners, Dornach 1942.

100 Ders., Erde und Mensch. Ihre Bildekräfte, Rhythmen und Lebensprozesse. Grundlinien einer Meteorobiologie der Naturreiche, Kreuzlingen 1945.

101 Rudolf Steiner, Die Polarität von Dauer und Entwickelung im Menschenleben, GA 184, Dornach 1983, Vortrag vom 12. Oktober 1918.

102 Guenther Wachsmuth, Rudolf Steiners Erdenleben…, a.a.O.

103 Ders., Die Entwickelung der Erde. Kosmogonie und Erdgeschichte, ein organisches Werden, Dornach 1950.

104 Ders., Der Werdegang der Menschheit. Kosmische Evolution, Erdenverkörperung, Völkerwanderung, Geistesschulung, Dornach 1953.

105 Ders., Kosmische Aspekte von Geburt und Tod. Beiträge zur Karma-Forschung, Dornach 1956.

106 Vergleiche Thomas Meyer, D. N. Dunlop. Ein Zeit- und Lebensbild, Dornach 1987.

107 Albert Steffen, zitiert nach Rex Raab u.a., a.a.O.

108 Emanuel Zeylmans van Emmichoven, Wer war Ita Wegman. Eine Dokumentation, Band 2, Heidelberg 1990, S.139.

109 Emil Leinhas, zitiert nach: Johannes Tautz, Walter Johannes Stein – Eine Biographie, Dornach 1989.

110 Brief an seine Frau, wahrscheinlich vom 5. August 1930.

111 Willem Zeylmans van Emmichoven, Brief an den Vorstand in Dornach vom 22. Oktober 1930.

112 Emanuel Zeylmans van Emmichoven, Wer war Ita Wegman. Eine Dokumentation, Band 3, Heidelberg 1992, S.147.

113 Ebenda. Dokument Nr.5, Denkschrift über die Angelegenheiten der Anthroposophischen Gesellschaft in den Jahren 1925 bis 1935, als Manuskript gedruckt nur für Mitglieder der Anthroposophischen Gesellschaft und diesen vorgelegt von Dr. C. Bessenich, Paul Bühler, Dr. E. O. Eckstein, C. Englert-Faye, Dr. Otto Fränkl, Dr. Emil Grosheintz, Ehrenfried Pfeiffer, Dr. Hermann Poppelbaum, Paul E. Schiller, Günther Schubert, Dr. Richard Schubert, Jan Stuten.

114 Albert Steffen, Das Todeserlebnis des Manes. Drama in fünf Akten, Dornach 1934.

115 Kursus über die Apokalypse für Theologen, unveröffentlicht.

116 Nachrichtenblatt, 26. Jahrgang, Dornach 1949, S.111, außerdem Postkarten an seine Frau.

117 Brief an seine Frau vom 4. Mai 1950.

118 Guenther Wachsmuth, Die Teilung der Erde. Drama einer Zeitenwende in sieben Bildern, Dornach 1954.

119 Ders., Wilhelm Lewerenz †, Ansprache zu seiner Kremation, in Nachrichtenblatt, 33. Jahrgang, Dornach 1956.

120 Ders., Erzengel im Konzil. Drama in acht Bildern mit Vorspiel und Nachspiel, Dornach 1961.

121 Rudolf Steiner, Zwölf Stimmungen, in: Wahrspruchworte, GA 40, Dornach 1991, S.51ff.

122 Kremationsansprache Albert Steffens für Guenther Wachsmuth. Ungekürztes Original. Vorher veröffentlicht in der Wochenschrift «Das Goetheanum» vom 10. 3. 1963 und in A. Steffen: Geistesschulung und Gemeinschaftsbildung, Dornach 1974.

123 GA 140, Vortrag vom 26. November 1912 in München.